LA COLONIA LEBARÓN

SALLY DENTON

LA COLONIA LEBARÓN

La historia al interior del clan: crímenes,
pactos de sangre y fe en la tierra prometida

 Planeta

Título original: *The Colony*

© 2022, Sally Denton

Publicado por primera vez en inglés por W. W. Norton & Company, Inc.

Traducción: Hernán Sicilia y Alejandro Romero

Diseño de portada: Planeta Arte & Diseño / Daniel Bolívar
Fotografía de portada: © Meghan Dhaliwal
Fotografía de Sally Denton: © Aaron Mayes, UNLU Photo Services
Fotografías de interiores: Author's collection / W. W. Norton & Company
Diseño de interiores: Moisés Arroyo

Derechos reservados

© 2022, Editorial Planeta Mexicana, S.A. de C.V.
Bajo el sello editorial PLANETA M.R.
Avenida Presidente Masarik núm. 111,
Piso 2, Polanco V Sección, Miguel Hidalgo
C.P. 11560, Ciudad de México
www.planetadelibros.com.mx

Primera edición en formato epub: octubre de 2022
ISBN: 978-607-07-9243-4

Primera edición impresa en México: octubre de 2022
ISBN: 978-607-07-9190-1

Impreso en los talleres de Litográfica Ingramex, S.A. de C.V.
Centeno núm. 162-1, colonia Granjas Esmeralda, Ciudad de México
Impreso y hecho en México – *Printed and made in Mexico*

Con amor para John L. Smith
y para Sara Denton, mi madre.

ÍNDICE

Prólogo
    Era la más blanca 9

Capítulo uno
    «No somos sectarios radicales» 29
Capítulo dos
    El hombre inglés y la chica danesa 57
Capítulo tres
    Mountain Meadows Dogs 77
Capítulo cuatro
    Sion en un lugar seco 92
Capítulo cinco
    «¿Estoy a punto de tener a un Caín en mi familia?» 112
Capítulo seis
    San Benji y Vanguard 138
Capítulo siete
    NXIVM: *Encender el corazón* 157
Capítulo ocho
    «El agua fluye cuesta arriba, hacia el dinero» 179
Capítulo nueve
    «Inocencia hecha pedazos» 193
Capítulo diez
    «Un edén en discordia» 214

Epílogo. Sororidad 235
Agradecimientos 239
Notas 243
Obras citadas 271

ERA LA MÁS BLANCA

L A MAÑANA DEL DÍA en que las asesinaron, las tres madres se sentían inusualmente aprensivas mientras se preparaban para salir del pueblo de La Mora al norte de México.[1] Habían empacado todo lo necesario para el viaje de seis horas, que incluiría un tramo desolado de 19 kilómetros en un camino de terracería que divide los estados de Sonora y Chihuahua, en sus vehículos utilitarios deportivos. Cada una de ellas había hecho el trayecto entre las comunidades hermanas de La Mora y la Colonia LeBarón decenas de veces. Asimismo, eran conscientes de que el camino aislado y sin vigilar era la ruta regular por la cual los cárteles delictivos del país transportaban droga hacia Estados Unidos. Sin embargo, como sus familias interrelacionadas, con nacionalidades tanto estadounidense como mexicana, llevaban más de un siglo viviendo en la zona, los cárteles las conocían, así que creían estar a salvo de la violencia del narcotráfico.

Los granjeros y rancheros locales rara vez utilizaban el desolado camino; fuera de los cárteles, prácticamente solo los miembros de las familias La Mora y LeBarón lo transitaban. Para ellos era un atajo a través de las montañas. «En ocasiones nos advierten que es mejor no usarlos porque se predicen balaceras»,[2] comenta un miembro de la familia, refiriéndose a la comunicación que existe entre los cárteles y las familias La Mora y LeBarón. En esta ocasión las víctimas recibieron, desde semanas antes de los ataques, y en repetidas ocasiones, advertencias de que no usaran ese camino pero, por alguna razón, no las tomaron en serio.

Cada una de las tres mujeres intuía que algo estaba mal; sin embargo, siguieron adelante, tal vez incluso conscientes de que estaban tentando al destino. El 4 de noviembre de 2019 salieron en una caravana conformada por tres suv, asumiendo que viajarían más seguras en grupo. Las tres mujeres eran casadas y llevaban con ellas a 14 niños de entre 7 y 14 años de edad. Según testigos, la caravana no iba armada.

Rhonita LeBarón Miller, de 30 años, viajaba con cuatro de sus siete hijos. Colocó a Titus y Tiana, sus gemelos de ocho meses, en sus asientos para bebé. Howie y Krystal, de 21 y 10 años respectivamente, iban en el asiento con el cinturón de seguridad abrochado, emocionados de acompañar a su mamá y ayudándole con los bebés. Rhonita, o «Nita», como la llamaban en su familia, tenía contemplado recorrer la mitad del camino con las otras dos mujeres y después desviarse hacia el noroeste, rumbo a Phoenix. Su esposo, Howard Miller, llegaría esa misma tarde al Aeropuerto Internacional de Phoenix-Sky Harbor desde Dakota del Norte, donde la pareja había vivido durante la mayor parte de sus 13 años de matrimonio. Desde que, meses atrás, el hermano de Howard murió en un accidente de avión ultraligero, Howard y Rhonita habían estado pasando más tiempo en La Mora para ayudar con las huertas de nueces pecanas de sus padres. Descrita en uno de los informes como una «típica mamá estadounidense»,[3] la chica rubia de ojos azules tenía una página de Pinterest y constantemente subía fotos familiares a Facebook e Instagram. Rhonita también era conocida por su estilo al vestir, y a menudo utilizaba aretes de diamante, vestidos ligeros y sombreros modernos para proteger su tez blanca. Una de sus tías la describe como una «chica con agallas»,[4] con una sonrisa contagiosa, siempre enérgica y «capaz de encantar a cualquiera».

Tan solo seis semanas atrás, ella y su esposo habían decidido dejar Estados Unidos permanentemente (Howard había estado trabajando con algunos de sus hermanos en una empresa de fracturación hidráulica) y mudarse a México, su país natal. Howard se había criado en la gran finca de su padre en La Mora, en el municipio de Bavispe en el estado de Sonora. Por su parte, Rhonita había crecido al otro lado de la cordillera de la Sierra Madre en el pueblo de LeBarón, ubicado en el municipio de Galeana dentro del estado de Chihuahua. A los 16 años se casó con Howard, su apuesto primo segundo de 17 años, y estaban en proceso de construir la casa de sus sueños sobre una colina con vista a la Colonia LeBarón, donde criarían a su familia que iba en aumento. Rhonita y su esposo tenían planeado, antes de regresar a México para iniciar una nueva etapa de sus vidas, pasar unos cuantos días en Phoenix, en donde, además de disfrutar la ciudad, comprarían un regalo de bodas para la hermana de Howard.

Christina Langford Johnson, de 31 años, viajaba a La Mora desde LeBarón con Faith, su hija de 7 meses. Christina, quien había nacido en La Mora, era la esposa legal de Tyler Johnson, nativo de LeBarón y primo de Rhonita, y había estado criando a sus seis hijos en La Mora mientras Tyler, al igual que Howard Miller, vivía y trabajaba en Dakota del Norte. Recientemente había tomado la decisión de unirse, junto con Tyler, a la gran comunidad de parientes de las familias de La Mora y LeBarón que estaban viviendo en y alrededor de Williston, en Dakota del Norte. «A pesar de que les encantaba criar a sus hijos en La Mora, en el campo, rodeados de vistas en alta definición de paisaje ininterrumpido»,[5] como comenta un periodista, «extrañaban vivir juntos». Ese fin de semana su familia organizó una fiesta de despedida para ella en la casa donde había crecido. Al día siguiente iba rumbo a LeBarón, donde ella y Tyler empezarían con el proceso de mudar a su familia a Estados Unidos.

Christina, una mujer vivaz de pelo castaño y cálidos ojos color chocolate, era una pianista y compositora dotada. Su difunto padre, Dan Langford, fue el fundador de La Mora, y Christina era, según su madre, un «rayo que tenía el temperamento de su padre».[6] También menciona que «reaccionaba instantáneamente a todo. Podía pelearse con alguien… y un minuto después, arrepentirse y tratar de enmendarlo». Su madre la veía como una mujer centrada y con gran determinación, «muy disciplinada y, aun así, un rayo de sol».[7] «Siempre que la veías estaba sonriendo».

Dawna Ray Langford, de 43 años, iba conduciendo la tercera camioneta del convoy. Al ser la mayor de 49 hijos, Dawna era como una segunda madre para sus hermanos más jóvenes, y era querida por todas las hermanas y madres a las que había apoyado mientras criaban a sus propias grandes familias. Las docenas de personas que habitaban en la comunidad de La Mora, que frecuentemente acudían a ella en búsqueda de su gran sonrisa y sus sabios consejos, conocían a esa mujer traviesa y amante de la diversión como la «Tía Dawna». Según uno de sus familiares, «Dawna era capaz de tomar cualquier situación mundana y transformarla en una historia con moraleja, aunque para ello tuviera que exagerar o modificar ligeramente los hechos».[8] Dawna, la esposa de un matrimonio plural con David Langford, estaba emocionada por su vigesimoquinto aniversario que se celebraría dentro de una semana. Ella llevaba a nueve de sus 13 hijos, cuyas edades iban de los 9 meses hasta los 14 años de edad, a LeBarón, en donde asistirían a una boda, para que pudieran jugar con sus múltiples primos.

Rhonita, Christina y Dawna fueron criadas en familias polígamas y, según un familiar cercano, eran «personas ejemplares».[9] «Mujeres temerosas de Dios», comprometidas con la sana crianza de sus hijos. Eran parientes consanguíneas y por matrimonio, y acababan de estar juntas en una fiesta en La Mora, en la que se reunieron para desearle a Christina prosperidad en su nueva vida en Dakota del Norte.

En la mañana del lunes 4 de noviembre, las tres se reunieron en la casa de Amelia Langford, la madre de Christina, para cargar todo lo necesario en sus Chevrolet Suburban. Empacaron bocadillos, juguetes y rompecabezas para los niños, biberones para los bebés y, en el caso de Rhonita, asientos de bebé para los gemelos, así como carriolas y bolsos de viaje para su visita en Phoenix con Howard. «Estábamos en mi casa, y todos los que quedábamos en la granja nos reunimos para despedirnos»,[10] le relataría Amelia después a un reportero de la BBC. «Hablamos al respecto. Dijimos que éramos unas tontas por recorrer esos caminos como mujeres solas y con nuestros hijos». Su madre recuerda que Christina rio y dijo: «No tengo miedo de nada». Aunque luego añadió: «Bueno, sí tengo algo de miedo, pero no debería, ¿no? Vamos todas en grupo, así que no estaré sola».

Las mujeres intercambiaron historias sobre los sicarios, los asesinos contratados por los cárteles que vigilaban los controles fronterizos entre los estados de la República. «Habíamos estado un poco más nerviosos los últimos meses»,[11] recuerda la cuñada de Rhonita. «Pero, aun así, sentíamos que todo estaba bien».

Rhonita sabía tan bien como cualquiera que la violencia en la región se había intensificado, pero, ingenuamente, se sentía optimista sobre su viaje y su inmunidad. Había nacido y crecido en LeBarón.

Su madre, Bathsheba Shalom, conocida como Shalom, era una de las cuatro esposas de su padre. Por su parte, Rhonita, quien era la sexta de los 12 hijos de Shalom, había pasado su vida moviéndose de un lado a otro de la Sierra Madre.

«Creyó que su inocencia la protegería», dijo su hermana Adriana. «¿Quién se metería con una mujer y sus hijos? Nadie es tan malvado».

Aun así, Rhonita se detuvo un momento antes de salir de La Mora esa mañana. «Tengo un mal presentimiento sobre esto»,[12] le dijo a Loretta Miller, su suegra, quien más adelante comentó que la noche anterior habían estado hablando sobre sus preocupaciones en torno a la seguridad.[13] «Tal vez no debería ir». Luego subió al asiento delantero de su SUV.

Bajo un cielo despejado, las 17 mujeres y niños atravesaron el desierto. Pero tan solo a ocho kilómetros de La Mora, las bolas de rodamiento de la llanta delantera de la camioneta negra de Rhonita, la del lado del pasajero, comenzaron a fallar. No pudieron pedir ayuda porque, por alguna razón desconocida, los celulares no tenían señal, por lo que Rhonita y sus cuatro hijos se apiñaron en los otros dos vehículos y regresaron a la casa de sus suegros en busca de un vehículo de reemplazo. «¿Crees que sea una señal?»,[14] le preguntó Rhonita a Loretta cuando volvieron a La Mora. «Bueno, tú decídelo», le respondió Loretta. «Pero si quieres tomar mi auto prestado, puedes hacerlo».

Ya eran más de las 9:00 a. m., y Christina y Dawna, ansiosas por volver a la carretera después del retraso, volvieron a salir mientras Rhonita subía a sus hijos al Chevy Tahoe de Loretta y las seguía. Cuando Rhonita regresó a la Suburban averiada, transfirió los asientos y el equipaje al Tahoe, mientras las otras dos mujeres seguían adelante. Luego, Rhonita se apresuró para alcanzarlas. No muy lejos detrás de ella estaba su cuñado de 18 años, Andre Miller, quien llevaba un tráiler para remolcar la Suburban averiada y llevarla de regreso a La Mora. Eran las 10:20 a. m., cuando Andre llegó hasta donde se encontraba la Suburban y vio una columna de humo negro aproximadamente un kilómetro más adelante y luego una explosión de fuego en el aire. Andre temió que Rhonita hubiera tenido un accidente, así que se dirigió a la escena a toda prisa. Encontró al Tahoe envuelto en llamas; el fuego era tan intenso que no podía acercarse a menos de diez metros para ver si había alguien dentro. Solo pudo identificar la camioneta por su matrícula. También vio a media docena de hombres vestidos de negro y portando armas automáticas, que se alejaron a toda velocidad en lo que parecían ser camionetas todoterreno nuevas. Luego, Andre vio a otros tres hombres vestidos de negro con cascos militares que se alejaban de él por la carretera hacia Chihuahua. «No alcanzaba a ver si estaban dentro del auto o no»,[15] comentó Andre, refiriéndose a Rhonita y sus hijos; al principio se preguntó si tal vez los habían secuestrado.

Se apresuró a regresar a la casa de sus padres en La Mora, gritando que había habido un ataque al auto de Rhonita y que no sabía qué había pasado con ella y los niños. Un miembro de la familia envió un dron para revisar el área y, una vez que vieron que estaba despejada, varios de los hombres de la comunidad mormona se reunieron y formaron una cuadrilla. Sin saber qué encontrarían, y temerosos de que los hombres armados que Andre había visto todavía estuvieran en el área, se unieron a los miembros del Cártel de Sonora que estaban cerca y que también se habían reunido para investigar lo que pasó.

La comunidad de La Mora había coexistido durante mucho tiempo con el cártel que controlaba Sonora, una rama del poderoso Cártel de Sinaloa de Joaquín, el *Chapo* Guzmán, y les compraban gasolina, a la vez que les daban un amplio margen de acción. «En un acuerdo más forzado que acordado, las dos partes mantenían un acuerdo en gran medida pacífico, aunque incómodo».[16] El año anterior, una de las células violentas del Cártel de Sinaloa/Sonora había ordenado a los mormones que no le compraran gasolina a nadie más que a ellos, aunque era más barata en el vecino estado de Chihuahua. A cambio, les prometieron advertir a la comunidad cuando hubiera peligro de violencia.

Los miembros del cártel habían escuchado la explosión e inmediatamente sospecharon que su rival, La Línea, la facción principal y unidad ejecutora del Cártel de Juárez en Chihuahua, había invadido su territorio. Los soldados de Sonora, «50 o 60 de ellos, armados hasta los dientes»,[17] abordaron un convoy de seis «camionetas Triton todo terreno, con vidrios ahumados»[18] y se dirigieron de inmediato hacia el lugar de la emboscada, seguidos por los hombres mormones.

La familia se detuvo frente al Tahoe, que todavía estaba en llamas, mientras los hombres del cártel continuaban camino arriba para enfrentarse a los atacantes.

Kenneth Miller, el suegro de Rhonita, fue el primero en mirar dentro del auto incinerado. Grabó un video con el celular, atragantándose de la angustia. «Para que conste: ¡Nita y cuatro de mis nietos fueron balaceados y quemados!»,[19] exclamó. El video se volvió viral conforme los miembros de la familia lo compartieron en Facebook, WhatsApp y Twitter, junto con súplicas urgentes de ayuda; sus celulares seguían sin tener señal, así que usaron dispositivos de Wi-Fi portátiles y teléfonos satelitales. «La esposa de Howie y cuatro niños han sido asesinados»,[20] decía un mensaje de WhatsApp que apareció en el grupo familiar poco después del mediodía. «No sabemos nada de Christina ni de Donna [*sic*]. Estaban viajando juntas». Kenny LeBaron, de 32 años en aquel entonces y dueño de una empresa de camiones en Williston, recuerda que los mensajes «eran difíciles de escuchar, pero contaban toda la historia».[21]

«Balacearon a mis nietos, a mis hijas, a mis nueras; simplemente los quemaron hasta convertirlos en cenizas»,[22] dijo un miembro de la familia en un mensaje de voz que compartieron familiares en México y Estados Unidos. La cuñada de Rhonita más adelante le describiría a la NBC News todo el horror: «Fue espantoso ver los pequeños cráneos de los bebés en el suelo del coche, quemados y destrozados».[23] Otro pariente relató el horripilante ataque al Chevy Tahoe: «Atacaron el vehículo con todo. Dispararon en contra de los pasajeros, los atacaron y los quemaron».[24] La puerta delantera del lado del pasajero estaba abierta y la mitad de las cenizas del cuerpo de Howie, de 12 años, estaban tiradas fuera del vehículo, como si hubiera intentado escapar. Los asientos de seguridad de los gemelos estaban abrochados en la segunda fila de asientos, y el cuerpo quemado de Krystal estaba en posición fetal en la tercera fila de la camioneta, sujetando con fuerza un pequeño bolso de cuero rosa.

Los familiares de Christina y Dawna comenzaron a entrar en pánico, ya que habían pasado dos horas desde que salieron de La Mora y hasta ese momento no tenían noticias de ninguna de ellas. Los miembros de la familia llamaron frenéticamente a la Embajada de Estados Unidos, a la Policía Federal mexicana, a la Procuraduría General de Sonora y Chihuahua, y al Ejército mexicano, suplicando los ayudaran a rescatar a las otras dos mujeres y diez niños, que se creía estaban un poco más adelante del punto en la carretera en donde Rhonita había sido atacada. Resultó que estaban a unos 17 kilómetros de distancia, un hecho confuso que no coincidía con el propósito de viajar en caravana por seguridad, aunque por los trágicos resultados, esto probablemente tuvo poco efecto.

Christina estaba a la cabeza cuando el camino comenzó a volverse más estrecho e inclinado, con una montaña escarpada a la izquierda y un desnivel vertical a la derecha. «Como si ese punto hubiese sido elegido a propósito por su vulnerabilidad»,[25] observó uno de los primeros reporteros en llegar al lugar días después. «En ese lugar sería muy difícil defenderse o escapar de un ataque, y al ir avanzando por esa carretera los vehículos conducidos por las mujeres eran blancos fáciles». En algún momento después de las 11:00 a. m., más de cuarenta minutos después del ataque a Rhonita, hombres armados abrieron fuego contra la Suburban de Christina. Ella colocó rápidamente a Faith, quien estaba en su asiento para bebé, en el piso detrás de ella, la cubrió con una manta y después salió del auto agitando las manos en el aire, suplicando clemencia y mostrando que estaba sola y desarmada. «¡Somos mujeres!», gritó ella, pero los atacantes siguieron disparando hasta que resultó herida de muerte en el corazón.

Unos minutos después, cuando Dawna encontró el cuerpo de Christina en el camino, escondió a sus bebés y les gritó a sus nueve hijos que se tiraran al suelo. «¡Agáchense rápido!»,[26] gritaba, mientras «le rezaba a Dios y trataba de encender el auto para salir de ahí», recordó más adelante Devin, su hijo de 13 años. Llovieron balas desde la cima de una colina cercana, matando a Dawna, junto con sus hijos de 11 y 2 años. Una camioneta roja de último modelo se acercó a la Suburban de Dawna y el conductor les dijo a los siete niños sobrevivientes que corrieran. Casi todos ellos, incluidos un niño pequeño y un bebé, sangraban por heridas de bala. Aunque el conductor del camión hablaba español, Devin, que resultó ileso, entendió lo que les decía que hicieran. «Nos sacaron del auto y luego se fueron». Más adelante una de las hermanas de Devin relató que el conductor revisó el vehículo para asegurarse de que las mujeres estuvieran muertas, y que se sorprendió al darse cuenta de que este estaba lleno de niños.

Devin reunió a sus seis hermanos y juntos comenzaron la caminata de regreso a La Mora. Pero habían caminado menos de trescientos metros cuando se dio cuenta de que estaban demasiado heridos para lograr llegar. Kylie, de 14 años, apenas podía caminar con la herida que tenía en el pie. Una bala había rozado el brazo de McKenzie, de 9 años, y Cody, de 8, recibió un disparo en la mandíbula. Jake, de 6 años, resultó ileso, pero no podía caminar una gran distancia. Xander, de 4 años, recibió un disparo en la espalda, y Brixon, de 9 meses, tenía una herida abierta en el pecho y una herida de bala en la muñeca, por lo que fue cargado por uno de sus hermanos. «Solo podía pensar en conseguir ayuda porque [mis hermanos] estaban gravemente heridos, entonces tenía prisa por llegar», relató Devin después. Sabía que tenía que ocultarlos y seguir avanzando solo por el largo camino, de más de veinte kilómetros, de vuelta a casa. En un barranco al costado del camino encontró un árbol con ramas bajas, ocultó a los niños debajo de él, los cubrió con ramas y les rogó que guardaran silencio mientras él iba en busca de ayuda. Los niños cuentan que siguieron escuchando disparos a lo lejos durante horas.

A media tarde, Shalom y Adrián LeBarón Soto, la madre y el padre de Rhonita, que estaban juntos haciendo algunos mandados en Galeana, se enteraron de que el auto de su hija había sido emboscado. La Mora y LeBarón están aproximadamente a 170 kilómetros de distancia en línea recta, pero debido al terreno accidentado y la carretera de un solo carril, el viaje entre ambos puntos puede durar hasta siete horas. Partiendo de La Mora, la ruta primero se dirige al norte y luego dobla hacia el sur, en dirección a la Colonia LeBarón, siguiendo la columna vertebral de la cordillera. Joel LeBarón Soto, tío de Rhonita y patriarca de la familia, junto con Julián, su hijo adulto, organizaron un grupo del lado de Chihuahua de la Sierra Madre para interceptar y rescatar a cualquiera que aún pudiera seguir con vida de los otros dos vehículos. Julián notificó a la Guardia Nacional en Chihuahua y les pidió que protegieran la propiedad de la familia LeBarón de un ataque mientras se dirigían al estado vecino de Sonora. Shalom y Adrián se unieron a la caravana de una docena de personas. Pero cuando salieron de la Carretera Federal 10, en el pequeño pueblo de Janos, para recorrer los 64 kilómetros de camino de terracería hacia la frontera de Sonora, unos soldados los detuvieron y les advirtieron que en las laderas cercanas estaba ocurriendo un enfrentamiento entre dos cárteles rivales, y que sería demasiado peligroso que continuaran su camino.

Los seis niños aterrorizados de Dawna permanecían apiñados bajo el árbol mientras pasaban las horas y bajaba la temperatura. Al fin, McKenzie decidió que Devin ya se había tardado en regresar y que necesitaba ir a buscarlo. Dejó a sus cinco hermanos debajo del árbol y empezó a caminar hacia La Mora, a pesar de la herida de bala en su brazo. Pero se perdió en el laberinto de caminos de tierra y se encontró con una serpiente, a la cual ahuyentó con uno de sus zapatos, por lo que el resto del terreno accidentado lo recorrió con un pie descalzo, que pronto quedó arañado y ensangrentado.

Devin avanzó tan rápido como pudo; escondiéndose cada vez que tenía la impresión de que lo iban siguiendo y rezando en cada paso del camino. A las 5:30 p. m., seis horas después de la emboscada al automóvil de su madre, el niño exhausto se encontró con el grupo de búsqueda, la cuadrilla de hombres armados que había salido de La Mora ese mismo día, y les dio el primer informe de la muerte de Christina, Dawna y dos de sus hermanos. Les dijo que los tiradores portaban armas largas y usaban máscaras. Relató cómo Christina se bajó del auto agitando los brazos, pero los hombres le dispararon de todos modos. «¡Tenemos que volver! ¡Tenemos que rescatarlos!»,[27] gritaba Devin, refiriéndose a sus hermanos y hermanas. Sus tíos armados se dirigieron de inmediato a buscar a los niños al lugar en el que estaban escondidos, al tanto de que la mayoría de ellos estaban gravemente heridos. Casi al mismo tiempo la caravana de LeBarón que había sido detenida por militares en el pequeño pueblo de Pancho Villa, al suroeste de Janos, en Chihuahua, avanzaba por el camino de terracería hacia la frontera de Sonora, acompañada por policías federales.

Mientras los miembros de la familia se acercaban a los dos sitios de la masacre de La Mora y LeBarón, se les unió una guarnición militar de Agua Prieta, posicionada a 110 kilómetros al norte de La

Mora, en la frontera con Arizona. Durante 11 horas, personas asustadas de ambas comunidades recorrieron el accidentado paisaje en busca de los niños, vivos o muertos.

Poco después de las 7:00 p. m., la caravana de LeBarón descendió de la cordillera por el lado de Sonora; habían logrado llegar hasta las Suburban de Christina y Dawna, acribilladas a balazos, antes que las autoridades locales. Encontraron el cuerpo de Christina boca arriba a 15 metros de su vehículo, con una camiseta y jeans. «¡Yo fui el primero en llegar a la escena del crimen y encontrar los cuerpos!»,[28] le contó Julián a un reportero, encolerizado porque no podía creer que a esas alturas las autoridades mexicanas no hubieran llegado a investigar. «¡Le dispararon con las manos en el aire!».[29] Shalom LeBarón compartía la ira de Julián: «Jamás imaginamos que encontraríamos el cuerpo de Christina aún tirado en la carretera».[30]

La desesperación del grupo se convirtió en una alegría inconmensurable cuando abrieron la puerta del auto y encontraron a la bebé Faith, salpicada de sangre pero ilesa, excepto por un rasguño de metralla en la cabeza. Seguía sujeta a su asiento, que tenía un agujero de bala en la base, y estaba empapada en orina y en estado de shock. Julián recuerda que abrió los ojos como si dijera: «¿Qué está pasando?».[31] Todos estuvieron de acuerdo en que sobrevivió de milagro. «Encontrar a la bebé con vida fue un gran regocijo para todos. Fue un alivio»,[32] comentó Amelia, su abuela. La bebé, hambrienta y deshidratada, lloró durante toda la noche mientras Shalom le daba a beber tapitas de suero que encontró en el auto de Christina, y otros en el grupo continuaban hacia la Suburban de Dawna.

El cuerpo de Dawna estaba desplomado sobre el volante, «tan lleno de balas que era imposible contarlas»,[33] dijo un miembro de la familia. Los cuerpos de dos de sus hijos pequeños también estaban en el automóvil. Casi al mismo tiempo, el grupo de La Mora llegó al lugar cercano donde se escondían los niños sobrevivientes y gravemente heridos de Dawna, a excepción de McKenzie. Devin había guiado al grupo.

Con frío, hambre, dolor y miedo, los niños necesitaban atención médica y alimento con urgencia. La emocional escena se convirtió en histeria cuando los rescatistas se dieron cuenta de que McKenzie no estaba. Al oscurecer, empezó una búsqueda desesperada. Finalmente, casi dos horas después, Kenneth Miller y algunos militares que escoltaban al grupo de La Mora la encontraron siguiendo sus huellas, que alternaban entre un pie descalzo y uno calzado. La niña de 9 años había caminado sobre terreno rocoso y entre zarzas durante unos 15 kilómetros, a menudo en la dirección equivocada, ensangrentada por la herida de bala y con un pie descalzo. Cuando la encontraron con vida, al costado del camino, los hombres lloraron de gratitud. Otro milagro.

De vuelta en el lugar del ataque a la camioneta de Christina, Shalom había hidratado a Faith lo suficiente como para que lagrimeara, y los hombres se encargaron de transportar a la bebé a La Mora, donde más adelante Amelia encontraría en la comunidad a una madre lactante para alimentarla. «Cuando nos la trajeron, estaba muy débil»,[34] le dijo Amelia a un reportero. «Trataron de darle un biberón, pero en realidad no bebía nada». Sin embargo, después de que fue amamantada, «saludó a todos con una sonrisa y estaba feliz de volver a estar con gente».

Una vez que los niños rescatados iban en una ambulancia camino a la clínica médica en Bavispe, Shalom y Adrián planeaban conducir los 17 kilómetros para llegar hasta el auto de Rhonita, pero como ya había oscurecido, decidieron continuar hacia La Mora y regresar antes del amanecer de la mañana siguiente al lugar del asesinato de su hija. Así lo hicieron y se llevaron una sorpresa al descubrir que, más de 18 horas después de que su hija y sus cuatro nietos habían sido baleados a quemarropa e incendiados, las fuerzas del orden público mexicanas todavía no habían empezado a investigar la escena del crimen.

Después de colocarse guantes de goma para preservar las pruebas, Adrián, un hombre sólido, de voz profunda y actitud autoritaria, empezó a registrar el Chevy Tahoe chamuscado. Llorando y orando, Shalom no alcanzaba a comprender aquella atrocidad: el hermoso espíritu lleno de vida de su hija reducido a huesos y cenizas. El asiento de Rhonita estaba reclinado, y la parte superior de su cuerpo com-

pletamente inmolado. Más tarde, los médicos forenses confirmarían
que ella y sus hijos habían sido quemados vivos. El vidrio de la ven-
tana y gran parte del chasís del automóvil estaban derretidos. Adrián
y Shalom recolectaron casquillos de balas de rifles de asalto AR-15,
AK-47 y M16 que estaban esparcidos alrededor del vehículo. Adrián
decidió recogerlos como prueba de que su comunidad «había sido claramente el objetivo del ataque»,[35] que no fue un caso de identidad equivocada ni de fuego cruzado accidental, como afirmaría más tarde el
gobierno mexicano. «Sabían que eran mujeres y niños. No les im-
portó una mierda»,[36] dijo un miembro de la familia.

Los padres de Rhonita también quedaron impactados al perca-
tarse de que antes de quemar el vehículo lo habían saqueado y que a
su hija le habían robado sus pertenencias personales. Encontraron su
chequera, sellos postales, monedas sueltas y otros artículos de su bolso esparcidos por el suelo. Shalom se quedó al lado del cuerpo de su
hija hasta que finalmente llegaron los investigadores forenses de las
fuerzas del orden, treinta horas después de la emboscada. En el aire
helado de la mañana, habló con su hija fallecida. «Lloraba y hablaba
con ella, y luego se abrumaba, se sentaba en una roca y se secaba los
ojos durante treinta minutos»,[37] dijo una de las hermanas de Rhonita.

Adrián y Shalom no confiaban en nadie del gobierno mexicano,
así que abordaron su camioneta y manejaron cinco horas hacia el norte,
hasta cruzar la frontera hacia Arizona para entregarle al FBI la evidencia
que habían recolectado e implorarle que les ayudara a investigar los
asesinatos. Fue una súplica inusual, y las autoridades mexicanas ini-
cialmente bloquearían la participación estadounidense. «Todas las
conclusiones a las que hemos llegado es [*sic*] que fue algo casi premeditado contra [nuestra] comunidad. Sabían que estaban matando a
mujeres y niños»,[38] dijo Adrián al *Mexico News Daily*. «Sabemos que
si queremos justicia tenemos que buscarla nosotros mismos»,[39] dijo
al *New York Post*. «Y no me detendré hasta conseguirla».

Unas treinta horas después de los ataques, la policía federal
mexicana arrestó en Agua Prieta a un hombre que intentaba cruzar
la frontera de Estados Unidos cerca de Douglas, Arizona. En su vehículo viajaban dos rehenes atados y amordazados, cuatro armas de

asalto, municiones de alto calibre y cargadores gastados. La policía incautó un teléfono celular y en él encontró un video tomado por uno de los atacantes el 4 de noviembre, en el cual se veía a un grupo de 12 a 15 hombres armados, vestidos de negro, con máscaras y chalecos antibalas y con rifles de asalto, dando vueltas alrededor del vehículo de Rhonita momentos después de la balacera. «¡Quémalo! ¡Quémalo! ¡Quémalo!»,[40] gritaba uno de los pistoleros desde lo alto de una colina cercana. Cuando Howie, de 12 años, trató de escapar del auto en llamas, alguien gritó: «¡Dispárale! ¡No te confíes!».[41] Los detalles sobre el sospechoso anónimo y la evidencia en video confirmaron las sospechas de la familia de que la suv de Rhonita había sido destruida intencionalmente, lo que contradice los informes oficiales de que las balas habían provocado el incendio. «Fue una masacre, 100% una masacre»,[42] dijo un miembro de la familia. Al principio las autoridades mexicanas afirmaron que el hombre arrestado no estaba relacionado con los asesinatos, pero luego admitieron que se había convertido en un informante confidencial en la investigación y que su video era evidencia de primera mano.

En las dos escenas del crimen se encontraron cientos de casquillos de bala de .223 y 7.7 milímetros. «Nos dispararon y quemaron nuestros vehículos para enviar una señal de humo al cielo»,[43] relató un familiar a los medios internacionales, que finalmente llegaron en manada a los sitios de la tragedia. «Esto fue deliberado e intencional»,[44] dijo Loretta Miller. «Éramos el objetivo. Solo que no sabemos por qué».

Ninguna de las tres mujeres asesinadas tenía un linaje más profundo en la inmensa familia LeBaron que Rhonita LeBarón Miller. Ella era bisnieta de Alma Dayer LeBaron, el fundador de la Colonia LeBarón, conocida por la familia como «la Colonia»; y el patriarca de un poderoso imperio polígamo. En México, hoy en día, LeBarón sigue siendo una de las comunidades mormonas fundamentalistas más grandes, si no es que la más grande, eclipsando a La Mora. Adrián LeBarón Soto, de 58 años en ese momento, dijo a los periodistas que tenía cuatro esposas y, hasta el día de la masacre, 39 hijos y 79 nietos.

«Ella era la más güera, la más blanca y la más mexicana»,[45] así describió Adrián a Rhonita. «La hermosa chica LeBarón»,[46] como la conocían, nació el 15 de septiembre de 1989, el día anterior al Día de la Independencia de México, lo cual Rhonita también trató como una celebración de su propia vida. «Era dulce y un poco ingenua», dijo su hermana Adriana. «No podías contarle un chiste de doble sentido porque no lo entendía». Era una «chica muy amor y paz», que dio a luz a sus bebés en casa. «Pasar por esa cadena montañosa no era gran cosa para ella», dijo Adriana sobre la valentía y la sensación de invulnerabilidad que tenía Rhonita en su tierra natal.

Aunque los siete hijos de Rhonita nacieron al otro lado de las montañas en La Mora, donde la extensa familia de su esposo Howard había estado desde la década de 1960, ella aspiraba a criarlos en LeBarón. Quería darles lo mejor de ambos mundos, según su padre. En su cumpleaños, solo seis semanas antes de su muerte, uno de sus parientes les había dado a Rhonita y Howard una propiedad selecta para construir la casa de sus sueños. «Ella solo quería una casa bastante grande, no lujosa»,[47] donde sus suegros Miller pudieran visitar a los LeBarón y «sentirse como en casa», dijo Adrián.

Dos días después de los ataques, Jorge Castañeda, uno de los excancilleres de México y destacado académico, le dijo a la prensa que Rhonita era el objetivo principal de la masacre. Castañeda sostuvo que la familia LeBarón estaba marcada por la violencia debido a sus continuos enfrentamientos con sus vecinos. «Se habían enfrentado a los cárteles de la droga y existían ciertas fricciones con los cárteles o con las comunidades vecinas por los derechos de agua»,[48] dijo Castañeda a la CNN. «Estas tensiones llevaban mucho tiempo y, aparentemente, la mujer que conducía el primer vehículo que fue atacado era una activista».

Durante años la familia se había enfrentado a las crecientes amenazas de violencia por parte de los cárteles. Los LeBarón habían recibido amenazas recientemente, y por lo regular los miembros de la familia viajaban con guardaespaldas armados, lo que hace aún más difícil entender por qué tres mujeres y 14 niños viajaban sin escolta. Después del suceso ambas comunidades fueron presa del pánico.

«Vivimos en una zona de guerra»,[49] dijo Julián LeBarón. «Pero es una zona de guerra con niños pequeños corriendo por el patio».

Los voceros de la familia desestimaron las afirmaciones hechas por funcionarios mexicanos de que el ataque fue el resultado de que los sicarios del cártel confundieran a los viajeros con un cártel rival, o de que quedaran atrapados en el fuego cruzado entre los cárteles. «Hemos estado aquí por más de 50 años»,[50] dijo a Reuters otro de los primos de Rhonita, Alex LeBarón, quien se desempeñó como oficial de la Marina de Estados Unidos y fue miembro del Congreso mexicano. «No hay nadie que no nos conozca. Quienquiera que lo haya hecho, sabía bien lo que hacía. Eso es lo más aterrador». Si en verdad Rhonita era el objetivo, porque su vehículo fue el único que fue incendiado, tal vez por un lanzagranadas estilo militar, muchos se preguntaron si los ataques a los vehículos conducidos por Christina y Dawna fueron, simple y trágicamente, daños colaterales.

«Hay una señal siniestra en todo esto, y es que alguien le está cobrando una cuenta a la familia LeBarón»,[51] escribió un reportero mexicano. «Lo primero que buscan estos delincuentes no es el objetivo en sí, sino a su familia».

Meses después de las masacres, cuando parecía poco probable que el gobierno mexicano hiciera rendir cuentas a alguien, Adrián LeBarón Soto afirmó que su clan estaba siendo «perseguido», una palabra cargada de significado religioso para millones de fieles mormones. Los asesinatos generaron numerosos rumores y teorías de conspiración sobre los motivos de los atacantes, su identidad y los propios objetivos. A medida que pasaban los meses, sin justicia para las víctimas, y solo surgía información vaga sobre los sospechosos y los arrestos, cada teoría parecía ser más descabellada que la anterior.

El ataque al clan LeBarón fue impactante, incluso en el contexto de la violencia gratuita de la guerra contra las drogas en México. Pero en la larga historia del clan LeBarón, no fue un evento del todo excepcional. Cualquier intento de investigar o comprender los asesinatos requiere primero comprender esa historia, que se remonta a casi dos siglos. La historia de los LeBarón no es solo una epopeya de la época de los pioneros en Estados Unidos, sino también una historia de secretismo, poligamia, enemistades sangrientas, conquista y explotación, envuelta en una interpretación radical de la doctrina mormona e inmersa en un mito de persecución.

Esos sentimientos de persecución existen entre los miembros del propio clan LeBarón. El abuelo de Rhonita, Joel LeBaron, fue el amado y mártir profeta de una religión fundamentalista mormona llamada Iglesia del Primogénito de la Plenitud de los Tiempos. Joel LeBaron fue asesinado en México por Ervil, su hermano, en 1972, en una forma ritualizada de asesinato llamada «expiación con sangre». La doctrina más controvertida y fanática de la fe mormona, la expiación con sangre, es un asesinato con un propósito más elevado, destinado a proporcionar a la víctima la salvación eterna cuando su sangre es derramada sobre la tierra. Los líderes contemporáneos de la iglesia han insistido en que la expiación con sangre era un «recurso retórico»,[52] destinado a mantener fieles a los miembros de la iglesia, y que en realidad nunca se puso en práctica. Pero numerosos estudiosos han concluido lo contrario a lo largo de más de un siglo y medio. Sin embargo, los LeBarón no necesitaban recurrir a relatos académicos. La familia tenía conocimiento íntimo de la existencia de la práctica. Desde la década de 1970 hasta la década de 1990, la familia LeBarón se había visto fracturada por docenas de estos llamados asesinatos de inspiración divina entre los suyos.

La historia moderna de Caín y Abel, que comenzó cuando Ervil asesinó a Joel, desencadenó lo que las fuerzas del orden estadounidenses describieron como la ola de crímenes más larga en el oeste estadounidense moderno. Condujo a por lo menos 33 asesinatos, y algunos dicen que hasta 50, en ambos lados de la frontera, y le valió a Ervil el apodo de «el Manson Mormón». Sin exageración ni paranoia, inmediatamente después del ataque a las tres mujeres y los 14 niños, algunos miembros de la familia contemplaron la posibilidad de que estallara la antigua disputa de sangre. Muchos observadores dentro de la iglesia mormona principal, las ramificaciones mormonas fundamentalistas, así como miembros de la familia LeBarón, creían que las rivalidades y tensiones históricas permanecían muy vivas, y que pueden haber desempeñado un papel en la emboscada y asesinatos del 4 de noviembre de 2019.

«Fue lo primero que me vino a la mente cuando me enteré de que mis primas habían sido masacradas»,[53] dijo un familiar de las tres mujeres.

En este libro se intenta responder una pregunta aparentemente sencilla: ¿Quiénes son los LeBarón y qué los llevó a establecerse primero en Utah, en la década de 1840, y luego a colonizar una región de México en la década de 1880 como miembros de una rama resentida de una secta estadounidense? Dicho de otra manera, ¿por qué Rhonita, Dawna, Christina y sus hijos estaban en ese camino en primer lugar? Pero detrás de esta pregunta, se vislumbra una más fundamental.

Aunque no soy mormona, soy descendiente de una larga línea de mujeres mormonas pioneras, comenzando con mi tatarabuela, quien fue convertida en Londres en 1849 por un futuro profeta mormón y trajo a sus siete hijos con ella a Sion en un velero, un barco de vapor y una caravana de carretas. Su nuera, mi bisabuela, viajó sola desde Dinamarca hasta Utah en 1851 cuando tenía 9 años. Caminó desde San Luis, Misuri, hasta Salt Lake City, empujando sus pocas pertenencias en un carrito. Mi abuela, la vigésima tercera y última hija de mi bisabuelo, líder de la iglesia y destacado polígamo, nació en el verano de 1887 en las montañas del territorio de Utah. Cuando Estados Unidos otorgó la condición de estado a Utah en 1896, exigiendo que la iglesia abandonara la doctrina de la poligamia, mi abuela se volvió ilegítima ante los ojos de las leyes estatales y federales: «se convirtió en una forajida de nacimiento»,[54] como dijo un escritor que les sucedía a los niños nacidos de la poligamia.

Hoy, la Colonia LeBarón es un portal al pasado, un lugar donde uno puede vislumbrar lo que debió ser vivir dentro de una comunidad polígama en una frontera árida y peligrosa. Este libro es una exploración de LeBarón, el lugar y la familia, en un esfuerzo por explicar los impulsos que orillaron a miles de mujeres durante generaciones, incluidas mis antepasadas, así como a Dawna, Christina y Rhonita, a unirse o permanecer dentro de una nueva religión basada en la supremacía masculina y la servidumbre femenina. Por supuesto, muchas no tuvieron elección, pero muchas otras sí, y muchas abrazaron ese mundo patriarcal. Estas mujeres de Sion se encontraron en un desierto aislado, lidiando con las complicaciones, a menudo misteriosas, del matrimonio plural. ¿Qué fue lo que las atrajo? ¿Por qué se sometieron entonces, y por qué se siguen sometiendo hasta ahora?

CAPÍTULO UNO

«NO SOMOS SECTARIOS RADICALES»

LAS APROXIMADAMENTE cuarenta familias de La Mora conforman una comunidad diversa. Entre ellos se encuentran fundamentalistas mormones disidentes, polígamos, adoradores nacidos mormones que se identifican como independientes, mormones convencionales e «incluso algunos hippies y agnósticos»,[55] como describió un residente al conglomerado de creyentes y no creyentes. México alberga alrededor de 1.5 millones de mormones, la población de SUD (Santos de los Últimos Días) más grande fuera de Estados Unidos, pero La Mora no está afiliada a la Iglesia de Jesucristo de los Santos de los Últimos Días, cuyos líderes en Salt Lake City, Utah, tras las emboscadas, se distanciaron rápidamente tanto de la colonia de La Mora como de la LeBarón. «Estamos desconsolados al saber de la tragedia que cayó sobre estas familias en México»,[56] dijo Eric Hawkins, vocero de la iglesia de los SUD. «Aunque entendemos que no son miembros [de la iglesia]... nuestro amor, oraciones y compasión los acompañan mientras lloran y recuerdan a sus seres queridos».

Otro portavoz de la iglesia calificó el ataque de «terrible y trágico»,[57] pero señaló que esta no tenía información sobre el evento y le dijo a la CNN, «por lo que sé, eran miembros de una secta que practica la poligamia». Los familiares de las víctimas se sintieron profundamente insultados por las declaraciones, incluso uno de ellos las describió como «demasiado frías e insensibles».[58] La cuñada de Dawna se molestó por las formas en que la iglesia y los medios de comunicación presentaron a los residentes de La Mora. «Me hicieron sentir avergonzada. No somos sectarios radicales». En contraste, la iglesia de los SUD local de Williston, Dakota del Norte, donde los Miller practicaban su culto, realizó un velorio al que asistieron 150 dolientes. «No debemos olvidar nunca lo que hicieron estas tres madres. Siempre recordaremos sus valientes actos de maternidad»,[59] dijo el obispo Pete Isom.

La Colonia LeBarón, ubicada 12 kilómetros al sur de la sede del condado de Galeana, en el estado de Chihuahua, alberga aproximadamente a 3 000 personas, mientras que La Mora tiene solo unos cientos. Es el centro de poder de los mormones fundamentalistas de México. Si bien muchos apellidos están asociados con los asentamientos LeBarón y La Mora, la familia LeBarón fue la primera en colonizar Galeana, forjando un santuario para la poligamia, y sigue siendo el nombre mormón más destacado de la región. Los LeBarón han vivido en ambos lados de la frontera entre Estados Unidos y México desde la década de 1880, y gozan de influencia económica, y en muchos casos política, en ambos países. En contraste con sus vecinos mexicanos, cuya pobreza es aplastante, los mormones, que son descendientes directos de uno de los líderes pioneros de la iglesia, son ricos terratenientes, con vastos ranchos de ganado, granjas y huertas de nueces.

En la década de 1950 otro grupo disidente de mormones fundamentalistas estadounidenses emigró al vecino estado mexicano de Sonora. Huyendo de las infames redadas de Short Creek contra los polígamos por parte de la Guardia Nacional de Arizona en 1953, la familia Langford cruzó la frontera para asentarse en una sección de tierra en un valle fluvial que bautizaron como Rancho La Mora. Era un lugar miserable, y los emigrados empobrecidos se ganaban la vida a duras penas en el alto paisaje desértico, soportando inviernos helados y veranos abrasadores. No tenían ni electricidad ni agua corriente, y estaban aislados de Estados Unidos y del resto de México. Luego, la familia Miller se mudó de Estados Unidos a La Mora para practicar la poligamia. En la década de 1960, Kenneth Miller, el padre de Howard, llegó con sus padres para unirse al recinto fundamentalista al que se referían como «el rancho». No tenían ni un centavo, al igual que el resto de la comunidad, «y vivían junto al río en una tienda de campaña sin agua corriente»,[60] según recuerda Kenneth, y cultivaban papas, frijoles y maíz mucho antes de plantar los huertos de nueces del siglo XXI. Había poca interacción entre los mormones de Sonora y Chihuahua, hasta finales del siglo XX, cuando «unos cuantos matrimonios unirían a La Mora con la más grande y próspera Colonia LeBarón».[61] Kenneth se casó con Loretta LeBarón y la pareja crio a sus 14 hijos, a quienes educó en casa, en La Mora.

Los LeBarón viven en lujosas casas estilo Santa Fe, con el pasto bien cuidado y entradas con rejas, calles arboladas, canchas de baloncesto, parques, estatuas de bronce, un campo de golf privado y un club de tiro, y en repetidas ocasiones han tenido fricciones con sus vecinos indígenas y nativos mexicanos más pobres, así como con los notorios cárteles de la droga que los rodean. Actualmente, los visitantes que llegan son recibidos con un enorme cartel en la entrada que dice: «Bienvenidos a la Colonia LeBarón, un lugar en donde siempre brilla el sol con la luz de la esperanza y del amor». En la cima de una colina cercana hay una gran letra «L», formada por piedras pintadas de blanco, que anuncia la presencia de la comunidad, y otro cartel de bienvenida que dice: «El respeto al derecho ajeno es la paz».

El camino donde ocurrieron las emboscadas conecta a una serie de pueblos mexicanos, pero sirve principalmente como una ruta de contrabando, de drogas y personas, hacia Estados Unidos desde México, a través de las remotas fronteras del sur de Arizona y Nuevo México. El territorio ha estado controlado durante mucho tiempo por el Cártel de Sinaloa, que era dirigido por el Chapo hasta que, en julio de 2019, fue condenado a cumplir cadena perpetua en la prisión federal ADX en Florence, Colorado. Tres de sus más de 15 hijos, Joaquín, Ovidio e Iván, que se hacen llamar Los Chapitos, lo sucedieron como capos de la droga en el cártel más grande y poderoso del mundo. No solo estaban en el centro de una lucha de poder contra Ismael *el Mayo* Zambada, el antiguo lugarteniente del Chapo, también estaban enfrentando los desafíos de otros grupos rivales, entre ellos el Cártel de Juárez y el Cártel Jalisco Nueva Generación (CJNG). Conocido por su salvajismo, este último estaba incursionando significativamente en el territorio de Sinaloa.

La fallida captura de Ovidio, de 28 años, por parte de las fuerzas de seguridad mexicanas en su casa en Culiacán, la capital del estado de Sinaloa, apenas dos semanas antes de los ataques mormones, sumió a la región en una crisis. En lugar de detener inmediatamente a Ovidio para su extradición a Estados Unidos, los soldados le permitieron hacer una llamada telefónica. El retraso permitió que los cuatrocientos pistoleros de Ovidio tomaran el control de la ciudad y repelieran a la Guardia Nacional mexicana, la Policía Federal y el Ejército. La batalla, que se llevó a cabo a plena luz del día, resultó en la muerte de al menos ocho soldados, y Ovidio fue liberado, lo que le valió al gobierno mexicano una tremenda reprimenda y humillación. Sus fuerzas de seguridad fuertemente armadas permanecieron en libertad cerca de las colonias mormonas.

Según dice Loretta Miller, la abuela de los cuatro hijos de Rhonita LeBarón Miller que murieron en la emboscada, La Mora había hecho un pacto con el Cártel de Sinaloa y sus ramificaciones, el cual, aunque no era oficial, fue cumplido a través de generaciones. No fue tanto una alianza, sino un acuerdo de que sostendrían una «relación cordial»[62] con quienes ejercían los controles de la carretera a lo largo de las numerosas rutas de contrabando en el norte de Sonora, en la frontera de México con Arizona. El Cártel de Sinaloa tenía la reputación de ser violento, pero a pesar de eso nunca le había robado a la comunidad mormona, ni nunca la había extorsionado, ya que esta «les pagaba por protección»,[63] le dijo Adam Langford, patriarca y dos veces alcalde de La Mora, a un periodista. Al mismo tiempo, la comunidad LeBarón también había forjado un acuerdo de décadas con el Cártel de Sinaloa, un entendimiento implícito de «No interfieras en mis asuntos y nosotros no interferiremos en los tuyos». El Cártel de Sinaloa estaba usando rutas de contrabando a lo largo de la frontera de Chihuahua con Nuevo México y Texas. Sin embargo, en años recientes la Colonia LeBarón había empezado a estar rodeada, cada vez más, por la unidad ejecutora del Cártel de Juárez, un grupo de sicarios conocido como La Línea. Esta «línea» se había creado para proteger a los traficantes del Cártel de Juárez y estaba formada por expolicías y policías en servicio que habían recibido entrenamiento avanzado en combate urbano y disponían de un arsenal de armas que rivalizaba con el de las fuerzas gubernamentales. «Ellos marcaban la línea, es decir, imponían el orden»[64] para el Cártel de Juárez, dijo Carlos Rodríguez Ulloa, el analista de seguridad mexicano.

Las relaciones entre las dos comunidades mormonas fundamentalistas se habían vuelto más complicadas en los meses previos a los asesinatos, ya que los mormones en Sonora comenzaron a ver a los sicarios del cártel en su propia área como «los buenos» y a los de Chihuahua como «los malos», y viceversa, lo que dio pie a una peligrosa y conflictiva serie de alianzas que dividieron a las comunidades de La Mora y LeBarón. Los cárteles también habían comenzado a pelear por el control de la distribución de gasolina en la región, un recurso que afectaba directamente las operaciones agrícolas de las comunidades.

Los familiares de las víctimas de los asesinatos estaban seguros de que la descarada masacre no fue un accidente. Quizás la evidencia más condenatoria y conmovedora provino de los niños sobrevivientes, quienes dieron relatos de primera mano de cómo vieron morir a sus madres. Los familiares también hablaron vagamente de información de otras fuentes. La cuñada de Rhonita, Kendra Miller, dijo que habían recibido «confirmación de que aquello había sido orquestado como una provocación para el cártel que actúa en Sonora, en donde estamos, y nuestra familia fue escogida para ser la que provocara problemas y desatara una guerra».[65] Miller afirmó que los sicarios del Cártel de Chihuahua estaban «deteniendo a nuestras familias». Otros miembros de la familia también culparon rápidamente al Cártel de Juárez por los asesinatos premeditados, argumentando que en el video de celular obtenido por la policía mexicana se identificaba claramente que los hombres involucrados eran de los suyos.

Joel LeBarón Soto, el patriarca del clan LeBarón, aseveró que el origen de la masacre fue la situación política de la región, y afirmó que el móvil se originó en un hecho ocurrido anteriormente en el estado de Sonora, aunque se negó a precisar cuál fue. «No quiero decir más»,[66] dijo a un canal de televisión mexicano, antes de criticar a Javier Corral, el gobernador de Chihuahua, por tener un sistema de justicia corrupto, lo cual el aludido refutó enérgicamente. LeBarón Soto reprochó a los gobiernos local y nacional por presentar los ataques como un enfrentamiento entre cárteles. Se refirió a esa narrativa como «puro *show*», y señaló que, después de que los asesinos «le dispararon a una de las mujeres, le robaron la billetera y luego le prendieron fuego», difícilmente se puede creer en que lo sucedido sea un caso de identidad equivocada. No solo dispararon desde lo alto de un cerro, sino también a quemarropa, como lo demuestran los cientos de casquillos que hallaron cerca de los autos. «El gobierno de Javier Corral ha sido cómplice de todo tipo de delitos que se han cometido en contra de nuestra familia»,[67] dijo Julián, hijo de LeBarón Soto, y también dijo lamentar que en Chihuahua no exista el estado de derecho. Prácticamente culpó a Corral por los asesinatos.

La masacre provocó indignación en ambos lados de la frontera, y el presidente mexicano Andrés Manuel López Obrador (AMLO, para abreviar) prometió encontrar a los asesinos, mientras que Donald Trump, el presidente estadounidense, tuiteó un ofrecimiento para enviar tropas de ese país para ayudar a «eliminar a esos monstruos».[68] López Obrador rechazó su oferta. Después de que Trump tuiteara: «A veces se necesita un ejército para derrotar a un ejército», otro de los primos de Rhonita, Alex LeBarón, dijo a un reportero: «¿Quieren ayudar? Enfóquense en reducir el consumo de drogas en Estados Unidos. ¿Quieren ayudar aún más? Dejen de… inyectar sistemáticamente armas de asalto de alto poder en México».[69] Después, Alex se unió a otros miembros de la familia para presentar una petición a la administración Trump para designar a los cárteles como organizaciones terroristas. Pero la respuesta negativa del público mexicano no se hizo esperar y, en cuestión de horas, Trump y los LeBarón fueron atacados en redes sociales con *hashtags* que tachaban de traidores a la familia LeBarón. La familia se retractó rápidamente, insistiendo en que la administración Trump los engañó para que firmaran la petición que solicitaba la designación de actos terroristas para justificar así una intervención militar de Estados Unidos. La petición, dijeron, identificaba a la familia como el enemigo número uno de los cárteles, lo que los ponía aún más en peligro. «Lo que me preocupa más que nada es cómo algunos políticos y algunos medios de comunicación están utilizando el suceso como un arma política para criticar al gobierno federal [mexicano]»,[70] dijo Julián a un periódico mexicano.

Las nueve víctimas de asesinato eran ciudadanos mexicano-estadounidenses, asesinados por balas y armas de asalto fabricadas en Estados Unidos. La mayoría de las teorías postuladas, en blogs de redes sociales y salas de chat, era una variación de esquemas que involucraban políticas estadounidenses y mexicanas para combatir a los cárteles de la droga. Según una teoría, la masacre era una «carnada» de

Estados Unidos para poder invadir México y apoderarse de los estados del norte de Sonora y Chihuahua, ricos en recursos, bajo los auspicios de una nueva guerra contra las drogas. Otro dijo que fue la Agencia Central de Inteligencia la que llevó a cabo el ataque para presionar a López Obrador a iniciar una nueva guerra contra el cártel dominante de Sinaloa para que Estados Unidos pudiera vender más armas a México.

A raíz de la masacre, el enfrentamiento de décadas de los Le-Barón con sus vecinos por los derechos de agua también ha sido objeto de escrutinio. Una poderosa organización de la sociedad civil de agricultores y ganaderos locales que se hace llamar El Barzón, por la correa con la que se une a los bueyes al arado, ha acusado a la familia de desviar demasiada agua de los ríos y acuíferos a sus enormes granjas comerciales. Los barzonistas afirman que los LeBarón cavaron ilegalmente cientos de pozos, demolieron embalses destinados a las comunidades indígenas río abajo y despejaron tierras comunales para cultivar 20 000 árboles de nueces altamente rentables, que requieren mucha más agua que los cultivos regulares.

A medida que el cambio climático se ha intensificado en la tierra árida de Chihuahua, muchos ven el imperio agrícola de los mormones como un posible campo de batalla para las próximas guerras por el agua en la zona. La coalición cree que los comparativamente ricos LeBarón son parte de una red de poder y violencia a lo largo de la frontera entre Estados Unidos y México. Por su parte, los LeBarón han acusado a El Barzón de ser una banda criminal que recibe protección del gobernador de Chihuahua.

La Colonia LeBarón, que es particularmente reservada sobre sus armas, opera como un «miniestado», y ha negociado términos especiales con varios líderes de los gobiernos de ambos estados colindantes. A menudo conocidos por sus detractores como «la mafia polígama», durante más de un siglo los miembros de la comunidad han sido vistos por los mexicanos como invasores extranjeros hambrientos de territorio, que adquirieron de manera deshonesta tierras ricas en minerales y preciados derechos de agua.

Como era de esperarse, después de la masacre surgieron trilladas diatribas contra la poligamia, y afirmaciones de que los asesinatos habían sido «un trabajo interno» en el que las madres y los niños fueron asesinados porque estaban tratando de exponer públicamente los abusos. Menos predecibles fueron los informes de que las mujeres asesinadas tenían vínculos con NXIVM, la infame supuesta secta sexual, y que la Colonia LeBarón «era el lugar donde los subordinados de Keith Raniere, el líder de NXIVM, reclutaba a mujeres jóvenes para trabajar como niñeras en un complejo del norte del estado de Nueva York dirigido por la misma secta»,[71] según el *Mazatlan Post*.

Aun así, aunque la familia tenía un historial de violencia con sus vecinos y los cárteles, muchos miembros de las comunidades mormonas fundamentalistas, tanto en Estados Unidos como en México, se preguntaban si el ataque era una continuación de la venganza de cincuenta años entre los descendientes de Joel y Ervil LeBaron. La amenaza de su «marca de engaño marginal» estaba «desactivada»,[72] según informaron Ben Bradlee hijo y Dale Van Atta en su libro *Prophet of Blood*, de 1981. Pero los funcionarios encargados de hacer cumplir la ley en Estados Unidos y México recordaban muy bien esa disputa y actuaban con cautela ante una posible reactivación, temiendo que «pudiera volver a levantarse y se comenzara de nuevo a desarrollar, como un *western* bíblico escrito con miedo y sangre», escribieron Bradlee y Van Atta.

El antepasado original de los LeBarón, Benjamin Franklin Johnson, fue uno de los primeros discípulos de la iglesia fundada en 1830 por Joseph Smith hijo. Johnson se convertiría en apóstol y líder en la iglesia de Smith durante el resto del siglo XIX y, poco antes de su muerte, en 1905, afirmaría haber heredado el cargo de Smith como líder espiritual de la iglesia.

Joseph Smith, un granjero imaginativo, nació en Sharon, Vermont, el 23 de diciembre de 1805. Sus padres solían ser adinerados, pero habían despilfarrado su riqueza en dudosos tratos inmobiliarios, por lo que Joseph se crio en la pobreza. Sus padres, con sus ocho hijos, comenzaron un patrón de mudarse hacia el oeste «para escapar de los furiosos acreedores»,[73] y finalmente se establecieron en Palmyra, Nueva York, en una «cabaña bien equipada de cuatro habitaciones», según lo expresó un historiador.

Cuando era adolescente, Smith practicaba la adivinación y la magia, buscaba tesoros enterrados en los cementerios y practicaba el ocultismo antes de recibir lo que, según él, fue la orden de un ángel llamado Moroni, iluminado por Dios, quien se le apareció como un espíritu envuelto en una túnica blanca. El supuesto ángel se dirigió al alto y atlético joven de 17 años por su nombre y le dijo que había sido elegido por Dios para escribir un libro sobre una de las míticas diez tribus perdidas de Israel. Según Smith, Moroni citó numerosas profecías bíblicas sobre la segunda venida de Cristo y le dijo que Dios lo había elegido como Su instrumento para revelar al mundo que todas las religiones eran falsas y corruptas, y que él debería corregir eso.

En un frenesí, el analfabeto Smith dictó el manuscrito de 275 000 palabras y, en poco más de dos meses, su historia de héroes y villanos, derramamiento de sangre y milagros, guerreros e intrigas, tomó por asalto el norte del estado de Nueva York. Emulando la Biblia del rey Jacobo, el libro era una crónica milenaria que, según Smith, era una mejora secreta y sagrada del Nuevo Testamento. Fawn Brodie, su biógrafa más famosa, escribió: «Comenzó el libro con un asesinato de primera clase, agregó más asesinatos y acumuló decenas de batallas».[74] Intrincado y emocionante, *El Libro de Mormón* incluía una antigua figura militar llamada Mormón, el profeta que dio nombre al libro y que era el padre de Moroni.

Smith publicó su libro el 26 de marzo de 1830, en medio de la atmósfera febril del Segundo Gran Despertar. Al ser un reflejo de las inclinaciones místicas de la época, era una visión sencilla de la batalla entre el bien y el mal, centrada en una historia de Caín y Abel. El *Rochester Daily Advertiser* publicó la primera reseña del tomo con el titular: ¡blasfemia![75] libro de mormón, alias la biblia dorada. Molesto por el desprecio, Smith afirmó que estaba siendo perseguido como el apóstol Pablo. Esta sería la primera de cientos de supuestas persecuciones que definirían la vida, la muerte y el legado de Smith. Solo dos semanas después de la publicación, Smith estableció formalmente su iglesia y anunció a sus seguidores, que entonces eran seis, que su título oficial era «Profeta, Vidente y Revelador». Un mes después, sus filas aumentarían a cuarenta y, al cabo de un año, se habrían sumado más de mil conversos.

Era una religión nueva y emocionante. Lo que creían, en esencia, era que todas las iglesias se habían desviado de la verdadera religión del cristianismo, a lo que Smith llamó «la gran apostasía», y que su tarea divina era reunir a los remanentes de Israel en una Sion moderna y aguardar el arrebatamiento. El centro de la teología de Smith era la doctrina de que todos los devotos masculinos estaban en el camino a la divinidad, que todos los hombres podían crear sus propios reinos y que las mujeres, si eran puras y obedecían a los hombres, podrían «atravesar el velo» y entrar a este reino para unirse a sus hombres «justos» como compañeros eternos en el más allá. Como parte de esta doctrina de supremacía masculina, Smith creó un cuadro autocrático de «varones dignos» para gobernar su Iglesia de Jesucristo de los Santos de los Últimos Días.

«En ningún otro periodo de la historia de Estados Unidos se sintió que "los últimos días" eran tan inminentes»,[76] como lo expresó Brodie, describiendo la era como una época en la que el país fue «invadido por el rápido temor de que la República estaba en peligro».[77] En 1830 Estados Unidos tenía solo medio siglo de existencia, y estaba poblado por menos de 13 millones de personas. El presidente Andrew Jackson había asumido el cargo después de una amarga batalla electoral que dividió al país en líneas partidistas y fomentó divisiones teológicas y políticas. En esta mezcla surgió el movimiento milenarista de Smith, un seductor colectivismo dominado por hombres con una visión apocalíptica, la cual incluía la caída del gobierno de Estados Unidos para que su teocracia revolucionaria llenara el vacío.

Percibida desde el principio como una fe radical por la mayoría de los estadounidenses, la religión no era ni judaica ni cristiana. Aun así, *El Libro de Mormón* impulsó a Smith a la fama y consolidó su estatus como líder de la secta. Gobernó a su rebaño con la pasión de un guerrero santo guiado por la revelación divina, lo que le dio un aura de infalibilidad y repelió cualquier desafío a su gobierno. Smith alardeaba de haber entablado más de cien conversaciones personales con Dios, y afirmaba que era un ser espiritual más elevado que Martín Lutero y el Papa, con quienes Dios, según él, nunca había hablado directamente. Si bien también fue objeto de múltiples burlas, *El Libro de Mormón* pronto atraería a cientos de miles de inmigrantes de

Gran Bretaña y Escandinavia a Estados Unidos, para unirse a sus ya numerosos conversos estadounidenses.

«La formidable afirmación de que este muchacho de 14 años había visto a Dios y a Jesucristo pronto fue seguida por informes detallados de visitas de otros mensajeros celestiales»,[78] escribió Verlan LeBaron, bisnieto de Benjamin Johnson. Desde el principio, Johnson y los demás antepasados de los LeBarón fueron ávidos seguidores, creían en Joseph Smith y los testigos, lo aceptaron como profeta y «se adhirieron a sus enseñanzas».

Los cristianos ridiculizaron la teología del mormonismo primitivo y sus afirmaciones sobre el poder divino de los cristales, así como sus rituales secretos, bautismos vicarios, juramentos de sangre, matrimonios celestiales, unciones, curaciones y otras prácticas extrañas. El evangelio de Smith y su camino hacia la divinidad era una versión religiosa del sueño americano: a los niños pequeños se les decía que podían crecer para convertirse en presidentes e incluso en dioses. Smith describió la vida después de la muerte como un paraíso donde sus entusiastas discípulos masculinos «progresarían» hacia la misma divinidad que el Dios del Antiguo Testamento, que habitaba en un planeta llamado Kólob, donde era sexualmente activo con la Madre Celestial y otras esposas: una visión embriagadora para estos.

Desde un principio, Smith predicó sobre las virtudes de la riqueza material, lo cual resultó en una prosperidad del clan que distinguió a los mormones de sus vecinos. El «valor sagrado» se medía de acuerdo con la laboriosidad y riqueza de los miembros de la iglesia, así como por su propiedad privada, que era consagrada a la iglesia, que luego devolvía a los miembros varones «tanto como fuera necesario para el sustento y la comodidad de sus familias»,[79] una forma de organización a la que Smith llamó Orden Unida de Enoc y que llenó las arcas de la iglesia. Smith otorgó títulos bíblicos como «apóstol», «anciano» y «patriarca» a sus conversos masculinos y, gracias al fermento evangélico de la época, su enérgico proselitismo fue históricamente fructífero.

Al autodenominarse el moderno pueblo elegido de Dios y llamar «paganos» a todos los no mormones, reforzaron una mentalidad tribal que alienaría a los vecinos y ayudaría a definir la religión. En 1830, cuando los conversos de Smith eran solo cuarenta, una furiosa multitud destruyó un estanque profundo que los mormones habían construido en un arroyo de Palmyra, y en el cual llevaban a cabo los bautismos de inmersión de los nuevos conversos. Y, en medio de todo esto, la multitud le escupía y le gritaba a Smith: «¡eres un falso profeta!» y otros epítetos infames, lo cual, dijo, era una demostración de que él era la encarnación de Jesús. «Y así imitaron a los que, sin saber lo que hacían, crucificaron al Salvador de la humanidad»,[80] escribió, comparando las cosas que le hicieron con los maltratos que experimentó Jesús. El naciente profeta manipuló para sus propios fines, y de una manera brillante, el mito y la realidad de la persecución.

Su iglesia no tenía ni cinco meses cuando, temiendo por su vida y la de sus seguidores, Smith concentró sus esfuerzos en encontrar un lugar para construir su Sion. Trasladó el rebaño en crecimiento de Palmyra a una colonia comunal existente en Kirtland, Ohio, un sitio que Smith, de 25 años, estableció como el límite más oriental de la Tierra Prometida. Casi todos sus devotos en su nueva comunidad se convirtieron y bautizaron.

Benjamin Johnson nació en 1818 en Pomfret, Nueva York. Más tarde en su vida, Johnson escribió: «En el año 1829, en el periódico de nuestro pueblo, se publicó el relato de un joven que profesaba haber visto un ángel, quien le había mostrado y entregado unas placas de oro que estaban escondidas en la tierra. Estas tenían textos grabados en un idioma extraño, los cuales, al ser traducidos, resultaron ser una nueva Biblia».[81]

Al año siguiente de haber escrito lo anterior, publicó lo siguiente: «Comenzamos a escuchar más sobre la "Biblia Dorada" que encontró Joe Smith, el excavador de dinero». Johnson y algunos miembros de la familia viajaron a pie para reunirse con Smith en Kirtland, donde Johnson fue bautizado.

Johnson, 13 años más joven que Smith y un converso devoto, ascendería rápidamente en la iglesia y se ganaría la confianza y la amistad del profeta. «Me di cuenta, con un gozo casi indescriptible, de que estaba viviendo en una época en que Dios tenía un profeta sobre la tierra». Para el verano de 1831 la reunión de Smith de los «santos» de Nueva York, Pensilvania y Ohio congregó en Kirtland a los 2 000 miembros de la iglesia, lo que llevó a la región a una locura especulativa. Después de fundar un banco de la iglesia y enriquecerse personalmente con el auge inmobiliario de Ohio, Smith continuó prosperando, hasta que, durante el Pánico de 1837, todo colapsó y el gobierno emitió una orden de arresto en su contra por cargos de fraude bancario.

Ante esa situación, Smith y un apóstol de confianza huyeron a caballo en medio de la noche. Cabalgaron 1200 kilómetros hasta Far West, Misuri, donde continuó la construcción de su colonia. Smith creía que el lugar era la verdadera cuna de la civilización bíblica, el sitio del Jardín del Edén original, donde había nacido Adán. Seis años antes, uno de los ancianos de Smith ya había llevado a varios cientos de seguidores a Far West para establecer Sion. Parte del atractivo del área era su proximidad con el territorio indígena, y los mormones planeaban «convertir a los lamanitas»,[82] como se les llama en el *Libro de Mormón* a los nativos americanos. La restauración de «estos paganos al evangelio» se consideraba parte integral del cumplimiento de las profecías del ángel Moroni. Al ser recibido por 1500 miembros de la iglesia, incluidos los conversos recientes, Smith se sintió, en un inicio, animado por la exitosa reunión de los santos. Pero la luna de miel duró poco. Los habitantes de Misuri no recibieron bien la afluencia del grupo insular, que acaparó sus recursos, votó en bloques y puso obstáculos a los negocios «paganos». Los enfrentamientos entre los mormones y sus vecinos se intensificaron hasta convertirse en disturbios en 1838. El gobernador de Misuri entonces declaró que había que «tratar a los mormones como enemigos»[83] y «exterminarlos». Así que, una vez más, Smith montó un «gran semental color castaño»[84] y «emprendió el camino» hacia otro Sion. Esta vez el sitio elegido fue una colina boscosa en Illinois, situado a orillas del río Mississippi, al que llamó Nauvoo, un nombre en hebreo que traducido al español significa «hermosa plantación».

Cuando, en 1839, Smith llegó a lo que sería Nauvoo, un lugar en las afueras de Estados Unidos, este era apenas una aldea tranquila. Sin embargo, para el verano de 1840, Nauvoo era una ciudad próspera de 2900 habitantes, y su población seguía aumentaba a medida que llegaban entusiastas conversos de las misiones de proselitismo que Smith había enviado al extranjero. Los carismáticos misioneros de

Smith, incluido el temerario y dinámico Brigham Young, habían convertido a cientos y luego a miles en Inglaterra, Escocia y Gales, y más tarde establecieron un sistema de emigración masiva para traerlos a Estados Unidos. Los apóstoles encontraron en las ciudades manufactureras y mineras inglesas y galesas un campo fértil para plantar las semillas del mormonismo, ya que estas estaban pobladas de trabajadores empobrecidos deseosos de mejorar su suerte.

Menos de una década después de fundar su iglesia, Smith había atraído a sus conversos europeos para que se embarcaran en peligrosas travesías oceánicas e hicieran onerosos recorridos por tierra, cruzando medio continente norteamericano, para llegar hasta Illinois. En ese momento muchos de sus compatriotas estadounidenses también habían caído bajo su influencia, y se dirigieron a su Tierra Prometida. Para 1844 la religión contaba con 30 000 adherentes, 10 000 de los cuales estaban ubicados en Nauvoo.[85]

Smith imaginó a Nauvoo como una Ciudad-Estado separatista ordenada por Dios, con tanta riqueza y poder que rivalizaría con la capital de la joven nación. Incluso solicitó al Congreso que declarara oficialmente a Nauvoo como un territorio federal independiente por completo, con él como gobernador, y comenzó a organizar una administración para gobernar su «Estado mormón soberano».[86] En cambio, como lo expresó un escritor, Nauvoo sería la «última escala en el camino hacia el Reino Celestial»[87] de Smith, pero si bien para él el episodio de Nauvoo se convertiría en el gran final, para sus seguidores sería solo el comienzo.

Smith controlaba todos los negocios de bienes raíces en su ciudad modelo y supervisaba cada negocio y transacción personal. No solo era el líder espiritual, sino también el alcalde, el juez, el arquitecto, el hotelero y el banquero. Fue el autor intelectual del diseño y la construcción de un templo de mármol con chapiteles, calles anchas, exuberantes granjas y majestuosas casas privadas y edificios públicos. También dirigió el establecimiento de un periódico, una oficina de correos, siete fábricas de ladrillos y aserraderos con motores que funcionaban con vapor. Jonathan Browning, un devoto seguidor y fabricante de armas, pertrechó al creciente «Ejército de Dios» de Smith, que rápidamente se convirtió en la milicia más grande del estado, con casi una cuarta parte del tamaño del Ejército de Estados Unidos.

Benjamin Johnson se desempeñó como uno de los confidentes de Smith, así como su secretario privado, guardaespaldas, abogado personal, representante legal de la iglesia y fideicomisario de la propiedad de esta, además de que tenía mandato de representación de Smith. Sería ordenado sumo sacerdote y se convertiría en miembro del poderoso Consejo de los Cincuenta de la iglesia, lo que Johnson describió como el «reino embrionario de Dios sobre la tierra».[88] Este cuerpo de élite y altamente secreto de «príncipes»[89] en el gobierno de Smith, considerado «el tribunal más alto de la tierra», se encargaría de coronar a Joseph Smith como «Rey del Reino de Dios».

En 1842, después de regresar a Nauvoo de una misión proselitista en Inglaterra, Johnson conoció a Melissa B. LeBaron, una huérfana que, «en cuanto a apariencia, educación y modales, no tenía igual en los alrededores»;[90] además, se decía que había una herencia a su nombre esperando ser reclamada en un banco de Rochester, Nueva York. Smith se enamoró de «la heredera», como la llamaban, y se casaron rápidamente. «El Señor la había puesto justo frente a mí, una joven de cultura y refinamiento… amada por todos los que la conocían». Los descendientes de ese matrimonio serían los que seguirían con el linaje de Melissa LeBaron a lo largo de varias generaciones para poblar la Colonia LeBarón en Chihuahua, México. Y a su vez, esos descendientes reclamarían el manto del sacerdocio mormón, tal como le fue otorgado a su bisabuelo Benjamin Johnson nada menos que por el mismísimo profeta.

En Nauvoo los mormones comenzaron a generalizar la práctica de la poligamia, la cual Smith y sus allegados elegidos ya habían estado siguiendo en secreto incluso antes de que, en 1843, se convirtiera en doctrina oficial de la iglesia, pues según él, desde años antes se le había ordenado practicarla por revelación divina. «Aunque, escribió un cronista de la iglesia del siglo XX, el bien conocido entusiasmo del profeta por los deleites temporales sin duda tuvo algo que ver, también hay fuertes indicios de que la principal razón para instituir este principio fue reforzar su poder sobre sus propios hombres, ya que en el mormonismo solo el profeta podía decidir qué hermosa virgen le correspondía a qué hombre».[91] Al principio procuró mantener oculta la poligamia para evitar que los «paganos», o incluso los escépticos masculinos y femeninos de su propia congregación, se sintieran vilipendiados y protestaran, por lo que dispensó la bendición del «Principio» a uno por uno de los miembros de su círculo íntimo de fieles seguidores masculinos. El matrimonio celestial, con su orden patriarcal y la promesa de que cualquier hombre digno podría gobernar su propio mundo, acompañado de un grupo selecto de esposas no solo en esta vida, sino por toda la eternidad, entusiasmó a muchos de ellos.

Muchos otros miembros de la iglesia, sin embargo, se horrorizaron cuando Smith expandió su harén, casándose con niñas muy jóvenes e incluso haciendo avances hacia las hermanas y esposas de sus amigos. Los funcionarios de la iglesia se dividieron entonces en dos grupos: los defensores de la poligamia y los fervientes opositores.

Entre las primeras mujeres que Smith tomó como esposa plural estuvo Almira, una de las hermanas de Benjamin Johnson. Décadas después de este matrimonio, Benjamin describió a un funcionario de la iglesia cómo fue que Smith le expuso el tema del matrimonio plural y del matrimonio eterno: «Era un domingo por la mañana cuando el profeta me habló de eso.[92] Después del desayuno me propuso que diéramos un paseo, me tomó del brazo y me condujo hacia un *swail* [*sic*] rodeado de árboles y maleza alta que estaba cerca de la línea del bosque, no muy lejos de mi casa».[93] Cuenta Johnson que se sentaron en el tronco de un árbol caído y que Smith le dijo: «el Señor me reveló el antiguo orden… me dijo que debemos practicarlo y me ordenó tomar otra esposa».[94] Benjamin lo escuchaba atónito: «Él pidió a mi hermana Almira. Sus palabras me asombraron y casi me quedé sin aliento. Estuve un rato sin salir de mi asombro, hasta que, pasado un rato, casi a punto de estallar de la emoción, lo miré directamente a la cara y le dije: "Hermano Joseph, no esperaba esto y no lo entiendo. Tú sabes si es correcto, yo no. Intentaré hacer lo que me pides, pero si alguna vez me doy cuenta de que haces esto para deshonrar y depravar a mi hermana, te mataré tan seguro como que vive el Señor"».[95]

Tres semanas después, Smith le pidió a Johnson a otra de sus hermanas como esposa, una joven que ya estaba comprometida. Johnson le ofreció a Smith que en su lugar le daría a una atractiva chica huérfana llamada Mary Ann, a quien sus padres habían acogido cuando era niña y la habían criado como su hermana. «No, ella es para ti»,[96] respondió Smith. «Si te quedas con ella y la tomas por esposa, serás bendecido». Luego, Smith confirió a Johnson, de 23 años, una bendición patriarcal, primero sellándolo por la eternidad con su propia joven esposa Melissa, y luego sancionando su segundo matrimonio con Mary Ann. Smith «me otorgó mi primera esposa plural»,[97] escribió más adelante Johnson sobre su nueva esposa, Mary Ann. A partir de ese momento, Johnson pudo superar sus «ideas puritanas sobre el matrimonio monógamo».

A lo largo de su vida, Benjamin Johnson afirmó ser más cercano al profeta que la mayoría. «Incluso tan cercano como para hacerle enemas cuando los necesitaba y recibirlos de él»,[98] registraron Hyrum L., y Helen Mae Andrus en su famoso libro *They Knew the Prophet*. Hyrum Andrus, un erudito mormón muy respetado, fuente autorizada y estudiante de toda la vida de las enseñanzas de Joseph Smith, enseñó la historia y doctrina de la iglesia en la Universidad Brigham Young. Según el relato de Andrus, después de darle a Johnson una segunda esposa, Smith lo selló como su «hijo» adoptivo, convirtiéndolo así en miembro de la Familia Real.

El antepasado de LeBarón era ahora un sumo sacerdote que, al ser su hijo putativo y su cuñado, estaría vinculado al profeta por toda la eternidad.

Una vez que la poligamia se hizo oficial, los mormones se distanciaron irrevocablemente de sus vecinos protestantes, y hubo deserciones desenfrenadas dentro de las propias filas de Smith. Mientras que algunos adherentes masculinos estaban horrorizados por el concepto, otros estaban intrigados. Como dijo la historiadora Fawn Brodie: «Para los hombres que amaban a sus esposas era agradable escuchar que la muerte no era una separación, y para los que no las amaban, era gratificante escuchar que no era pecado elegir a otra».[99]

A medida que se esparcieron los rumores sobre los matrimonios secretos de Smith con casi cincuenta mujeres, surgió una oleada de burla e ira contra él tanto en el exterior como en el interior de su secta. Se volvió cada vez más imprudente, arremetiendo contra sus enemigos y provocando más hostilidad contra él y sus seguidores. Los enfrentamientos entre los santos y sus vecinos aumentaron a medida que la poligamia se hizo más notoria, y muchos habitantes de Misuri respondían con aversión ante lo que veían como una invasión de conversos extranjeros. El aumento de la tensión llevó a Smith a formar la legión de Nauvoo, lo cual incluyó reforzar su milicia, que entonces estaba formada por 2 500 hombres. Cuando turbas enojadas contra los mormones de Misuri, Iowa e Illinois se reunían cerca de Nauvoo, que en ese momento tenía una población de 12 000 habitantes, Smith reunió a la legión.

En 1844, Joseph Smith anunció su candidatura a la presidencia de Estados Unidos y se comprometió a crear una teodemocracia gobernada por los mormones. Consideraba que obtener la presidencia era parte de las profecías y el mandato de su iglesia. Predijo el surgimiento de «el Fuerte y Poderoso»,[100] un líder que «pondría en orden la casa de Dios», y reclamó ese manto para sí mismo. Ese verano declaró la ley marcial en Nauvoo, y el profeta de 38 años, que ahora se hacía llamar «general Smith», encabezó a su legión en un desfile por Main Street, montado sobre su semental Charlie, que avanzaba al ritmo que tocaba una banda de música. Smith ocupó su lugar en la plataforma, resplandeciente con un uniforme azul con charreteras y botones dorados. Tras dar un discurso final bullicioso y sermoneador a sus seguidores, levantó su espada hacia el cielo y levantó la voz para preguntarles: «¿Me apoyarán hasta la muerte?».[101] Y la respuesta fue un estruendoso «¡Sí!».

Tan solo unos días después, el miedo y el odio mutuos entre los mormones y las personas de las comunidades circundantes alcanzaron un punto álgido, y Smith fue acusado penalmente de incitar a un motín. Cabalgó cuarenta kilómetros al sureste hasta Carthage, la sede del condado, para ser juzgado. Una vez bajo custodia, Smith fue acusado de traición y sin derecho a obtener la libertad bajo fianza. Allí, el 27 de junio de 1844, una multitud armada irrumpió en la cárcel de Carthage y lo mató a tiros. El pueblo de Warsaw, un centro de oposición al asentamiento mormón en Illinois, había formado una milicia armada de 250 hombres para atacarlo. Al ser el primer líder religioso estadounidense en ser asesinado, a los ojos de sus santos el martirio autoinfligido de Smith fue equivalente al de Jesucristo.

«No hace falta tratar de enfatizar los sentimientos de aflicción y dolor indescriptible que llenaron de lágrimas cada corazón»,[102] escribió Benjamin Johnson años después. «Me puse de pie aturdido por el dolor; podía gemir, pero no podía llorar. La fuente de lágrimas estaba seca. Oh, Dios, ¿qué harán ahora tu iglesia y tu pueblo huérfanos?».

La lucha por la sucesión comenzó de inmediato, ya que más de una docena de camarillas distintas querían aferrarse al control del imperio religioso y financiero de Smith. Pero antes de que el caos interno pudiera derrocar a la iglesia, apareció Brigham Young, un hombre leal a Smith que había estado en el este de Estados Unidos trabajando para que el profeta fuera electo para ocupar la presidencia. Ahora, de vuelta en Nauvoo, en la reunión del Consejo de los Cincuenta, el carpintero de Nueva Inglaterra, de 46 años, «se levantó y rugió como un león joven»,[103] recordó un líder de la iglesia que lo vio subir a una plataforma e imitar el estilo, voz y aura de Smith.

Este «Moisés estadounidense», como lo apodó más tarde George Bernard Shaw, lideraría el éxodo de los santos de Nauvoo y los gobernaría durante décadas en su Reino de Dios en la Tierra (*Kingdom of God on Earth*, o KOG, como lo llamaban). Nacido en 1801, hijo de granjeros empobrecidos, Young fue uno de los primeros conversos de Smith y ascendió rápidamente en la jerarquía cambiante del profeta. Un historiador se refirió a él como «uno de los estadounidenses más notables de cualquier época»[104] a pesar de que recibió «solo 11 días de educación formal». En 1832, después de que Young fue bautizado en su «propio pequeño arroyo»,[105] predicó e hizo proselitismo para la nueva iglesia de Smith. Sirvió en diez misiones, incluidas varias tremendamente exitosas en Gran Bretaña; informó haber visto ángeles; y en 1836 Smith lo reconoció como un «profeta y vidente». Al ascender como el nuevo líder de la iglesia, anunció que había recibido una revelación divina que lo dirigía a sacar a su rebaño de América, donde no se cansaban de perseguirlos. Ahora estaba, como lo había estado Smith, en el papel de «Revelador». Consciente de que no podía competir con Smith en recibir órdenes directas de Dios, aseguró a sus compañeros mormones que el profeta había dejado suficientes revelaciones para guiarlos durante las próximas décadas.

En busca de Sion, Young se instaló en una región remota y escasamente poblada de las Montañas Rocosas que entonces pertenecía a
México, y comenzó a planear la construcción de una colonia allí.
Después del asesinato de Smith, la creciente paranoia de los santos
se había convertido en una intensa agitación. Como resultado, los
santos adoptarían la idea de que ese asedio fue la causa del éxodo a
su nueva patria en el antiguo lecho del lago Bonneville, que solía
abarcar más de 50 000 kilómetros cuadrados de agua dulce en tiempos prehistóricos, pero ahora era una gran extensión de salinas. La
tierra que Young pretendía reclamar para su pueblo ponía a los mormones fuera del dominio de «los cristianos estadounidenses sedien-
tos de sangre»,[106] dijo uno de sus apóstoles.

Según dijo uno de los danitas (también llamados ángeles vengadores), que conformaban una banda clandestina y consagrada de
asesinos mormones entrenados para silenciar a los apóstatas internos
y a los enemigos externos, muchos mormones veían a Young como
un usurpador que gobernaba con mano de hierro y mostraba un peligroso deseo de vengar la sangre del profeta, convirtiendo así a todo
el pueblo mormón en «enemigos jurados y declarados de la nación
estadounidense».[107] Pero la mayoría llegó a admirar, y hasta a adorar a
su nuevo líder. «En Brigham hay un matiz de Cromwell y Napoleón
que es realmente encantador para los humildes mormones»,[108] señalaría
T. B. H. Stenhouse, el periodista del siglo XIX.

Entre el momento de su regreso a Nauvoo después del asesinato
de Smith y el viaje de los mormones al oeste, Young logró casarse con
cuarenta mujeres. Mientras aún estaba en Nauvoo después del asesinato de Smith, convirtió la ciudad en un estado policial con el fin de
protegerse de las fuerzas del orden en Illinois, y comenzó a estudiar los
informes y mapas de exploradores como John C. Frémont, que había
trazado mapas del oeste. Había «jurado matar a cualquier hombre» de
la policía de Illinois que intentara arrestarlo por cargos de poligamia.
Cuando la violencia contra los mormones aumentó, Young aceleró sus
planes. En febrero de 1846 le dijo a su pueblo que era hora de «huir
de Babilonia por tierra o por mar»[109] para ir hacia su moderno Israel.

Young fue llamado el «León de Dios» por trasladar a sus 14 000
santos más de 1 500 kilómetros a través de las Grandes Llanuras a un

aislado valle desértico, y su hégira fue aclamada como la gran hazaña de emigración de la época. Su fuerte personalidad y determinación inspiraban confianza y devoción, mientras miles de hombres, mujeres y niños mormones marchaban a través de un vasto territorio, en su mayoría sin mapas, hacia una patria desconocida.

Según los informes, al vislumbrar el valle por primera vez, en la mañana del 24 de julio de 1847, Young exclamó: «¡Este es el lugar!», aunque muchos consideran que en realidad es mentira que haya hecho esa declaración. Ese mismo día, los santos se pusieron a trabajar en el lugar que Young llamó Deseret, un término del idioma jaredita del *Libro de Mormón* que, traducido al español, significa «Tierra de la abeja melífera», para labrarse una patria y establecer su propio Estado-nación. Desengancharon sus caballos y araron la tierra; y al día siguiente ya tenían sembradas papas, maíz, frijoles y chícharos que habían traído consigo, también habían comenzado a cavar zanjas para desviar la escorrentía de las montañas cubiertas de nieve de la cordillera Wasatch.

Brillante e ingenioso, Young convirtió a los mormones en pioneros disciplinados y habilidosos que construirían lo que un escritor describió como «la Ciudad Santa junto al Mar Muerto».[110] Si nos atenemos a la descripción de los esfuerzos mormones que hace Marc Reisner, el eminente historiador ambiental, al crear un sofisticado sistema de irrigación sin precedentes en la historia del oeste americano estaban «colocando los cimientos de la civilización desértica más ambiciosa que el mundo haya visto».[111] Bajo la dirección de Young, los santos desviaron el agua a canales que condujeron el líquido a los campos recién plantados en el suelo seco y árido del desierto. Young imaginó su Ciudad de los Santos rodeada de huertos, viñedos, hectáreas de vegetales y alfalfa, y campos verdes llenos de ganado de Texas Longhorns y pura sangre de Kentucky. La experiencia adquirida en el establecimiento de Deseret les sería de gran utilidad a los descendientes de Benjamin Johnson cuando partieron hacia el norte de México, donde les esperaban desafíos similares.

También en el primer día en su nueva Sion, Young expuso las leyes del nuevo imperio mormón, incluido el principio de la expiación de sangre que derivó de Joseph Smith. Young marcaría el comienzo de la «Dispensación del Cumplimiento de los Tiempos», señalando el regreso de Cristo, y no habría tolerancia para los de fe débil.

A lo largo del siguiente medio siglo en Deseret, Young libró una lucha constante, a menudo violenta, contra el gobierno de Estados Unidos por la soberanía. En el camino los mormones procrearon y colonizaron, predicaron y convirtieron alrededor del mundo. (En 2020 la iglesia se convirtió en la más rica del mundo, superando incluso al Vaticano católico y a la Iglesia de Inglaterra).[112] Desde el principio lo que más enardeció a los adversarios de Young en el gobierno de Estados Unidos, y más indignación provocó en el pueblo estadounidense, fue la poligamia. Aun así, mientras el reino de Deseret de Young estuviera a unos 1 500 kilómetros más allá de la frontera, poco se podía hacer. Eso cambió en febrero de 1848, con la firma del Tratado de Guadalupe Hidalgo que puso fin a la guerra entre Estados Unidos y México.

En la segunda mayor adquisición de tierras en la historia de Estados Unidos, México le transfirió 55% de su territorio, incluido todo el sudoeste. Los miembros del Congreso y otros funcionarios federales se quedaron estupefactos cuando Brigham Young reclamó de inmediato para su imperio mormón este nuevo territorio, en el cual posteriormente se establecería el estado de Utah y el de Nevada, dos terceras partes del de California, una tercera del de Colorado y miles de kilómetros cuadrados de Idaho, Wyoming y Nuevo México. Si bien el tratado puso fin a la guerra con México, provocó un nuevo conflicto y desafío para el gobierno de Estados Unidos, iniciando lo que el historiador David L. Bigler describió como «casi cincuenta años de guerra fría entre el Reino de Dios y una república estadounidense que nunca supo del todo cómo lidiar con el desafío».[113] Lo que Young deseaba desde el principio era independizarse tanto de Estados Unidos como de México, para eso había creado una nueva nación del doble del tamaño de Texas a la que llamó Deseret, que era habitada por 10 000 colonos y contaba «con un puerto marítimo en San Diego». Citó sus diminutas colonias remotas en el sur de California y las laderas de la Sierra del norte de Nevada como justificación de su colosal dominio. Para llenar su imperio, Young planeaba depender principalmente del aumento de población fomentado por la poligamia. También dirigió su atención a Gran Bretaña y Escandinavia, enviando en busca de nuevos conversos a sus hombres más capaces, con los talentos y las habilidades necesarias para continuar construyendo su Sion. Pero el grandioso plan de Young sería desafiado por Washington. El gobierno de Estados Unidos, escribió Mark Twain, «desairó deliberadamente esta propuesta de Young de soberanía libre e independiente sobre la acumulación de montañas, artemisa, álcali y desolación general».[114] En vez de acceder a su petición, en 1850, el Congreso redujo el área territorial de Deseret y creó el Territorio de Utah, al que le puso ese nombre porque la tribu a la que pertenecían los habitantes nativos americanos de la región se llamaba Ute, no porque tuviera que ver con el Sion mormón, el cual sería administrado por el gobierno federal. Incluso con la reducción de tamaño, el territorio de Deseret abarcaba al menos 560 000 kilómetros cuadrados, más del doble del tamaño actual del estado de Utah. También incluía partes de Nevada, Colorado y Wyoming.

En 1847, Benjamin Johnson, de 29 años, y su esposa Melissa Le-Baron eran miembros del primer contingente mormón pionero que llegó con Brigham Young al Valle del Lago Salado. Johnson era un seguidor leal del nuevo profeta, aunque no tenía con él el vínculo de amor, amistad y matrimonio mixto que había tenido durante mucho tiempo con Joseph Smith. Uno de los últimos testimonios de Johnson a sus descendientes les transmitió de primera mano su inquebrantable certeza de que Smith era «un profeta de Dios, fiel y leal hasta el fin de sus días».[115] Al respecto escribió: «Yo lo sé. Viajé con él, dormí con él, viví con él. Fui su guardaespaldas, secretario privado y gerente comercial durante años. Siempre lo he amado y reverenciado, a él y a todos sus sucesores».

Johnson fue una figura imponente, casi legendaria, durante el medio siglo que pasó en Utah. Serviría 14 mandatos en las legislaturas territoriales y estatales. Tuvo un total de siete esposas, incluyendo un par de hermanas, 45 hijos y 374 nietos (aunque ninguna de estas cifras era particularmente extrema entre los mormones). Su hermano mayor, Joel, fue considerado uno de los poetas mormones más importantes, venerado por su famoso himno de 1853 *High on the Mountain Top*.

En Deseret, Brigham Young y su rebaño vivieron descarada y conspicuamente «el Principio», como llamaban a la práctica de la poligamia. El Principio, conocido como la Ley de Abraham, se basaba en la poligamia de Abraham, del Antiguo Testamento, y en Sara, su esposa plural. «Dios nunca introdujo el orden patriarcal del matrimonio con el fin de complacer al hombre en sus deseos carnales, sino con el propósito expreso de erigir un sacerdocio real en Su nombre»,[116] escribió Young. La poligamia planteó un desafío directo a las leyes de Estados Unidos, y el conflicto de los mormones con el gobierno federal duraría incluso hasta el siglo XXI.

El debate nacional en torno a los mormones evolucionó con los vientos políticos cambiantes. En 1848, el recién elegido presidente Zachary Taylor, un héroe de la guerra entre México y Estados Unidos, se mostró abiertamente hostil a los mormones. Los veía como fanáticos religiosos con prácticas sexuales aberrantes. También los vio como un centro de poder rival en Occidente en un momento crucial del imperialismo estadounidense, cuando estaba en marcha la fiebre del oro en California. Cuando, en 1850, Taylor murió repentinamente de una aparente intoxicación alimentaria, algunos creyeron que lo habían hecho comer arsénico de forma deliberada. «Taylor está muerto y en el infierno, y me alegro»,[117] gritó Young en una celebración pública, y prometió: «cualquier presidente de Estados Unidos que levante el dedo contra este pueblo tendrá una muerte prematura e irá al infierno». (Los rumores sobre la forma en que murió Taylor continuaron durante el siglo XXI, avivados por los conspiracionistas que afirmaban que había sido asesinado por los políticos sureños a favor de la esclavitud. No fue sino hasta 2011 que el cuerpo de Taylor fue exhumado para una autopsia, con la cual se «descartó la especulación de que él había sido el primer presidente asesinado»).[118] Millard Fillmore, el sucesor de Taylor, sentía el mismo horror por la poligamia, pero reacio a antagonizar con los mormones en el periodo previo a las elecciones de 1852, nombró a Brigham Young como gobernador del recién trazado territorio de Utah.

Esa alianza incómoda sería interrumpida después de numerosas denuncias escritas sobre la poligamia, incluida la publicación en 1852 de un libro sobre los mormones que incluía detalles sorprendentes del matrimonio plural. Escrito por John Williams Gunnison, un reverenciado oficial militar y explorador estadounidense que dirigía un estudio del gobierno del territorio de Utah, el libro, que narraba las cosas con conocimiento de causa y en un tono muy ameno, no tardó en convertirse en un éxito de ventas. Considerado uno de los libros más influyentes y populares escritos sobre la poligamia, fue más imparcial sobre los mormones y su expansión occidental que muchos otros. No obstante, el libro de Gunnison contenía revelaciones impactantes y detalles lascivos que avivaron el rechazo a la poligamia en todo Estados Unidos.

Gunnison, un unitario devoto, hizo todo lo posible para evitar emitir un juicio moral sobre el mormonismo. A pesar de que el «matrimonio espiritual» iba en contra de sus convicciones religiosas personales, lo que más le ofendía era el bajo estatus y el abuso al que el régimen masculino autoritario polígamo sometía a las mujeres. En el sistema patriarcal de los mormones, una mujer podía entrar al cielo solo como un apéndice de un hombre; sin embargo, un hombre podía llevar al reino eterno a tantas mujeres como quisiera. Gunnison escribió que la poligamia se convirtió en una «gran causa de ruptura y celos»[119] en las familias, y que la práctica era «muy desagradable para las jóvenes con el más mínimo sentimiento de independencia».

Gunnison escribió críticamente sobre el inmenso poder de Brigham Young sobre las relaciones domésticas y conyugales en su colonia, ya que él era el único (como antes lo era Smith) con la autoridad para otorgar a un hombre el privilegio de tomar otra esposa. Algunas mujeres, sin embargo, no confiaban en las credenciales de sus cónyuges para entrar al cielo y buscaban nuevas parejas con sacerdotes de mayor rango en la iglesia, lo que llevó a una intensa competencia entre los «hombres dignos», así como entre las mujeres.

En los círculos políticos nacionales, Gunnison se convirtió en un experto solicitado en la llamada cuestión mormona, y las revelaciones de su libro tendrían consecuencias negativas de largo alcance para la iglesia. Identificó muchas virtudes del experimento mormón bajo el liderazgo de Brigham Young, incluida su creencia de que eran estadounidenses leales, cuya búsqueda de autonomía se vio naturalmente impulsada por una «tempestad»[120] de persecución contra ellos. Abogó por su autogobierno, creyendo que una vez que tuvieran más educación y vieran que las profecías apocalípticas de Young no se materializaban, rechazarían la teocracia autoritaria y los rituales paganos en favor del cristianismo moderno y la separación de la Iglesia y el Estado. Gunnison elogió con elocuencia las virtudes mormonas de generosidad y el espíritu comunal, así como su ingenio y diligencia. Sin embargo, al final, a pesar de su postura totalmente imparcial, condenó la poligamia, la práctica que los mormones consideraban más sagrada. Young había entregado una espada a sus enemigos, lo que permitió a los críticos, incluidos los congresistas del norte, compararla con la esclavitud. En agosto de 1852, Young convocó a sus apóstoles a una conferencia urgente. Defendió la inviolabilidad de la poligamia, que veía como la piedra angular de su avanzada civilización, con la firme creencia de que muchos de los males de la sociedad tenían sus raíces en la subyugación de las necesidades sexuales del hombre. Aun así, no tuvo más remedio que reconocer la creciente apostasía en sus filas y que el proselitismo en el extranjero había sido fuertemente atrofiado por la exposición de la práctica de la poligamia.

Sin embargo, al negarse a abandonar el Principio, Young «despreció tanto a los funcionarios federales como al público en general»,[121] de acuerdo con Benjamin E. Park, el erudito mormón, él y sus apóstoles, incluido Benjamin Johnson, continuaron «avanzando y multiplicándose» con numerosas esposas.

Benjamin Johnson, próspero agricultor, comerciante, ladrillero, tabernero, jardinero y apicultor, «un monumento viviente»[122] en la iglesia, esperó hasta que Young murió en 1877 para afirmar que el heredero legítimo del reino de Smith era él, no Young. Como hijo adoptivo de Smith y primer confidente, Johnson reveló (aunque, naturalmente, no se pudo verificar, y pocos fuera de la familia LeBaron lo creyeron) que poco antes de morir, en 1844, el profeta le había transmitido lo que los mormones llaman el manto del «Fuerte y Poderoso». Ese manto, también conocido como la «Profecía del Caballo Blanco»,[123] significaba que Johnson era el líder ungido de Dios en la Tierra, comparable a Moisés, y que él supervisaría los últimos días, cuando, según las escrituras mormonas, Dios envíe las señales de que la Segunda Venida de Cristo es inminente. Esa profecía estaba arraigada

en la cultura mormona y fue transmitida de generación en generación. Lo que se enseñaba es que llegaría el día en que la Constitución
de Estados Unidos, de inspiración divina, «pendería de un hilo tan
fino como una fibra de seda», y que los ancianos de la iglesia de los
SUD salvarían a la nación.

En 1903, a la edad de 85 años, dos años antes de su muerte,
Johnson, a solicitud de la primera presidencia de la iglesia mormona
en Salt Lake City, escribió un documento manuscrito de 64 páginas
para los archivos de la iglesia. En él recordó las profecías que Smith
le había revelado y relató cómo este lo había «sellado» como un hijo
sagrado, con un sello más vinculante que la sangre. Aunque Johnson
siguió siendo un miembro fiel de la iglesia, esta nunca reconoció su
reclamo. Cuando la hija favorita de Johnson, que tuvo con su séptima
esposa, se casó con un sobrino llamado Benjamin LeBaron, Johnson
designó al nieto primogénito de esa unión como el que llevaría a la
posteridad la orgullosa línea de sangre del patriarca. El 15 de marzo de
1904, el día en que su nieto Alma Dayer LeBaron cumplió 18 años,
Johnson, poniendo una mano sobre la cabeza de este, pronunció:
«Cuando yo muera, mi manto caerá sobre ti, como el manto de Elías
cayó sobre Eliseo cuando ascendió al cielo en una carroza de fuego».[124]
Luego, le dijo a Dayer que el futuro del mormonismo en la Tierra
estaba en México, donde Brigham Young había enviado a Benjamin
en la década de 1880 para colonizar y difundir el evangelio entre los
católicos y los lamanitas, y establecer un refugio seguro para los polígamos. Le dijo también que el Señor tenía una misión especial para él;
y que esta incluía que criara a su familia en México y llevara esta bendición a uno de sus hijos. Creyendo que su abuelo realmente le había
transmitido la autoridad del manto del sacerdocio, aunque sus compañeros se mostraban escépticos, el adolescente empacó sus pertenencias y se fue de Estados Unidos a la Colonia Juárez, una próspera colonia
de 3 500 mormones que se había asentado en un territorio de 20 000
hectáreas en el norte de México en 1885.

Años más tarde, Maud, la esposa de Dayer, recordaría que Benjamin Johnson le había dicho a su esposo: «Las grandes cosas pertenecientes al Reino de Dios que sucederán en los últimos días, ocurrirán
en la tierra del Sur».[125] En 1911, a la edad de 25 años, Dayer tuvo lo

que llamó su «visión de 100 años»[126] sobre el futuro de México. En esa visión él «caminaba solo en el desierto cerca de la frontera», recordó Alma Dayer LeBaron hijo. «Caminó hasta que estuvo enfrente de una casa y escuchó una voz que le decía que subiera; lo hizo y desde allí vio a México de costa a costa. Veía nubes oscuras en lo alto que representaban la ignorancia, y luego llegaba la luz del sol y con ella el progreso. Entonces se volvía para mirar a Estados Unidos y veía una destrucción desenfrenada».

CAPÍTULO DOS

EL HOMBRE INGLÉS Y LA CHICA DANESA

Come girls come, and listen to my noise,
Don't you marry the Mormon boys,
For if you do your fortune it will be
Johnnycake 'n' babies is all you'll see.
Build a little house and put it on a hill,
Make you work against your will,
Buy a little cow and milk it in a gourd
Put it in a corner 'n' cover it with a board.[127]

—Canción popular mormona

A LO LARGO de las últimas dos décadas, algunas esposas e hijas de LeBarón han abandonado su fe, «escapado» de las colonias polígamas mexicanas y escrito memorias populares pero controvertidas. «¿Dónde estaba la emoción que había anticipado al ser la esposa de un líder?»,[128] escribió Susan, la sexta y autoproclamada «favorita» de uno de los bisnietos de Benjamin Johnson, quien fue patriarca de la Colonia LeBarón. «Tener bebés, trabajar duro y vivir en la pobreza eran la suerte de la esposa de un polígamo. Nuestras colonias constaban de hogares en ruinas llenos de mujeres y niños solitarios, esperando los ocasionales momentos en que nuestros maridos podían encontrar tiempo para una visita apresurada a casa».

Desde la infancia, la poligamia moldeó y gobernó su vida, escribió Irene Spencer, otra esposa plural de LeBarón: un sacrificio esencial de las mujeres para que los hombres pudieran alcanzar la divinidad y evitar el infierno. Durante 28 años de matrimonio dio a luz a 14 hijos y abrazó la «miserable prescripción para la vida y el matrimonio»[129] antes de reunir el coraje para huir. «Irene era una bribona preciosa y entretenida que tuvo el valor de enfrentarse a los hermanos»,[130] dijo una de sus cuñadas.

En 2007, Spencer publicó *Shattered Dreams: My Life as a Polygamist's Wife*, que se convirtió en un *bestseller* del *New York Times*, y dos años más tarde publicó *Cult Insanity: A Memoir of Polygamy, Prophets, and Blood Atonement*. En el segundo libro escribió: «Decidí que ya es hora de que alguien diga las cosas tal como son».[131] Si bien el mormonismo había adoptado la poligamia como un mandamiento del profeta Joseph Smith, para el siglo XXI se había convertido en un medio para convertir a los creyentes en «peones sumisos», argumentó. «A través de él, los profetas controlaron a los creyentes y los hombres controlaron a las mujeres, todo supuestamente de acuerdo con la voluntad de Dios. Nadie parecía reconocer lo terrible que era para todos vivirlo: para las mujeres, los niños e incluso para los hombres». Un polígamo le inculcó a su hija que ser la «reina» era su «derecho de nacimiento y su destino»,[132] pero ella sentía, incluso a temprana edad, que este podría ser un «título vacío, el premio de consolación en el gran y apasionado esquema de la vida».

La impotencia de las mujeres, y lo que una describió como «lavado de cerebro extremo»,[133] era ineludible. «Discutí con todo mi corazón», dijo una esposa plural adolescente que estaba desesperada por recibir una educación. «Cité a Juan 1:4 de la Biblia, quien dice que todos tienen derecho a buscar sus propias respuestas. Pero mi esposo respondió que había orado al respecto y que se había dado cuenta de que "El Señor ve eso como un montón de mierda". Todo fue tan vulgar e hipócrita».

Algunas mujeres jóvenes se liberaron incluso antes de convertirse en esposas y madres plurales. «A los 9 años tenía 49 hermanos»,[134] escribió Anna LeBarón en sus memorias de 2017, *The Polygamist's Daughter*, en las que describe cómo sus padres, que siempre evadían a las autoridades estadounidenses, la abandonaron en México. «Mis hermanas y yo éramos peones para ser subastados al mejor postor», escribió. «Al observar a mi madre, junto con sus 12 hermanas-esposas y mis innumerables hermanos, entendí que nadie podía cuestionar la autoridad de mi padre. Así que obedecí, como hacían todas las demás».

Ruth LeBarón Wariner, prima de Anna, en su libro de 2015
The Sound of Gravel: A Memoir, escribió que su padre, otro de los
bisnietos de Benjamin Johnson, «creía que la poligamia era uno
de los principios más sagrados e importantes que Dios le dio a
su pueblo»,[135] y que si un hombre vivía este Principio, «él mismo
se convertiría en un dios y heredaría una tierra propia». Ruth, la
trigésima novena de los 42 hijos de su padre, se crio en la Colonia
LeBarón, sufriendo pobreza y abusos sexuales, hasta que logró llevar
a cabo un traumático escape a Estados Unidos con cuatro de sus hermanos pequeños. Fueron rescatados en medio de la noche por dos
hermanos que habían cruzado la frontera.

Los relatos dramáticos de las mujeres LeBarón contemporáneas que
huyeron de la comunidad son representativos de las experiencias de una
parte de las mujeres mormonas durante la época en que los miembros
de la iglesia mayoritaria aún practicaban la poligamia. Pero hoy en día
el mormonismo también tiene cierto atractivo para muchas mujeres
en LeBarón y La Mora, así como tenía cierta fascinación para las mujeres durante la era de la poligamia de la iglesia de los SUD. Para
algunas mujeres era la promesa de un nuevo comienzo, de aventura y
empoderamiento. Muchas mujeres conversas de Europa y Escandinavia esperaban vivir una emocionante experiencia en la naturaleza,
en medio de la majestuosidad del oeste de las Montañas Rocosas.
Mujeres pioneras del este de Estados Unidos viajaban en carretas a
Utah, atraídas por el impresionante paisaje, que algunas consideraron
que aumentaba su espiritualidad.

«Sacó a relucir a las poetisas y compositoras que había entre ellas,
y la creencia de que estaban siendo llamadas a ser diosas»,[136] dijo la hija
de una esposa plural del siglo XX de la Colonia LeBarón. «Mi madre
pensó que *The Giant Joshua* era nuestro propio *Lo que el viento se llevó,*
y su autora Maureen Whipple nuestra propia Margaret Mitchell»,
agregó, recordando cómo las mujeres mormonas «modernas» de la
década de 1950 compararon la epopeya mormona de 1941 de la autora
de Utah con el clásico romance histórico sureño de Mitchell. Ambos
libros estaban ambientados en la Guerra Civil estadounidense: uno en
la Misión Dixie Cotton de Utah, en el desierto cerca de St. George,
y el otro en una plantación de algodón en Georgia. «Cada una de las

escritoras tenía sus propios "Dixies" y mi madre cortejó a las nuevas esposas de mi padre en la Colonia LeBarón con la idea de que su nuevo estilo de vida romántico sería tan emocionante como *Lo que el viento se llevó*».

La esposa plural Marilyn Tucker también recordó el quijotesco experimento de la Colonia LeBarón. «Todos vivíamos en euforia»,[137] dijo. «Sentíamos que todo el sufrimiento, arrepentimiento y la humildad eran parte de un gran plan. Todos íbamos a ser altamente recompensados por ello. Todo el tiempo estábamos imbuidos por el sentimiento de que estábamos haciendo algo espiritualmente importante. Éramos el pueblo elegido de Dios, que estaba poniendo a prueba nuestro temple».[138] El sacrificio era necesario, creían, como parte de la voluntad de Dios, y los verdaderos creyentes pensaban que estaban haciendo su parte para poblar la nueva Sion. «Sentíamos que estábamos haciendo una contribución importante a una comunidad fundada y arraigada en creencias que todos compartíamos», escribió la decimotercera esposa de un polígamo de la Colonia LeBarón. «Éramos parte de una organización, una "familia celestial" que traería la restauración de todas las cosas buenas y positivas. Esto, a su vez, marcaría el comienzo del reino milenario de Jesucristo». Jenny Langford, la primera esposa plural del fundador de La Mora, coincidió: «Cuando Dios dijo "multiplicad la tierra", lo tomamos literalmente».[139] Jenny y su hermana-esposa, Amelia Langford, la madre de Christina Langford Johnson, vivirían juntas y criarían juntas a sus 23 hijos.

Para otras mujeres, especialmente las jóvenes hijas de conversos anteriores, la poligamia era vista como una decisión que les cambiaría la vida para siempre y sobre la cual no tenían voz. Para muchas de las que se unieron a la iglesia en sus primeros años, la experiencia trajo sufrimiento y ruina. Desde el principio el aislamiento y la supresión de la voluntad de las mujeres han sido parte de la historia del mormonismo. Sin embargo, si los relatos modernos enfatizan los efectos represivos y restrictivos de la poligamia, la vida cotidiana de las mujeres mormonas del siglo XIX revela un retrato similar, pero más complejo en general, en el que el aspecto central es el sueño de una nueva vida.

John Taylor, un inglés que fue ordenado apóstol de Joseph Smith, regresó con frecuencia a su natal Gran Bretaña entre 1839 y 1847 para hacer proselitismo entre los aristócratas. Taylor, un intelectual de clase alta que rechazó la doctrina anglicana del «pecado y la indignidad»,[140] se convirtió en uno de los primeros conversos británicos al mormonismo. Había emigrado a Far West, Misuri, poco después de su bautismo en 1836, y estaba tan cerca del profeta que le dispararon varias veces durante el ataque a la cárcel de Carthage en el que murió Smith.

Entre las personas a las que Taylor convirtió en Inglaterra estaban Jean Rio Baker y su esposo, Henry Baker. Taylor tenía 12 esposas en Estados Unidos, pero negó públicamente la existencia de la poligamia y descartó los rumores sobre la práctica para evitar desagradar a los posibles conversos, diciendo que solo eran chismes inspirados por el mal. Nacida en 1810 e hija de nobles escoceses, Jean Rio se crio a la sombra del Guildhall de Londres como la hija única de unos padres bien acomodados. Fue educada como si fuera un niño y aprendió a tocar el arpa y el piano con profesores de música que iban a su casa a darle las lecciones. Era una ávida lectora de la literatura inglesa de la época isabelina hasta la del Renacimiento, estudió en un conservatorio y se presentó como cantante y pianista en auditorios de París, Madrid y Milán.

Se casó con Baker en 1832 y tuvo nueve hijos, siete varones y dos hijas, durante los siguientes 16 años. Las institutrices eran quienes se encargaban de la crianza de los niños, mientras que un cocinero y un mayordomo se ocupaban de los asuntos domésticos. La familia formaba parte de la élite de la sociedad londinense de mediados del siglo XIX y, a menudo, estaba muy cerca de la reina Victoria y la familia real. Los tutores inculcaron a los niños «el inglés puro de la reina»,[141] como recordaba uno de ellos, y la pareja solía leer en voz alta a Shakespeare de un volumen de las obras completas encuadernado en cuero de siete centímetros de grosor, un tomo que Jean Rio llevaría posteriormente consigo en un vagón de tren en dirección a Utah.

A los niños «se les enseñaba el aseo personal, la moral, los modales y la religión en términos inequívocos», y cenaban separados de sus padres hasta los 14 años, cuando ya sabían las reglas de etiqueta y podían ser invitados a la mesa familiar. Se esperaba que en ese momento los niños también estuvieran listos para poder conversar sobre historia y literatura. A los 16 años, cada niño recibía un reloj de oro, un ritual simbólico que lo marcaba como un verdadero caballero a partir de ese momento. Tanto los niños como las niñas aprendieron a montar a caballo en el camino de herradura en las cercanías de Hyde Park, aunque no podían haber imaginado que dicha habilidad les sería útil en sus vidas futuras en la frontera estadounidense, donde los caballos no solo se usaban con fines recreativos, sino que eran necesarios para la agricultura y la caza.

Henry era un ingeniero destacado, pero quien era extremadamente rica era Jean Rio, ya que había heredado una fortuna en propiedades y dinero en efectivo de su tío abuelo, que era el cirujano de la familia real y vivía en el número 10 de Downing Street en Londres, la residencia oficial del primer ministro. A primera vista, la familia Baker parecería haber sido la más improbable de las conversas, ya que la abrumadora mayoría de los mormones eran obreros de fábricas, mineros y trabajadores en general; un pequeño porcentaje era de clase media, y un número relativamente insignificante era de clase alta.

Pero Brigham Young acababa de comenzar su proyecto de construcción de una utopía en el gran valle del Lago Salado y era excelente para unir a sus misioneros en misiones específicas. Al enviar al cerebral Taylor a Londres, Young buscaba ganar seguidores del enrarecido estrato social al que este pertenecía, que ya estuvieran inmersos en la búsqueda religiosa y que pudieran aportar una sensibilidad refinada e ilustrada a la tosca Sion. Los Baker eran una de esas familias.

Los misioneros mormones «predicaban la gloria de Estados Unidos junto con la gloria de la nueva religión»,[142] escribió Fawn Brodie, y Jean Rio estaba tan seducida por el llamado de una nueva tierra como por las promesas de un cristianismo más puro y auténtico. Los relatos del asesinato de Smith y la persecución de los santos ayudaron a vigorizar su fervor. Ella veía la afirmación de Smith de que el mormonismo restauraría el cristianismo al individuo como un retorno a la idea revolucionaria que predicó Jesús, la de que Dios era accesible a todos los seres humanos, en lugar de solo a través de la jerarquía masculina dominante de las iglesias principales. Los misioneros le aseguraron que podía embarcarse en una relación profundamente espiritual con Dios sin un intermediario masculino que la censurara. Se sintió atraída por la promesa de que las mujeres podían ser miembros del sacerdocio y de que Smith había ordenado 19 «sumas sacerdotisas». Aspiraba a recrear su posición de clase alta tanto en su nueva religión como en su nuevo país.

A la larga, y como era de esperar, la enfurecería el hecho de que Taylor y los misioneros británicos le hubieran mentido descaradamente sobre la poligamia y su centralidad para la nueva religión. Sin embargo, tuvo que llegar hasta Sion para darse cuenta de que la iglesia liderada por Brigham Young se había convertido en un patriarcado y una oligarquía firmes, con la poligamia como el núcleo de todo. Pero, como les pasó a muchas otras, descubriría esto solo después de muchas dificultades y sacrificios.

The Millennial Star era un periódico oficial de la iglesia con sede en Liverpool que publicaba una columna regular sobre la urgencia de los «Últimos Días» y la inminente Segunda Venida. Estos «signos de los tiempos»,[143] como se les llamaba, registraban las guerras mundiales, erupciones volcánicas, terremotos, plagas, incendios e inundaciones que señalaban la proximidad del apocalipsis. El tiempo estaba cerca, les dijeron los misioneros a Jean Rio y Henry, y acordaron un bautismo por inmersión en la noche del 18 de junio de 1849, en preparación para su emigración a América. Poco tiempo después, un misionero bautizó a los niños Baker. Muchas décadas después, dos de los misioneros en Gran Bretaña, John Taylor y luego un mormón estadounidense llamado Wilford Woodruff, sucederían a Brigham Young como presidentes y profetas de la iglesia en Utah (Benjamin Johnson había perdido ante Taylor en la pelea después de la muerte de Young).

Apenas unas semanas después de los bautizos de la familia Baker, una epidemia de cólera azotó Londres y se llevó a Henry y a su hijo pequeño, que también era homónimo de Jean Rio. La pérdida de su esposo y su bebé la impulsó hacia adelante, como si fuera una prueba más de que el Armagedón profetizado se estaba acercando rápidamente. Agregó las propiedades de su esposo a sus ya considerables activos y comenzó los preparativos para el viaje de la familia a la tierra lejana y misteriosa.

Mientras que la iglesia alquilaba barcos para que los conversos más pobres navegaran a Estados Unidos, Jean Rio Baker tenía los medios financieros y la independencia suficiente como para pagar por su familia, que ahora sumaba ocho personas, así como por otros nueve amigos y parientes. Reservó un pasaje para el grupo en el *George W. Bourne,* un elegante barco de 46 metros de largo, construido dos años antes en Kennebunk, Maine. También se llevó su amado piano, que fue desmantelado y embalado, y la caja sumergida en alquitrán para impermeabilizarlo y evitar que se mojara en los numerosos cruces de océanos, ríos y arroyos que se avecinaban. Empacó tantos de los vestidos de alta costura que las costureras de Regent Street habían hecho especialmente para ella que imaginó que serían suficientes para el resto de su vida. Su guardarropa requeriría su propio carro tirado por bueyes para atravesar los 1 900 kilómetros de llanura. A los 40 años, Jean Rio creía que tenía suficientes recursos para vivir cómodamente lo que le restara de vida en Sion. Con confianza y optimismo, empacó su biblioteca personal, porcelana inglesa Blue Willow, vajillas de plata de ley, ropa de cama de damasco, muebles Queen Anne y sus joyas de oro, diamantes y zafiros.

El 4 de enero de 1851, escribió: «Hoy me despedí de todas las amistades que pude juntar, pues lo más probable es que nunca vuelva a verlas en la tierra. Ahora estoy con mis hijos, a punto de dejar para siempre mi tierra natal para reunirme con los santos de la Iglesia de Cristo, en el valle del gran Lago Salado en América del Norte».[144] Fue la primera de docenas de anotaciones en su diario, que comenzó a escribir como cartas a un amigo. Durante los siguientes dos años llevaría un registro escrito de su viaje desde una majestuosa mansión londinense hasta un valle remoto en las magníficas Montañas Rocosas.

Aunque los misioneros minimizaron los peligros, en la década de 1850, incluso en las mejores circunstancias la migración de mormones conversos requería mucho valor para enfrentar los riesgos insondables. En el mar los peligros incluían la posibilidad de contraer viruela, sarampión, fiebre tifoidea, intoxicación por el consumo de alimentos en mal estado y mareos, sin mencionar los huracanes y el riesgo de naufragio. Respecto al viaje por mar, Jean Rio escribió: «El mar se ve como un caldero inmenso en ebullición, cubierto de espuma blanca, y las olas hacen un ruido parecido al bramido de mil toros salvajes».

A su llegada a Nueva Orleans, le seguiría una excursión en barco fluvial de 1 600 kilómetros por el río Mississippi hasta St. Louis, donde se toparía con nuevas oportunidades para la calamidad. Los bancos de arena, los incendios y las inundaciones amenazaban a los barcos de vapor, y las enfermedades estadounidenses a las que los inmigrantes británicos no eran inmunes representaban otra preocupación. La expedición en caravana de carretas desde lo que ahora es Council Bluffs, Iowa, hasta Salt Lake incluyó su propia variedad de peligros aterradores, que incluían estampidas de búfalos, rayos, serpientes e insectos venenosos, insolación, ataques de indios y accidentes en el camino.

Las familias rara vez llegaban intactas a Sion, y la de Jean Rio no fue la excepción. Mientras cruzaba el océano, Josiah, de 4 años, enfermó gravemente de la tisis que había matado a su padre y a su hermana pequeña. Jean Rio rezaba para que el aire marino fuera una cura milagrosa para el niño, así que una mañana, después de un mes de viaje, lo llevó a la cubierta para mostrarle un cardumen de marsopas que jugaba cerca del barco.

Sin embargo, el 22 de febrero de 1851, escribió: «Mi muy querido y pequeño Josiah exhaló su último aliento». Su cuñado preparó al niño para el entierro envolviendo su pequeño cuerpo en un sudario de lona y atando a sus pies una masa de carbón lo suficientemente pesada como para llevarlo al fondo del océano. El capitán hizo sonar la campana del barco para anunciar que había llegado el momento de que su último hijo fuera «entregado a las profundidades». Ella anotó la longitud y la latitud precisas en su diario. «Esta es mi primera prueba severa después de dejar mi tierra natal. Pero el Señor respondió mi oración en una sola cosa: que si no era su voluntad salvar a mi hijo para que llegara a su destino con nosotros, se lo llevara mientras estuviéramos en el mar. Porque preferiría dejar su cuerpo en el océano que enterrarlo en una tierra extraña y dejarlo allí». Esta sería solo la primera de otras «pruebas severas» por venir, aunque el resto de su viaje en sí sería relativamente tranquilo.

El 29 de septiembre de 1851 sus carretas llegaron al majestuoso mirador de Deseret, que recibía a todos los santos que llegaban.

Nicolena Bertelsen, de 8 años, estaba parada en un concurrido muelle en Jutlandia, Dinamarca, abrazando a su muñeca favorita y llorando. Sus rizos dorados se asomaban del pañuelo de campesina atado sobre su cabeza. Envuelta en capas de ropa voluminosa, del brazo de Ottomina, su amada hermana y compañera de juegos, Nicolena imploraba entre lágrimas mientras Maren, su madre, le arrebataba la muñeca con actitud severa y metía una pequeña Biblia en el paquete que cargaba la niña. «Léela todos los días, atiéndete tú sola y nunca, nunca llores»,[145] le dijo en danés. «Sé una buena niña y mantente aseada». No habría espacio en su viaje para nada más que lo necesario, explicó su madre.

Nicolena apeló a Niels, su padre, quien era de lo más tierno y se había opuesto a la decisión de su esposa de enviar a sus diez hijos, solos o en parejas, a Utah. Ya habían enviado a dos de los hermanos de Nicolena. Pero el agricultor, tranquilo y temeroso de Dios, no intervino para ayudarla, por lo que Nicolena tuvo que lidiar sola con las penas de su infancia durante el resto de su vida. Más adelante les diría a sus propios hijos que las pruebas que soportó una vez que estuvo en Sion palidecieron en comparación con el sentimiento de abandono, el miedo a lo desconocido, los mareos al cruzar el Atlántico, la confusión causada por un idioma extranjero y la soledad absoluta.

Aun cuando ya había logrado explotar astutamente a la clase aristocrática de Gran Bretaña, Brigham Young dirigió su atención a Dinamarca, donde la mayoría de los hombres trabajaba bajo las órdenes de terratenientes, sin esperanza de llegar a tener alguna vez sus propias parcelas. El país escandinavo demostraría ser un campo fértil de reclutamiento para sus más ávidos misioneros; la promesa de que en Sion serían los señores de su propia tierra hizo que muchos daneses acudieran en tropel a su llamado. Young sabía que casi todos los adultos daneses sabían leer y escribir gracias a que ese país tenía el programa de educación obligatoria más avanzado del mundo. Eran excepcionalmente saludables y hábiles, y los hombres, después de haber servido seis años obligatorios en el Ejército Real Danés, eran soldados disciplinados y competentes. Las mujeres danesas eran igualmente ingeniosas, sabían fabricar camas de plumas y almohadas con plumón de cisne, además de ropa con lana hilada a mano. Young los veía como el tipo de conversos que lo ayudarían a construir, en su caso literalmente, a diferencia de Jean Rio, el imperio industrioso y civilizado que imaginaba.

Para Niels Bertelsen, la promesa de los misioneros de que podría convertirse en terrateniente por el precio de una inspección resultó irresistible. Su familia de 12 vivía en una pequeña cabaña blanca en el pequeño pueblo de Staarup, a la sombra de la enorme casa señorial. Niels había pasado toda su vida adulta cultivando la tierra del rico terrateniente y no vislumbraba ningún cambio en su futuro. Maren y Niels, como el 97% de la población danesa, eran luteranos. Si bien Maren era una fiel feligresa, Niels prefería el almanaque a la Biblia. Entonces, cuando los misioneros mormones llegaron a su pueblo en 1852, los Bertelsen estaban ansiosos por convertirse. Y cuando su terrateniente de 21 años los desalojó por asociarse con los mormones, no tuvieron más remedio que emigrar de inmediato. Como no podían costear el viaje en familia, hicieron arreglos para que los niños se fueran con los misioneros que regresaban a Estados Unidos. Los padres pronto los seguirían y todos se volverían a reunir en Utah.

Así que a Nicolena le tocaría viajar sin ningún miembro de su familia. Sus padres pagaron a dos ancianos mormones para que la cuidaran y ella no pudo decir nada al respecto. Desconcertada por todo lo que se hablaba sobre la salvación y la Tierra Prometida, lloró desconsoladamente mientras dos hombres desconocidos la conducían a ese lugar llamado Sion. La niña viajaría a bordo de un velero y, como Jean Rio, con quien su destino se entrelazaría en una tierra lejana, pasaría tres tormentosos meses en el océano Atlántico, sintiéndose mareada y nostálgica. Su destino era la ciudad de Nueva York; después de llegar, ella y los misioneros viajaron por ferrocarril a St. Louis, a donde llegaron en marzo de 1854.

Nicolena estaba consumida por el miedo y la desesperación cuando los ancianos mormones le dijeron tranquilamente que no podían llevarla más lejos, pero que le habían encontrado un puesto como niñera con una familia adinerada. La dejaron allí con la promesa de que avisarían a sus padres dónde se encontraba. Por su parte, ella descubrió que las oraciones no ayudaban mucho y que no dominaba el inglés lo suficiente como para leer la Biblia en ese idioma. Pasó más de un año sin noticias ni de Dinamarca ni de Utah. Si bien se convirtió en un querido miembro de la familia de St. Louis con la que la dejaron (le enseñaron inglés y le ofrecieron un hogar permanente con ellos), Nicolena era una niña testaruda y estaba decidida a continuar el viaje a Utah para reunirse con sus hermanas y hermanos. «En su joven, pero decidida mente, recordaba que sus padres la habían enviado a Utah, que deseaban que fuera a ese lugar porque Dios estaba allí esperándola, así que debía llegar a su destino de alguna manera», escribiría más tarde uno de sus descendientes.

Después de dos años en St. Louis, había ahorrado lo suficiente de lo que ganaba por su trabajo para pagar el transporte por el Mississippi desde St. Louis hasta Council Bluffs, Iowa, que le habían dicho que era el punto de partida de los vagones cubiertos que se dirigían a Utah. En Council Bluffs, sin embargo, se enteró de que para eso tenía que ir a Florence, Nebraska. Así que caminó ocho kilómetros, cruzó la frontera estatal y encontró a una compañía de conversos mormones que estaban ensamblando no una caravana, sino una compañía de carretillas de tracción manual. Este nuevo sistema, patrocinado por la iglesia, consistía en emigrantes que amontonaban sus escasas raciones de comida y ropa en carretillas de dos ruedas, siguiendo el modelo de pequeños vagones que Brigham Young había visto una vez que usaban los cargadores en una estación de ferrocarril de Nueva York. Las camas abiertas de las carretillas medían alrededor de un metro de largo, con lados de veinte centímetros de alto. Cuatro o cinco miembros adultos de la familia eran asignados a un carro, y a cada uno se le permitía llevar solo siete kilogramos de equipaje, incluyendo su ropa y ropa de cama. Caminando de frente, todos juntos podían empujar uno de los carros, mientras que una yunta de bueyes por cada cien emigrantes tiraba de una carreta llena de víveres.

Se suponía que las carretillas debían ser empujadas por los adultos, cuyos hijos caminarían a su lado. Cuando Nicolena llegó, descubrió que todas las carretillas ya habían sido distribuidas y cargadas, y nadie parecía tener espacio para una niña extraviada de 9 años. Pero un emigrante se compadeció de ella y la invitó a unirse a su familia a cambio de ayudar a su esposa embarazada y a sus hijos pequeños. Ella accedió con entusiasmo.

Nicolena sería una más de los miles de hombres, mujeres y niños conversos, muchos de los cuales hablaban poco o nada de inglés y eran demasiado pobres para comprar carretas y bueyes, que recorrerían caminando parte del continente. «Volver al hogar de Sion» era el mensaje esperanzador garabateado en los costados de sus carretillas. Si bien la travesía de Nicolena fue traicionera, al igual que muchas de las expediciones de carretillas de los mormones, ella lo abrazó como algo nuevo y emocionante. «Después de todo, era una niña, con la actitud feliz que suele caracterizar a los jóvenes», escribió más tarde su hija. «Durante el largo viaje hacia el oeste, el aire libre, el atractivo de los paisajes, las actividades poco habituales y el saber que por fin estaba en camino a Sion transformaron la travesía, casi por completo, en una aventura gloriosa».

Tres meses más tarde, Nicolena llegó a Utah, y para ella fue nada menos que un milagro reunirse con Lars y Letty, su hermano y hermana mayores, quienes estaban establecidos en la pequeña comunidad de Richfield, 240 kilómetros al sur de Salt Lake City. Sus padres y el resto de sus hermanos aún estaban en camino, por mar y tierra, por lo que Letty se encargó de cuidarla en su adolescencia. Letty había recibido una educación común en Dinamarca y fue tutora de Nicolena, quien se convirtió en una lectora fluida y aprendió las habilidades necesarias para todas las mujeres pioneras: limpieza, costura, hilado, tejido, teñido y enfermería.

En 1867, a la edad de 22 años, Nicolena tomó un trabajo como empleada doméstica en el Richfield House Hotel, que era propiedad de un inglés acomodado llamado William George Baker y era dirigido por Hannah, la esposa de este. Desde que emigró con su madre, Jean Rio, una década antes, el apuesto Baker había saltado a la fama en el imperio de Brigham Young. En 1862, Young lo envió a colonizar la ciudad de Richfield en el valle del río Sevier y lo recompensó con puestos de elección acordes con su estatus, educación y lealtad al profeta y la iglesia. Baker fue uno de los 39 hombres elegidos por Young para ubicar áreas en Deseret que pudieran sostener una población mormona en crecimiento. El hombre de negocios y

hotelero era el juez de paz en Richfield, tenía los lucrativos y codi-
ciados contratos del Servicio Postal de Estados Unidos para entregar
correo a través del Pony Express y operaba una línea de diligencias
entre otras dos florecientes colonias mormonas. Como primer po-
blador de Richfield, fue el arquitecto fundador de su gobierno municipal.

Un día, cuando pasaba por su hotel, Baker notó a la chica danesa
nueva, subiendo las escaleras y tropezando con la carga de sábanas
limpias para los dormitorios. Como la describió un relato, la chica
era «Una hermosa rubia con un exuberante cabello color miel de la
textura de la seda hilada». Nicolena estaba preocupada por la reciente muerte de su prometido, un danés converso llamado Christian
Christensen, quien el año anterior había sido herido de muerte en
la guerra contra Halcón Negro. Black Hawk (Halcón Negro), el jefe
de la tribu timpanogos, había liderado a las fuerzas paiute y navajo
en una serie de ataques contra los colonos mormones que estaban
invadiendo el territorio de las tribus. «Su amado duró tres semanas»,[146]
escribió una de sus nietas muchos años después, y Nicolena lo había
cuidado, mientras insistía en que se llevara a cabo su ceremonia de
matrimonio, «aunque temía que nunca se consumara». Sellados juntos
por la eternidad, su historia de amor fue tan romántica y trágica que se
convirtió en el tema de una balada que se cantó en todo Utah a lo largo
del siguiente siglo. «Su muerte la dejó casi abrumada», y en lo último
que pensaba ese día en Richfield House era en un nuevo romance.

Baker le preguntó a uno de los empleados del hotel sobre la chica, ya que había quedado instantáneamente enamorado de su «belleza fresca e inusual»,[147] su tez rosada, su figura delgada, «sus tobillos
bien formados» y «su seductora timidez». El padre de cinco hijos,
de 30 años, apreciaba su limpieza y eficiencia, admiraba su joviali-
dad y modestia, así que decidió pedirle a su esposa Hannah su consentimiento para cortejar a Nicolena para convertirla en su segunda
esposa. Después de obtener el consentimiento de Hannah, Baker
buscó el permiso de Brigham Young, quien accedió con entusiasmo,
«pasando por alto» que ya se había casado con Christensen, quien
estaba en su lecho de muerte. Y así, Nicolena se convertiría en la
esposa plural de William.

Su nido de amor fue un primitivo refugio de adobe, una pequeña estructura de tierra tallada en una ladera, a pocas cuadras de la
extravagante casa de madera de dos pisos de Hannah. Nueve meses
después, Nicolena dio a luz a su primer hijo. Pasaría los siguientes
veinte años embarazada, recuperándose de los partos y criando diez
hijos que eran ilegítimos ante la ley estadounidense.

Si bien no amaba a William, y durante años siguió añorando a su
amado Christian, Nicolena estaba comprometida con su fe. Una vez
que el profeta hubo disuelto su matrimonio con Christian en el más
allá, su única vía para la salvación eterna ahora recaía en William,
quien la «ayudaría a atravesar el velo» hacia el reino celestial. Mientras tanto, trataba de comprender y asimilar su papel en el matrimonio plural, aun cuando ser la esposa de un hombre tan distinguido le
ofrecía nuevas oportunidades. Era una mujer joven «que tenía hambre
y sed de conocimiento, cultura y belleza»,[148] y William, altamente educado y pulido, satisfizo esa necesidad. Aunque, según un relato, «po-
siblemente Lena no haya estado enamorada de él en ese momento,
pero se dio cuenta de que era natural y obediente que una chica se
casara con un buen hombre e hiciera su parte por el bien común»,
para criar una familia dentro del «pacto nuevo y perpetuo».

Ella juró que haría todo lo posible para cultivar el amor por su
esposo mayor que ella, un hombre alto, con cabello negro ondulado
y ojos azules. William siempre fue «amable, considerado y galante
con ella, un verdadero amante de su pequeña novia a pesar de las
dificultades del matrimonio celestial». Durante sus visitas programa-
das con ella, bebía té y le leía en voz alta las obras de Shakespeare en
el volumen que su madre había traído de Inglaterra. Le habló de sus
años de adolescencia en Londres, de la belleza de la reina Victoria
y de cómo, en las celebraciones públicas, llegaba engalanada con
fabulosos vestidos de seda y terciopelo, una corona enjoyada y túnicas parlamentarias adornadas con armiño. Tales historias alejaban
la mente de Nicolena de su tosca choza en las montañas aisladas de
Utah. William, que igual que su madre era musicalmente dotado,
le cantaba con un suave tono de barítono y transmitía a sus hijos el
amor por la música. Todos los domingos por la mañana, sin falta, se
despertaba temprano y antes de ir a los servicios de la iglesia lustraba

los zapatos de los 23 hijos que tenía en ambas casas, colocándolos en una fila de menor a mayor, «en una línea precisa, como pequeños soldados negros»,[149] recordaba uno de ellos.

Con el tiempo y la madurez, el aprecio de Nicolena por William creció hasta convertirse en un amor genuino, lo cual hizo que fuera cada vez más doloroso compartirlo con Hannah, cuyo estatus como primera esposa la distinguía en la comunidad. «Si alguna vez se sintió insatisfecha por compartir a su esposo con otra mujer, o por las pequeñas injusticias que inevitablemente surgieron debido a su situación, nunca se lo hizo saber a sus hijos, ni de palabra ni de hecho. Sólo el llanto ahogado que ocasionalmente se escuchaba en la oscuridad de la noche» les indicaba que su vida no era del todo perfecta. La pobreza abyecta de su familia se veía subrayada por su proximidad a la «primera familia» y sus hijos se vieron enfrentados por la supervivencia contra los 13 hijos que William tenía con Hannah. Mientras tanto, el obispo mormón de Richfield la presionaba para que donara el 10% de sus míseros bienes a la iglesia. «Ella había sido gentil y amable, chispeante y bonita, y en algún punto le había tocado la peor parte», recordó uno de sus hijos.

Cuando sus hijos crecieron, empezaron a acarrear leña para ella, a cuidar de los caballos y las vacas, a cortar y empaquetar alfalfa y, finalmente, pudieron mantenerla con lo que ganaban por conducir la diligencia de su padre, que traía el correo de los campos mineros cerca de Nevada. Sus hijos menores supervisaban las gallinas, el jardín y los huertos. «Las pequeñas alegrías, los grandes dolores, las mudanzas de ciudad en ciudad, las incertidumbres de la vida como segunda esposa, las penas y el éxtasis de ser madre y criar a diez hijos, la pobreza, la enfermedad y la muerte»:[150] todo esto era típico de una mujer de su tiempo y lugar. Lo que la ayudó a salir adelante fue la profunda tranquilidad que encontraba en sus creencias religiosas y su fe inquebrantable en la Iglesia de Jesucristo de los Santos de los Últimos Días.

Jean Rio Baker, por su parte, había quedado conmocionada al llegar a Sion años antes. Descubrió que estaba lejos del Jardín del Edén que los misioneros le habían prometido, y que, en cambio, aquello era un desierto árido muy diferente de su Inglaterra natal. Y eso fue solo el comienzo de su desilusión. Compró una casa grande y cómoda de adobe y ladrillo en un terreno de media hectárea en Salt Lake City, y aunque estaba muy por debajo de su opulenta residencia en Londres, se reconcilió con una vida de lo que ella consideraba sencillez y humildad. De hecho, su casa, con sus muebles ingleses, alfombras persas, porcelana fina y cubiertos de plata, estaba entre las mejor decoradas de la ciudad, y su querido piano era la pieza central del salón. Sin embargo, solo unos meses después de su llegada, Young, siguiendo sus reglas de que los santos tenían que crear comunidades periféricas, le ordenó mudarse de la ciudad relativamente urbana para establecerse en una zona remota e incivilizada, situada 58 kilómetros al norte.

Luego compró ocho hectáreas en el pueblo de Ogden, en el territorio de Utah, construyó una pequeña casa y se dedicó valerosamente a la agricultura, dependiendo solo de la ayuda de William, de 16 años, que ya era muy devoto, y de Charles, su otro hijo, de 15 años. Los otros niños tenían menos de 10 años y no podían contribuir mucho. La familia de londinenses luchó por levantar una cosecha en el suelo áspero y rocoso, en «un pequeño pedazo de tierra sin valor»,[151] y a duras penas logró sobrevivir.

Cuando Jean Rio llegó a Utah, inmediatamente se dio cuenta de que los rumores de poligamia que habían sido negados durante mucho tiempo por los funcionarios de la iglesia eran ciertos. El «matrimonio espiritual», como se le llamaba, era un componente decisivo en el progreso hacia el reino celestial. Durante las elecciones presidenciales de 1856, mientras el mundo exterior volvía la mirada hacia el rebelde territorio de Utah, la poligamia atrajo la atención nacional que los mormones deseaban evitar. Etiquetadas como las «reliquias gemelas de la barbarie»,[152] la poligamia y la esclavitud estaban vinculadas y aparecían juntas en la plataforma política del nuevo Partido Republicano. El *New York Times* publicó espeluznantes informes sobre prominentes hombres mormones que compraban niñas para matrimonios polígamos.

Ese año los desastres atacaron a Deseret en múltiples frentes. Un enjambre de langostas, o «grillos mormones», diezmó los cultivos del valle y provocó hambruna. Las deserciones alcanzaron nuevos máxi-

mos, ya que las decepcionantes realidades de la vida diaria condujeron a «fugas» generalizadas a lo que entonces era el oeste de Utah
(que en 1864 se convertiría en Nevada). Young comenzó a declamar
más enérgicamente contra el gobierno de Estados Unidos, insistiendo en que él decidiría qué leyes se aplicarían en el territorio de Utah.
El presidente James Buchanan consideró las acciones de Young como
una traición, por lo que priorizó la intervención armada en el territorio. Luego anunció al Congreso que, a fin de restaurar la supremacía
de la Constitución y la ley del país, enviaría a la teocracia insurrec-
cional a tres nuevos jueces federales, un alguacil estadounidense y
un superintendente de Asuntos Indígenas, acompañados por 2 500
soldados estadounidenses.

Cuando se enteró de que las tropas estadounidenses marchaban
hacia Utah en la primavera de 1857, el desafiante Young respondió
con su «Reforma mormona»,[153] una indagación espiritual masiva dise-
ñada para limpiar a su rebaño del pecado y la desobediencia, y declaró
que todos los reincidentes serían «arrancados de raíz». Más tarde los
historiadores de la iglesia se referirían a este periodo aterrador como el
«Reinado del Terror». Los ejecutores leales interrogaron a otros santos
y Young predicó sermones incendiarios sobre la expiación de sangre.
«Hay pecados que deben ser expiados por la sangre del hombre, porque
son tan grandes que la sangre de un cordero, un becerro o unas tórtolas
no basta para obtener el perdón»,[154] bramó. A medida que se acercaba la fuerza militar estadounidense, Young impuso la ley marcial y ordenó a todos los no mormones que abandonaran el territorio de Utah.

En medio de la hambruna y la nueva ola de fanatismo en Sion,
muchos santos comenzaron a abandonar sus granjas improductivas
y se dirigieron hacia la recién colonizada California. Sin embargo,
mudarse a California se convirtió en sinónimo de apostasía, y quienes huyeron lo hicieron en secreto y ocultos en la oscuridad. Jean
Rio animó a su hijo, Charles Edward, que en aquel entonces tenía
21 años, a huir junto con John, su hermano menor. Ella los ayudó
a planear la huida en secreto, a escondidas de los otros miembros
de la familia y los vecinos, especialmente de William, su hermano
polígamo. «Los hermanos escaparon de Utah en medio de la noche
en dos caballos»,[155] según uno de sus descendientes. Sabían que si los

atrapaban, los matarían. «A Brigham Young no le gustaba que la gente se fuera, especialmente si se llevaban caballos».

Después de un angustioso viaje por Sierra Nevada, Charles Edward y John llegaron sanos y salvos a San Francisco, y ambos jóvenes llegaron a tener ilustres carreras en California. «No podían soportar más la pobreza, así que huyeron de ella»,[156] escribió Jean Rio. Nueve años antes había llevado a sus cinco hijos a lo que describió con entusiasmo como «la ciudad en la cima de las montañas». Ahora, dos de sus hijos habían muerto (Josiah había muerto en el viaje desde Inglaterra, y otro, Charles West, de 9 años, había muerto en Utah tras ser pateado por un caballo), dos hijos habían apostatado y se marcharon por su cuenta al otro extremo de América, y otro, el polígamo William, vivía demasiado lejos para poder ayudarla.

Jean Rio se veía muy afectada por la «Ley de Consagración» de Brigham Young, que exigía que los santos entregaran todas sus propiedades a la iglesia, afirmando que después distribuiría las posesiones combinadas de los mormones entre los seguidores según sus necesidades. No funcionó exactamente de esa manera. Se desconoce con cuánto dinero llegó Jean Rio a Utah, pero al ser obligada a entregarlo se vio reducida a la pobreza, y observó con desdén y consternación cómo Young usaba la riqueza colectiva de sus seguidores para la construcción y el mantenimiento de sus mansiones, «la Casa de la Colmena» y «la Casa del León», para otras casas y para pagar sirvientes para sus muchas esposas plurales.

«Mi finca de ocho hectáreas resultó ser un simple terreno de *salaratus* [sic], donde la semilla que se sembraba se moría en lugar de germinar», anotó Jean Rio años después en una adenda que escribió en su diario poco antes de su muerte, el cual había dejado de escribir en 1852. «Vine aquí en obediencia a lo que creía era una revelación del Dios Todopoderoso, confiando en lo que me dijeron los misioneros, que yo creía tenían el espíritu de la verdad. Dejé mi hogar, sacrifiqué mis bienes, rompí con toda asociación querida, y lo que tenía y tengo aún más claro que todo, dejé mi amada patria. ¿Y para qué? Todo por una burbuja que estalló en mis manos. Ha sido una lección severa, pero puedo decir que me ha llevado a apoyarme más en mi Padre Celestial y menos en las palabras de los hombres».

Brigham Young cenando con algunas de sus muchas esposas en Salt Lake City.
Esta ilustración de *Harper's Weekly*, de octubre de 1857, acompañó a un artículo titulado
«Scenes in an American Harem» (Escenas en un harén estadounidense).

Entre sus traspasos a Young, el «fideicomisario de confianza» de la iglesia, estaba su preciado piano. Algunos relatos indicaron que se lo dio a Young a cambio de trigo para alimentar a su hambrienta familia. Ya sea que lo haya intercambiado o que se lo hayan expropiado, el piano de cola de Collard & Collard adornado con incrustaciones terminó en la Casa Gardo, apodada el «Palacio Amelia», que fue el hogar de Harriet «Amelia» Folsom, la vigésima quinta esposa y la favorita de Young. «Alta y simétrica en su figura, digna y de modales agraciados»,[157] como la describió un relato, la hermosa Amelia fue llamada la «reina de la sociedad mormona». Young estaba «enfermo de amor» por ella, quien no solo podía tocar el piano, sino también cantar su canción favorita, *Fair Bingen on the Rhine*. El piano ha estado en exhibición durante años en el Museo de Historia de la Iglesia en Salt Lake City. Sigue siendo un símbolo del poder de la fe para atraer a aquellos hambrientos de una intensa experiencia religiosa, y de cómo el mormonismo les falló a algunos de sus primeros conversos más devotos, sobre todo a las mujeres.

CAPÍTULO TRES

MOUNTAIN MEADOWS DOGS

DURANTE EL INVIERNO de 1856 a 1857, la «Reforma mormona» de Brigham Young fue la pieza central de sus incendiarios sermones por todo Utah. La clave de la reforma fue el renacimiento de la expiación de sangre, que Young nunca había publicado ni reconocido abiertamente hasta ese momento en que sintió que la necesitaba para respaldar sus acciones. Ahora, los ancianos mormones exigían que todos fueran rebautizados y animaban a los santos a denunciarse mutuamente, mientras que Young abogaba por limpiar a los santos descarriados mediante la expiación de sangre.

Los esfuerzos por erradicar a los apóstatas sembraron el pánico en el territorio de Utah, cuando los leales a Young arrasaban los asentamientos, arengando a los mormones con una serie de preguntas para probar su pureza y lealtad. Young agudizó su ataque contra el gobierno de Estados Unidos, ordenando desafiantemente a sus santos que se prepararan para vengar la sangre de Joseph Smith.

En esta atmósfera de sospecha llegó una caravana de «paganos» que cruzaron el territorio de Utah para comenzar una nueva vida en California. Unos meses antes de su llegada al territorio, el amado apóstol mormón Parley Pratt había sido apuñalado y baleado fatalmente cerca de la frontera entre Arkansas y Oklahoma. El asesino era un hombre cuya esposa lo había dejado para convertirse en la duodécima esposa plural de Parley Pratt. A pesar de eso, Young usó su muerte para enardecer el sentimiento anti-Arkansas. Los líderes de la iglesia difundieron desde sus púlpitos rumores sobre el «Tren Fancher», como se le llamó en honor a Alexander Fancher, su comandante, que salió de Harrison, Arkansas, y atravesaría el continente llevando más riquezas de las que ninguno había llevado jamás. Le aseguraron a la

Brigham Young a los 72 años:
el «Profeta, Vidente y Revelador»
y segundo presidente de la Iglesia
de Jesucristo de los Santos de
los Últimos Días. Este grabado
apareció en *Harper's Weekly*
el 27 de enero de 1872, cinco
años antes de su muerte.

gente que entre los pasajeros del tren iban los asesinos de Pratt y que
en él se transportaba el arma que había sido utilizada para asesinar a
Joseph Smith.

El 7 de septiembre de 1857, en un prado en el suroeste de Utah,
una milicia mormona atacó al Tren Fancher. Después de un asedio
de cinco días, los mormones persuadieron a los emigrantes para que
se rindieran ofreciéndoles una tregua y una promesa de paso seguro.
Luego, en la peor carnicería de blancos realizada por otros blancos en
toda la colonización de América, aproximadamente 140 hombres,
mujeres y niños desarmados fueron asesinados.

Lo que se conoció como la Masacre de Mountain Meadows comenzó
al amanecer de un lunes, cuando los emigrantes estaban sentados
alrededor de sus fogatas matutinas. «Mientras desayunaba conejo y
codorniz, se escuchó un disparo y uno de los niños cayó al suelo»,[158]
recuerda uno de ellos. A continuación, vino un aluvión de disparos
desde todas las direcciones y, en cuestión de minutos, siete hombres

estaban muertos y el líder del tren y otros veinte resultaron gravemente heridos. El grupo de Fancher había llegado allí con la esperanza de que los verdes Mountain Meadows fueran un oasis de paz, donde sus mil cabezas de ganado pudieran engordar sobre la hierba, que les llegaba hasta la barriga, antes de hacer el último esfuerzo para llegar al oeste. Ese lugar edénico entre los ríos que desembocan en la Gran Cuenca y la cuenca del río Colorado, y entre las áridas mesetas al este y el gran desierto de Mojave al oeste, se consideraba la mejor zona de pastoreo del territorio de Utah.

Los Fancher tenían una de las mejores operaciones de cría de ganado vacuno y equino del sur de Estados Unidos, y llevaban su ganado para venderlo en los campos mineros de oro de Comstock Lode. El tren transportaba una asombrosa cantidad de oro y estaba armado con los rifles, pistolas y municiones más sofisticados de la época. Las mujeres viajaban en elegantes carruajes, cuyos paneles estaban adornados con pinturas de cabezas de ciervo. Además del excelente ganado vacuno, también iban en el tren una legendaria yegua de carreras descendiente de un famoso caballo de trote que valía una fortuna incalculable, y un semental árabe de raso negro que valía un millón de dólares de hoy en día.

Los emigrantes quedaron atónitos y confundidos por los gritos de guerra de sus agresores, porque los Fancher sabían que los paiutes del sur de esta región eran una tribu pequeña, pacífica y generalmente desarmada. Al tercer día del asedio, su sufrimiento era agudo, ya que los heridos habían muerto y sus cadáveres en descomposición atraían moscas. El tren se estaba quedando sin comida ni agua. En un trágico intento de apelar a la humanidad de sus enemigos, los emigrantes vistieron a dos niñas de un blanco inmaculado y las enviaron con un balde hacia el manantial. Ambas fueron asesinadas a balazos al instante. Los emigrantes finalmente comprendieron que las fuerzas desplegadas contra ellos eran demasiado disciplinadas y organizadas para ser una banda pacífica de indios. Aun así, por el hecho de tratarse de una unidad militar mormona bien entrenada, que actuaba bajo las órdenes de los funcionarios de la iglesia mormona, debió haberlas eludido.

Cuando los ataques continuaron, los emigrantes izaron una bandera blanca en medio de su corral, desde donde se podía ver a

kilómetros de distancia. El amanecer del viernes 11 de septiembre
llegó con un silencio inquietante, excepto por el llanto de los niños
heridos. Los emigrantes no tenían comida ni agua y las municiones
ya casi se terminaban. Muchos de sus hombres habían muerto. Se
arrodillaron en círculo y oraron por un milagro. A media mañana
sus oraciones parecían haber sido respondidas. En el horizonte había
un gran grupo de hombres blancos que se dirigían hacia el campa-
mento sitiado, portando una bandera estadounidense. Extasiados,
los emigrantes vistieron a una niña pequeña con un vestido blanco
y la enviaron a recibirlos, agitando un pequeño pañuelo blanco.

Un hombre cabalgaba solo frente al grupo, ondeando una bandera
blanca «conocida en todas las naciones y pueblos civilizados, desde tiempos inmemoriales, como emblema de paz, de verdad y de honor».[159]
El hombre era John D. Lee, un miembro prominente de la iglesia,
uno de los apóstoles de mayor confianza de Brigham Young, el miembro
de más alto rango de los Ángeles Vengadores y un amigo cercano y
confidente de Benjamin Johnson. Lee hizo un ademán a los hombres
emigrantes, este era una señal masónica secreta que significaba cama-

John D. Lee fue uno de los
apóstoles de mayor confianza
de Brigham Young y sería el único
líder mormón que sería declarado
responsable de la Masacre
de Mountain Meadows.

radería. Se presentó como un agente indio federal y oficial militar del territorio estadounidense de Utah, que había ido a mediar entre los emigrantes y los agresores que, según afirmaba Lee, eran los paiutes.

«Lee dijo que los indios se habían vuelto locos, pero que los mormones intentarían salvarnos y llevarnos a todos a Cedar City, el gran asentamiento mormón más cercano, si nuestros hombres entregaban sus armas»,[160] informaría un sobreviviente más de ochenta años después. Pero primero tendrían que entregar sus provisiones, armas y ganado. Aunque Lee prometió que les devolverían sus armas y pertenencias, hubo una apasionada disensión entre los emigrantes. Al final, los hombres sobrevivientes sintieron que no tenían más remedio que aceptar el trato.

Una vez que los habitantes de Arkansas acordaron ponerse bajo la protección de Lee, los mormones se movieron rápidamente. Lee ordenó a sus hombres de la Legión de Nauvoo que iban a caballo que formaran una columna, de modo que cada uno avanzara junto a un hombre emigrante. De repente, uno de los guardias mormones a caballo disparó un tiro al aire y dio la orden a sus correligionarios: «¡Alto! ¡Cumplan con su deber hacia Israel!». Acto seguido, cada soldado le disparó al hombre que estaba a su lado. Los hombres murieron instantáneamente y las mujeres y los niños comenzaron a gritar y correr. Luego se dio la orden de matarlos a todos, excepto a los niños menores de 8 años, la edad de la inocencia según la fe mormona.

Los asesinatos se llevaron a cabo con una precisión rápida y espeluznante. Nephi Johnson, de 24 años, sobrino de Benjamin Johnson y segundo teniente de la Legión de Nauvoo, estaba entre los perpetradores. Más adelante recordaría que, según su reloj de bolsillo, la masacre de 140 personas no había durado más de cinco minutos. Nephi era hijo de Joel Johnson, el hermano de Benjamin y el prolífico poeta y escritor de himnos, y había estado entre los colonos mormones originales que se asentaron en el área del sur de Utah, cerca de Mountain Meadows. Desde el momento de su llegada a Sion, a la edad de 14 años, Nephi comenzó a aprender los idiomas indios locales, y los líderes mormones notaron sus habilidades lingüísticas. Los indios le tenían mucha confianza y lo llamaban «el único hombre que habla claro en el país».[161] Johnson, padre de una hija pequeña y con otro hijo en camino, estaba trabajando en el «campo de cultivo»[162] de su padre cuando los líderes de la iglesia lo reclutaron para participar en una campaña que tenía el objetivo de incitar a los paiute a participar en los asesinatos. Los líderes mormones querían que pareciera que los culpables de la masacre eran los indios y no los propios mormones, por lo que muchos de los hombres blancos que participaron se pintaron la cara para parecer indios. Johnson recibió la orden de «reunir a los indios y destruir el tren de emigrantes»,[163] escribió más tarde. Se le ordenó que «alborotara y reuniera a tantos indios como pudiera, de modo que fueran suficientes para silenciar definitivamente a los emigrantes».[164]

Después de haber asesinado a casi todos los niños, Lee evaluó quiénes de los que quedaban tenían «la edad suficiente como para abrir la boca»,[165] lo que condujo a la ejecución de muchos más. En estos asesinatos también participó Nephi Johnson. Después de la masacre, dos carretas pertenecientes a la milicia mormona se dirigieron con los 17 niños sobrevivientes a una casa de campo de piedra y adobe en las colinas al norte del sitio. Las edades de estos oscilaban entre los 9 meses y los 7 años, iban llorando desconsolados, con la sangre de sus padres y hermanos aún fresca en sus ropas. «Los niños lloraron casi toda la noche»,[166] recordó el dueño mormón del rancho. De vuelta en el prado, los hombres que se quedaron a proteger el botín pasaron la noche despiertos, mientras los coyotes se daban un festín con los cadáveres sin enterrar, aullando de placer. Un lobo solitario se paró en la línea de árboles por encima de la escena, recordó uno de los asesinos, y aulló sin parar bajo la luna creciente.

Al día siguiente, Nephi Johnson se encargó de recolectar el botín. Las mujeres de Cedar City llegaron para recoger la ropa y las joyas de los muertos, a los que les quitaron zapatos y aretes, broches, relojes y anillos. Johnson expresó más tarde su horror por lo que había hecho, y dijo que no le agradó ver a los hombres y mujeres mormones piadosos escarbando así. «¿Quieres saber lo que en verdad siento al respecto?»,[167] respondió a uno de los oficiales principales que le preguntó cómo le aconsejaba que distribuyera las posesiones de los emigrantes. «Sacrificaste personas; yo quemaría la propiedad y dejaría libre al ganado para que vague libre por el país... y me iría a casa, como un hombre». Johnson, un hombre profundamente religioso, no quería que los mormones pasaran a la historia por haber asesinado a personas para quitarles sus propiedades. Al igual que a muchos de los otros que participaron en la masacre, los funcionarios de la iglesia lo habían engañado diciéndole que los habitantes de Arkansas serían castigados con la expiación con sangre por el asesinato de Parley Pratt.

Cuando terminaron de recolectar los bienes, Lee reunió a los oficiales bajo su mando para decidir la historia que contarían a sus compañeros mormones y al gobierno de Estados Unidos, que seguramente se interesaría por el asunto. «Le *ordenamos* a la gente que mantuviera en secreto el asunto para el mundo *entero*»,[168] confesó Lee más adelante. «También tomamos los juramentos más vinculantes para respaldarnos unos a otros y siempre insistir en que fueron los indios quienes cometieron la masacre. Esto fue también por consejo de Brigham Young». Lee dirigió los esfuerzos para ocultar el papel que Young y los líderes de la iglesia desempeñaron en la masacre, pues sabían muy bien que la supervivencia de la iglesia dependía de negar la participación del profeta.

THE MOUNTAIN MEADOWS MASSACRE.

Este grabado anónimo de la Masacre de Mountain Meadows
es la representación más famosa del evento.

Aunque *Deseret News*, el diario propiedad de la iglesia, no informó sobre la atrocidad, los rumores corrieron por todo el territorio de Utah y se extendieron mucho más allá. «Sus horrores resonaron en todo Estados Unidos»,[169] escribió más tarde Mark Twain, cuando la noticia llegó a la prensa de la Costa Este. Según Nephi Johnson, muchos de los hombres mormones que participaron en la matanza lo hicieron en contra de su voluntad. Proliferaban las historias sobre presuntos apóstatas mormones en Utah que, con la esperanza de obtener un pasaje seguro a California, se habían unido a la caravana en expansión y que por ello fueron seleccionados por la milicia mormona para la expiación de sangre.

El oro saqueado del tren se entregó a la tesorería de la iglesia, mientras que los cuarenta vagones se entregaron a la milicia de la iglesia, excepto los vagones lujosos, que quedaron en manos de Brigham Young. El ganado de los Fancher fue marcado con la cruz de la iglesia y conducido al norte de Salt Lake City. Los caballos y el enorme alijo de armas se dividieron entre los líderes de las milicias en las colonias del sur del territorio de Utah. Pronto, quienes pasaban por allí empezaron a notar la repentina prosperidad de los mormones locales, anteriormente conocidos por su desesperada pobreza y ropa raída; ahora estaban vestidos con ropa fina, y los líderes de la masacre y sus esposas hacían alarde de las posesiones robadas a los muertos.

En la primavera de 1859 los oficiales militares estadounidenses encontraron a los niños sobrevivientes viviendo en las casas de los mormones locales. Estaban traumatizados no solo por la masacre, sino también por vivir con los mismos hombres a los que vieron matar a sus familias, y con mujeres que usaban los vestidos y las joyas de sus madres y hermanas. Algunos de los niños mayores identificaron a los asesinos como mormones, no como paiutes, lo que contradecía la historia mormona oficial. Christopher *Kit* Carson Fancher, de 5 años, quien había sido llamado así en honor al renombrado montañés y asesino de indios, declararía: «Mi padre fue asesinado por indios. Cuando se lavaron la cara, eran hombres blancos».[170]

Los oficiales militares devolvieron a los huérfanos a sus parientes en Arkansas, y dos de los niños mayores fueron llevados a Washington para ser entrevistados por funcionarios del gobierno. A medida que crecía la evidencia de la culpabilidad de los mormones, una ola de indignación contra ellos se extendió por todo el país. El presidente Lincoln comparó los problemas de la nación con los mormones con un gran tronco. «Demasiado pesado para moverlo, demasiado duro para cortarlo, demasiado verde para quemarlo, así que nos limitamos a esquivarlo».[171] Sin embargo, pronto la atrocidad fue eclipsada por el estallido de la Guerra Civil.

Poco más de una década después, cuando, en 1869, se terminaron las obras del ferrocarril transcontinental y empezó a operar (los rieles de Central Pacific y Union Pacific se unieron en Utah), el Deseret de Brigham Young se convirtió en una escala crucial para los miles de personas que viajaban por todo el continente hasta California. Aunque Young se había opuesto al ferrocarril desde sus inicios, reconoció la inevitabilidad de la expansión estadounidense. Pensó que si Utah se convertía en un estado, su reino tendría más autonomía a través de su gobierno estatal electo y, por lo tanto, podría controlar la política electoral de la región. Con ese fin en la mente, solicitó cuatro veces la estadidad, en 1849, 1856, 1862 y 1872, pero el Congreso lo rechazó repetidamente debido a la promulgación de la poligamia por parte del mormonismo. Con este perfil más elevado, el papel de Young en la masacre atrajo aún más el escrutinio nacional. Para apaciguar a las fuerzas antiestatales en el Congreso, que exigían que los mormones fueran castigados por el asesinato en masa, Young sacrificó a John D. Lee, su amigo y apóstol más cercano, acusándolo de haber perpetrado la masacre por su cuenta y negando que él hubiera participado en ella de alguna manera. Young excomulgó a Lee y lo retrató como un fanático renegado y demasiado entusiasta que tomaba decisiones sin consultar. Al mismo tiempo, les ordenó a Lee y a otros líderes de la milicia culpables, a quienes los funcionarios de la iglesia les llamaban en secreto los «Mountain Meadows Dogs», que se mudaran de Utah. Algunos fueron enviados a las tierras salvajes del territorio de Nuevo México, lo que hoy es Arizona, otros fueron más al sur, a México, a donde no pudieran ser alcanzados por una orden de arresto estadounidense. «Esfúmate y apártate del camino»,[172] le escribió un líder de la iglesia a Lee.

Lee pasó los siguientes años escondido en la confluencia de los ríos Colorado y Paria, que emergían de los acantilados Vermilion en la parte superior del Gran Cañón, al norte de Arizona. En 1872 la iglesia envió madera a su desolado exilio para que pudiera construir el primer transbordador para cruzar el embravecido Colorado. Fundó el rentable Lees Ferry, con la certeza de que Brigham Young lo había enviado al destierro para protegerlo, lo que no sabía es que un gran jurado federal de Estados Unidos que estaba investigando la masacre lo había acusado de asesinato. En 1874, cuando visitaba a una de sus esposas en Panguitch, Utah, los alguaciles estadounidenses lo sacaron de un gallinero en donde se escondió y lo arrestaron. El hombre de 62 años de edad y padre de 56 hijos, un sumo sacerdote en la iglesia mormona, al que el *Salt Lake Daily Tribune* ahora le llamaba «el carnicero en jefe»,[173] fue encarcelado en Utah, en espera de ser sometido a juicio. Al año siguiente fue juzgado en el pequeño pueblo de Beaver, en el que se denominó el «juicio del siglo»,[174] al grado que atrajo a corresponsales de periódicos de todo el país. Si bien muchos esperaban que Lee implicara a Brigham Young, no lo hizo, y el jurado llegó a un punto muerto. Pero si Young esperaba que el jurado en desacuerdo diera el asunto por terminado, estaba equivocado. Luego de otra protesta pública tras el juicio, la masacre continuaría acosando al profeta y amenazando la condición de estado de Utah hasta que alguien rindiera cuentas por la matanza. En un movimiento oportuno, Young hizo un trato con el gobierno federal, en el que accedió a poner a disposición a todos los testigos y a entregar las pruebas necesarias para condenar a Lee a cambio de limitar el testimonio que podría implicarlo a él y a la iglesia. El segundo juicio de Lee comenzó el 11 de septiembre de 1876, exactamente 19 años después de la masacre. Varios testigos que no se habían presentado antes aparecieron con testimonios vívidos que implicaron a Lee y absolvieron a todos los altos funcionarios de la iglesia.

Benjamin Johnson y su sobrino Nephi eran dos de los amigos más cercanos de Lee, desde el éxodo de Illinois. Ahora, Nephi, que había matado a mujeres y niños en Mountain Meadows, proporcionó algunos de los testimonios más condenatorios contra Lee. El jurado tardó poco más de tres horas en llegar a un veredicto de culpabilidad y Lee fue condenado a muerte. El juez le dio a Lee la opción de elegir el método de ejecución. Debido a que la decapitación era el método preferido del mormonismo para la expiación de sangre, Lee eligió ser ejecutado por un pelotón de fusilamiento, con lo que le daba a los fieles una señal de que era un hombre inocente.

En la mañana del 23 de marzo de 1877, Lee, portando un sombrero, abrigo y bufanda, se dirigió al lugar de su ejecución, no lejos de Mountain Meadows. La rica hierba esmeralda por la que era conocido el paisaje se había convertido en maleza seca, y los enormes álamos que solían proporcionar sombra al prado ya no estaban ahí. Los paiutes afirmaron que el prado, con sus dos salidas ahusadas que habían facilitado la emboscada, estaba embrujado. Conocido durante mucho tiempo como «el lugar preferido para la ejecución silenciosa de tareas desagradables»,[175] el nombre Mountain Meadows se convirtió en un eufemismo mormón para los asesinatos de expiación de sangre.

Lee se sentó pacientemente en su ataúd y esperó mientras un fotógrafo preparaba su equipo para tomar las imágenes oficiales de la escena. Cuando la cámara estuvo lista y el pelotón de fusilamiento de cinco hombres se colocó en su lugar, Lee se levantó. «Me han sacrificado de una manera cobarde y vil»,[176] dijo. Con los ojos vendados, levantó los brazos al cielo y dio una última orden a los fusileros: «Apunten a mi corazón, chicos. No destrocen mi cuerpo». Después de los disparos cayó sobre el ataúd toscamente tallado, de espaldas y en silencio, y su sangre se derramó sobre la tierra, lo cual le otorgó al momento el simbolismo que él había querido evitar. Sería el único mormón llevado ante la justicia por la masacre de Mountain Meadows.

A los pocos días de la ejecución de John D. Lee, el *New York Herald* publicó un extracto de su confesión completa, la cual le había entregado a su abogado para que la publicara después de su muerte: «los que estaban conmigo en ese momento actuaban siguiendo las órdenes de la Iglesia de Jesucristo de los Santos de los Últimos Días. Cometimos esos horribles hechos porque creíamos que era nuestro deber con Dios y nuestra iglesia. Todos juramos guardar el secreto antes y después de la masacre. La pena por revelar información al respecto era la muerte».[177]

Antes de su muerte, Lee predijo que, si era culpable, nunca más se volvería a saber de él. «Si no lo soy»,[178] les dijo a sus hijos, «¡Brigham Young morirá dentro de un año! Sí, dentro de seis meses». El 2 de

Fotografía oficial de la ejecución de John D. Lee en la mañana del 23 de marzo de 1877,
no lejos del lugar de la Masacre de Mountain Meadows. Lee se sentó en su ataúd,
con sombrero, abrigo y bufanda, frente al pelotón de fusilamiento de cinco hombres
al que instruyó: «Apunten a mi corazón, chicos. No destrocen mi cuerpo».

agosto de 1877, cinco meses después de la ejecución de Lee, Young
cayó mortalmente enfermo, con calambres y vómitos después de ati-
borrarse de elotes y duraznos. Seis días después, estaba muerto. La
noticia que circuló fue que murió de cólera; luego se dijo que fue
apendicitis. Durante el siglo siguiente persistieron los rumores de
que dos de los hijos de Lee lo habían envenenado, teorías de conspiración que se convirtieron en parte del folclore occidental, especialmente entre los descendientes del mormón sacrificado. Cualquiera
que haya sido la causa de la muerte, muy pocos días después de que
enfermó, Brigham Young yacía en una sencilla caja de madera de
secuoya, para el funeral del Tabernáculo del Profeta, al que asistieron
más de 12 000 santos.

Nacida en 1898 en Bunkerville, Nevada, y criada en una familia
polígama, Juanita Leavitt Brooks se sentía fascinada desde temprana
edad por la historia de su desértica tierra natal. Después de asistir
a Dixie Junior College en St. George, Utah, regresó a Bunkerville

para enseñar en una escuela en Mesquite, Nevada, 56 kilómetros al noreste de la entonces incipiente ciudad de Las Vegas.

Durante su primer servicio, en agosto de 1918, Nephi Johnson, patriarca de la iglesia de la comunidad, se sentó junto a ella en el banco de la iglesia. Más tarde ella escribiría que se sentía «muy atraída por el anciano patriarcal, con sus ojos negros y afilados y su barba larga».[179] Los dos entablaron una amistad, el pionero de 85 años y la joven a la que él llamaba «la pequeña maestra de escuela», y Johnson le dio una bendición.

Poco después la visitó en la escuela, la esperó apoyado en un bastón afuera de su salón de clases hasta que la campana les indicó a los niños que podían salir. «Quiero que escribas algo para mí», le dijo Johnson, mientras se sentaba frente a su escritorio. «Mis ojos han visto cosas que mi lengua nunca ha pronunciado, y antes de morir quiero ponerlas por escrito. Y quiero que tú lo hagas». Brooks respondió que después iría a su casa, pero pasó el tiempo y ella no lo visitó. A finales de la primavera de 1919 se enteró de que él estaba muy enfermo y que no se esperaba que viviera mucho más. Se levantó antes del amanecer y montó su caballo hasta el rancho de Johnson, donde el anciano yacía medio inconsciente. La hija de Johnson le agradeció por ir y le dijo: «Ha estado muy inquieto por las cosas que tiene que contarte».

Se quedó durante dos días y presenció las torturadas y delirantes contorsiones de Johnson; ella sabía que estaban relacionadas con la confesión que él se esforzaba por hacerle en su lecho de muerte. «Oró, gritó, predicó, y una vez sus ojos se abrieron de par en par hacia el techo y gritó: "¡Sangre! ¡Sangre! ¡Sangre!"».

Juanita lo miraba alarmada. «¿Qué pasa con él? Actúa como si estuviera embrujado», le preguntó a un miembro de la familia junto a la cama del moribundo.

«Tal vez lo está», respondió la persona. «Sabes, estuvo en la Masacre de Mountain Meadows».

Si bien Nephi Johnson fue el primer participante de la masacre en romper el silencio, después de John D. Lee, los relatos históricos contemporáneos están repletos de confesiones de cómplices atormentados. Muchos no pudieron escapar de los terribles recuerdos del derramamiento de sangre que «marchitó y destruyó su felicidad»,[180] escribió el apóstata mormón T. B. H. Stenhouse, «y las conciencias de algunos de ellos sufrieron agonizantes torturas».

La Masacre de Mountain Meadows fue el factor decisivo para la ruptura final de Jean Rio con la iglesia, según muchos de sus descendientes. El fanatismo religioso que condujo a la masacre, y las abrumadoras indicaciones de que la iglesia, si no es que el mismo Brigham Young, la había tolerado, minaron la fe de muchos santos. Jean Rio pensó en mudarse a California, y la finalización del ferrocarril transcontinental hizo posible ese sueño. Gracias a este, el huir de Sion se volvió menos riesgoso para los apóstatas. Después de la masacre surgieron numerosas historias sobre hombres mormones que no creían en «matar para salvar»[181] y que se negaron a participar en el asesinato masivo de civiles, por lo cual tuvieron que huir hacia el oeste con sus familias, estableciendo comunidades en Nevada y California. También después de la masacre, las escoltas del ejército estadounidense comenzaron a acompañar a miles de personas hacia el oeste.[182]

En 1869, Jean Rio estaría entre las primeras personas en viajar en tren a California, donde sus hijos, John y Charles, prosperaban en la política y los negocios, respectivamente. Allí viviría los 14 años de vida que le restaban en relativo lujo, adorada por sus hijos. «Tengo todas las comodidades que mi corazón puede desear»,[183] escribió. «Mis hijos compiten entre sí para contribuir a mi felicidad». John, ahora era un destacado legislador estatal republicano en Sacramento que se había vuelto conocido por proponer una ley contra la poligamia, y Charles había hecho una fortuna como abogado y comerciante en San Francisco.

Después de sus casi veinte años de pobreza y decepción en Utah, la vida de Jean Rio en el «Estado Dorado» parecía un milagro. Se despojó de su mormonismo y se convirtió en una congregacionalista devota. «He vivido con una firme creencia y fe en Jesucristo como el hijo de Dios, la única expiación del pecado y el único camino a la salvación»,[184] escribió en su testamento. Murió de cáncer en 1883, a la edad de 73 años.

William, su hijo polígamo, vivió toda su vida en Utah, y a lo que él vio como la persecución de los santos por parte de los «paganos», reaccionó aumentando su lealtad a la iglesia. Jean Rio estaba maravillada por su fe inquebrantable y, aunque no estaba de acuerdo con lo que para ella eran creencias extremistas, escribió que estaba contenta de que cumpliera su responsabilidad con sus dos esposas y 23 hijos. «Arrancado del regazo del lujo, y establecido en una tierra fronteriza de arduo trabajo y un entorno sin comodidades»,[185] escribió uno de sus hijos, «cumplió con su trabajo y lo hizo bien, sin excusas ni arrepentimientos». Sus hermanos no pudieron soportar las privaciones, las dificultades y el dominio de la iglesia en sus vidas y huyeron a California. Pero William se quedó con la religión que había abrazado desde que era niño. A pesar de la controversia en torno a la Legión de Nauvoo, especialmente después de que se expuso su papel en la masacre, William se puso con orgullo el uniforme de esa milicia, «con charreteras, espada y todo lo demás». Como recompensa por su fiel devoción, recibió un puesto bien remunerado con uno de los contratistas ferroviarios más poderosos de Utah. Sin embargo, pronto él y otros polígamos enfrentarían su desafío más duro hasta el momento, y muchos creerían que no tenían más remedio que romper con la iglesia y reasentarse en México.

CAPÍTULO CUATRO

SION EN UN LUGAR SECO

DESPUÉS DE QUE, en 1872, Estados Unidos rechazó por cuarta vez su petición de consolidar a Utah como un estado debido a la poligamia, Brigham Young miró hacia México, buscando fuera de América tierras que sus santos perseguidos pudieran colonizar. Una «especie de válvula de seguridad para los polígamos de Utah»,[186] como describieron las primeras narraciones de la iglesia a la visión que Young tenía de México, «un lugar donde la vida familiar y la construcción de la comunidad podrían continuar sin cesar o sin ser perturbados por las restricciones legales impuestas al matrimonio plural por la ley federal». En el verano de 1874, Young envió dos misioneros de habla hispana a los estados de Chihuahua y Sonora para comenzar a hacer proselitismo, y un año después envió a varios emisarios más en busca de colonias donde sus santos pudieran vivir bajo el Principio.

La misión formal de 1875 constaba de ocho hombres, entre ellos iban destacados funcionarios de la iglesia. Young los envió a predicar el evangelio a los mexicanos, al mismo tiempo que buscaban tierras adecuadas para las colonias a lo largo de su ruta por Arizona, Nuevo México y México. Otro líder de la iglesia les dijo que buscaran lugares donde los santos pudieran ir para escapar del peligro, «en caso de que la persecución lo hiciera necesario»,[187] refiriéndose a la próxima represión, que ya anticipaban, por parte de Estados Unidos en contra de los participantes en la Masacre de Mountain Meadows, así como por el conflicto en curso sobre la poligamia. Algunos de los perpetradores ya se habían mudado a México unos años antes, cuando John D. Lee huyó de Utah. Young había solicitado fondos para ayudar a la nueva expedición, recaudando no solo efectivo sino también mercadería, alimentos, «siete monturas, 17 caballos de carga» y un coche. Los ocho misioneros cruzaron el río Colorado en el Lees Ferry y se dirigieron a Phoenix y Tucson antes de avanzar hacia el este, hasta El Paso, Texas, donde cruzaron la frontera hacia México.

En Chihuahua, los mormones fueron recibidos por la élite del estado, incluido el rico y poderoso gobernador Luis Terrazas, quien les dio permiso para realizar servicios religiosos en un gran edificio de la ciudad llamado «Cock Pit». Cuando más de quinientas personas se presentaron para asistir a los servicios, los misioneros se entusiasmaron con las perspectivas de crecimiento que al parecer tenía la iglesia en México. Después de viajar desde Ciudad Juárez (al otro lado de la frontera de El Paso) a Casas Grandes (480 kilómetros al suroeste de El Paso), y luego al noroeste, a Janos, el último pueblo mexicano que visitaron antes de cruzar de regreso a Estados Unidos, llegaron a Salt Lake City con un informe optimista. Animado, Young envió otro grupo en 1876 para explorar la posibilidad de colonizar Sonora. Al mismo tiempo, algunos de los Mountain Meadows Dogs, como se conocía a los asesinos, buscaron refugio en el norte de México. Como el resentimiento hacia ellos iba en aumento en Utah, estos hombres se convirtieron en notorios fugitivos, exiliados que temían represalias tanto de las fuerzas del orden de Estados Unidos como de la iglesia mormona, de esta última por la información que poseían. «Sé que la iglesia me matará, tarde o temprano… Es solo cuestión de tiempo»,[188] le diría Philip Klingensmith al *Salt Lake Tribune,* el obispo mormón y denunciante de las masacres. Poco después el *Tribune* informó que su cuerpo fue encontrado en un pozo petrolero en Sonora.

Brigham Young esperaba que responsabilizar criminalmente a John D. Lee por la masacre apaciguaría a los legisladores de Washington, D. C., pero no fue así. Young no viviría para ver un reino mormón establecido en México. Después de la ejecución de Lee y la muerte de Young, ocurrida cinco meses después, la campaña estadounidense contra la poligamia se intensificó aún más, especialmente después de que, en 1877, Rutherford B. Hayes asumió el cargo de presidente. Los polígamos de Utah estaban bajo una mayor presión para abandonar a sus esposas y familias plurales, tanto física como económicamente. En 1880, Hayes incluso viajó a Salt Lake City para reunirse con John Taylor, el sucesor de Brigham Young como profeta de la iglesia. Taylor, el erudito misionero mormón que había convertido a Jean Rio y su familia en Gran Bretaña décadas antes, fue incluso menos conciliador que Young con el gobierno de Estados Unidos. «Cuando promulgan leyes tiránicas, prohibiéndonos el libre ejercicio de nuestra religión, no podemos someternos»,[189] proclamó.

Taylor, un polígamo intransigente, junto con Benjamin Johnson y otros cuantos, estuvo entre los primeros hombres a quienes Joseph Smith les había revelado el Principio divino en la década de 1840. «Ningún otro nombre en la historia mormona está tan estrechamente relacionado con la defensa y continuación del matrimonio plural como el de John Taylor»,[190] dijo Verlan LeBaron en la biografía sobre su familia que escribió en 1981. Al igual que Smith, Taylor creía fervientemente en una jerarquía teocrática, con Dios y los hombres en la cima, y las mujeres y los niños en la base. Dado que Dios era más grande que Estados Unidos, razonó Taylor, el gobierno federal no tenía autoridad para abolir la poligamia. «Desafío a Estados Unidos; obedeceré a Dios»,[191] declaró Taylor, forjando su lugar en la historia de la iglesia mormona como un mártir del Principio.

El presidente Hayes no se dejó impresionar y, a instancias suyas, el Congreso aprobó la Ley Edmunds de 1882, que prohibía a los polígamos votar u ocupar cargos públicos. «La cohabitación lasciva o ilegal, el término utilizado para el matrimonio plural, fue catalogada como un delito menor y punible con una multa de 300 dólares [equivalente a 10 000 en la actualidad] y seis meses de cárcel»,[192] escribió LeBaron. Los alguaciles federales viajaban a caballo de comunidad en comunidad, allanando casas en medio de la noche para «cazar a aquellos que vivían en convivencia ilegal» y en busca de polígamos, a los que castigaban según el número de esposas plurales que tuvieran, así como según la frecuencia con que las visitaban.

Según palabras de LeBaron, Taylor «se afligió por estos ultrajes» y en 1885 el líder mormón «concluyó que lo mejor para los mormones era evadir la ley». Envió dos grupos a Sonora para explorar la posibilidad de comprar terrenos allí. La primera de las visitas oficiales «resultó en algún tipo de acuerdo con Cajemé, el jefe de los indios yaquis, que ocupaban gran parte del estado y nunca habían sido sometidos por el gobierno mexicano»,[193] informó el *New York Times* el 29 de junio de 1885. Taylor, de 77 años entonces, prefería «una vida tranquila en Salt Lake City a las incomodidades de un largo viaje por un país salvaje», pero consideró que era su deber visitar la naciente Colonia. Acompañado por tres apóstoles, un secretario privado y un abogado, hizo el viaje en pleno invierno. De acuerdo con el *Times*, el viaje de Taylor generó especulaciones de que él y sus asociados estaban «preparándose para trasladar la sede de la organización mormona de Utah a México, o que al menos estaban comenzando a construir una ciudad refugio más allá de la jurisdicción de los tribunales estadounidenses, donde los mormones polígamos podrían encontrar protección».

Después del regreso de Taylor a Salt Lake City, las tropas mexicanas atacaron y masacraron a doscientos indios yaquis, capturaron y ejecutaron a Cajemé, tomaron el control de Sonora y obligaron a los mormones a tratar con el gobierno mexicano en lugar de con los indios. Afortunadamente para los mormones, Porfirio Díaz, el presidente mexicano recién instalado, les dio la bienvenida, dejando en claro a los apóstoles que su gobierno estaba ansioso por que ayudaran a colonizar los salvajes estados mexicanos de Sonora y Chihuahua, que aún estaban dominados por pueblos indígenas.

Taylor luego ordenó a 33 familias polígamas de Utah y Arizona que abandonaran sus hogares y partieran a colonizar Chihuahua. Junto con sus cientos de niños, los mormones se llevaron «todos los arados, palas, camas, sillas, harina y pollos que cupieran en un carro tirado por caballos»,[194] según un relato publicado en 1985 para celebrar el centenario de la diáspora. Les tomó casi un mes llegar a México, vadeando ríos llenos de nieve derretida y cruzando montañas empinadas. Cuesta arriba, doblaron las yuntas de los carromatos para tirar de la carga. Cuesta abajo, las mujeres llevaban a los niños mientras los hombres intentaban controlar los carros y los caballos. Un guardia vigilaba a los indios apaches desde el frente, mientras que otro vigilaba a los alguaciles estadounidenses desde atrás.

Cuando llegaron a los valles y mesetas de poco más de un kilómetro de altura de la Sierra Madre Occidental, 480 kilómetros al suroeste de El Paso, comenzaron a construir la primera comunidad mormona permanente en Chihuahua. La Colonia Díaz, llamada así por el presidente mexicano, estaba ubicada en las faldas de las montañas, a orillas del río Casas Grandes. La iglesia había obtenido el control de más de un millón de hectáreas de tierras selectas; las había adquirido a través de la Compañía Mexicana de Colonización, una creación de la iglesia que actuaba como corredora de tierras con el gobierno mexicano.

Mientras tanto, John Taylor se vio obligado a esconderse para escapar de una orden de arresto federal, dejando a la iglesia sitiada, con sus bienes incautados y prácticamente sin timón. Las propiedades personales de los miembros de la iglesia también fueron confiscadas, lo que llevó a varios líderes mormones a proponer un manifiesto que prohibiera la poligamia para asegurar una distensión con Estados Unidos. A Taylor se le ocurrió una solución. Tras asegurar que había recibido dos visitas, una de Joseph Smith y otra de Jesucristo, anunció que tuvo una revelación en la que le ordenaron no firmar tal manifiesto y que, en vez de eso, enviara a los miembros de la iglesia a reubicarse en México.

En enero de 1887 el Congreso aprobó una legislación aún más dura contra los mormones. La Ley Edmunds-Tucker fue onerosa, restrictiva y radical, y amenazó la supervivencia misma de la iglesia. Impuso sanciones severas a la iglesia por no cumplir con la ley de 1882, lo que obligó a más miembros de esta a pasar a la clandestinidad, incluidos sus más destacados líderes religiosos y empresariales.

Ante la amenaza de largas sentencias de prisión en Estados Unidos para quien practicara la poligamia, la colonización en el territorio mexicano se volvió urgente. Incluso las esposas y los niños fueron obligados a testificar contra sus esposos y padres. A fines de la década de 1880, más de mil santos estaban en prisión, algunos en lugares tan lejanos como Detroit. «Entonces el gobierno federal asestó su golpe más aplastante contra los mormones»,[195] escribió Verlan LeBaron, cuyo libro sobre su familia, aunque no es confiable en todos los puntos, es rico en detalles de la historia mormona temprana que se remonta a Benjamin Johnson, su exuberante bisabuelo. Johnson, quien fue testigo presencial de los primeros dramas de la iglesia, desde Nueva

York hasta Nauvoo y Deseret, siempre estuvo a la derecha de los profetas Joseph Smith y Brigham Young, documentando sus experiencias para los historiadores de la iglesia. Su diario original de cuero rojo, una crónica de casi 400 páginas llamada *My Life's Review*, se encuentra ahora en los archivos de la iglesia en Salt Lake City. Sus descendientes conservan ejemplares del diario en lugares de honor de sus hogares, a pesar de que vivió sus últimos años en la ignominia. A la larga, sus siete esposas lo dejaron, y solo unos cuantos de sus 45 hijos permanecieron cerca de él. «Eso dice mucho sobre la profusión y algo sobre el vacío, y también sobre un hombre que tal vez se sorprendió de que uno no impidiera el otro»,[196] escribió uno de sus miles de descendientes. «La iglesia fue desincorporada y se ordenó al Tribunal Supremo que liquidara sus asuntos»,[197] escribió LeBaron. «El gobierno federal se hizo cargo de la propiedad de la iglesia» y muchos mormones exigieron que Taylor fuera incorporado a este.

Pero Taylor se mantuvo inflexible y murió como fugitivo en julio de 1887. El apóstol Wilford Woodruff, de 82 años, fue instaurado como el cuarto profeta mormón. Woodruff, un ávido polígamo con nueve esposas, se dio cuenta de que el Reino de Dios en la Tierra solo podría sobrevivir si lograba que Estados Unidos dejara de ser hostil con la iglesia y le otorgara a Utah la condición de estado. Woodruff afirmó haber recibido una revelación de Dios de que la iglesia debía dejar de sancionar la poligamia y escribió lo que se conocería como el Manifiesto de Woodruff. «Acudí ante el Señor y escribí lo que él me dijo que escribiera»,[198] le dijo a su rebaño atónito.

El 6 de octubre de 1890 el manifiesto se convirtió en una declaración oficial de la iglesia: «Declaro públicamente que mi consejo para los Santos de los Últimos Días es que se abstengan de contraer cualquier clase de matrimonio prohibido por la ley del país». Los polígamos comprometidos se horrorizaron y acusaron a Woodruff de doblegarse ante la conveniencia política. De hecho, la reconciliación entre el gobierno federal y la iglesia mormona comenzó de inmediato, y en 1896 Utah se convertiría en el cuadragésimo quinto estado de la Unión.

Sin embargo, antes de que eso ocurriera, los polígamos fervientes se separaron de la iglesia y reclamaron su autoridad a través de John

Polígamos encarcelados en la década de 1880 frente a la primera prisión estatal de Utah, ubicada en el vecindario Sugar House de Salt Lake City.

Taylor, su héroe. Llamándose a sí mismos «fundamentalistas», esperarían la llegada del «Fuerte y Poderoso» que «pondría en orden la casa de Dios», tal como lo había profetizado Joseph Smith.

Setenta y cinco años después del Manifiesto Woodruff, cada uno de los siete miembros masculinos del clan LeBaron en México reclamarían, con resultados trágicos, el manto del «Fuerte y Poderoso». Los LeBaron, como descendientes directos del apóstol Benjamin Johnson, eran una fuerza poderosa en la iglesia mormona de Utah a fines del siglo XIX y, como la mayoría de los miembros masculinos devotos, eran apasionados seguidores del matrimonio celestial. Despreciando a Woodruff como un hipócrita y falso profeta que había abandonado el verdadero evangelio de Joseph Smith, Johnson instó a su familia a emigrar a México. Verlan LeBaron escribió que Smith enseñaba «que un hombre será juzgado más por cómo gobierna sus poderes sexuales

que por cualquier otra cosa».[199] Abandonar el Principio era una blasfemia para los verdaderos creyentes.

Cuando se emitieron órdenes de arresto contra él por cargos de
poligamia, Benjamin Johnson, de 72 años, huyó a la Colonia Díaz,
abriendo camino para su prolífica descendencia. Johnson, un hombre robusto con ojos hundidos, frente alta, y una barba espesa y
poblada que ahora se había vuelto gris, se había unido a una de las
primeras expediciones de exploración a México enviadas por el presidente Taylor, a quien veneraba. Para la década de 1890 se había
obsesionado con la reubicación de su familia en Chihuahua, el lugar
en el cual creía firmemente que ocurriría la Segunda Venida de Cristo. Aunque Chihuahua significa «lugar seco», era rico en acuíferos,
arroyos y algunos de los suelos más fértiles de México, en contraste
directo con sus caminos arenosos y la flora y fauna del desierto.

El linaje de aquellos a los que se hace referencia como «los LeBarón de México»[200] es un intrincado laberinto de matrimonios interre-
lacionados entre los Johnson y los LeBarón que viven en ambos lados
de la frontera entre Estados Unidos y México. La mezcla original de
los pedigríes de Johnson y LeBarón data del matrimonio en 1842
de Melissa LeBaron y Benjamin Johnson. En 1903, cuando Johnson afirmó que Joseph Smith le heredó el manto de líder espiritual,
transfirió ese título a su nieto favorito, Alma Dayer LeBaron, el hijo
primogénito de su hija favorita y su esposo Benjamin LeBaron, el
sobrino de Benjamin Johnson. Esta es la razón por la que el apellido LeBaron, en lugar del Johnson, se convirtió en sinónimo de las
constantes afirmaciones de ser el «Fuerte y Poderoso» hechas por los
hombres de LeBaron en el siglo xx.

Según un relato, los enredados linajes de los clanes Johnson y
LeBaron son el resultado de generaciones de incesto y poligamia.
Como miembros de una fe en la que casarse con el primo hermano
era aceptable y común (si no es que hasta alentado abiertamente
para mantener la pureza de los linajes), la descendencia de las parejas originales de Johnson y LeBaron ascendía a más de 44 000 a
finales del siglo xx, lo que la convertía en «la familia más grande de
América».[201] De hecho, en una reunión de miembros de las familias
Johnson y LeBarón, de México y Estados Unidos, realizada en 2005 en

Utah, 1 200 primos, docenas con nombres idénticos, hicieron fila en el mostrador de registro para recibir calcomanías de colores para distinguirse: un color distinto para cada una de las siete esposas de Johnson. El color verde significaba descendiente de Melissa, «la legítima»,[202] bromeaba la familia, refiriéndose a que la primera esposa en la poligamia es la única que tiene reconocimiento legal. Se reunieron en *This Is The Place Heritage Park,* en Salt Lake City, para honrar a su antepasado, a quien le atribuyen haber ayudado a poblar gran parte del suroeste de Estados Unidos tanto para los SUD como para el imperio fundamentalista mormón. Un descendiente calificó la reunión cuatrienal como «la última batalla de la poligamia», en un momento en que las autoridades federales estaban volviendo a tomar medidas enérgicas contra las comunidades polígamas en Arizona y Utah.

Los LeBaron fueron solo uno de varios clanes fundamentalistas rivales que huyeron a México. «Se les había enseñado que la persecución era su herencia»,[203] escribió Verlan LeBaron sobre su propia familia. Estrechamente unidos por su condición de proscritos, los polígamos incondicionales creían que los mormones que se quedaron en Estados Unidos habían caído bajo el dominio de los falsos profetas. Los líderes de la masacre en Mountain Meadows, incluido Nephi Johnson, buscaron escondites para los perpetradores en las tierras salvajes del oeste de Utah y Nevada. Johnson fundó una colonia en el río Virgin, 32 kilómetros al oeste del actual Parque Nacional Zion, y se dice que fue el primer hombre blanco en entrar en el Cañón Zion. Entre los que fueron a México con grupos más grandes se encontraban varios otros Mountain Meadows Dogs, aunque algunos ya se habían marchado a México a principios de la década de 1870. El norte de México se convirtió en un semillero de asesinos fugitivos y fanáticos religiosos que sentían que habían sido expulsados de sus hogares por la violencia o el ostracismo. Todos creían que la poligamia era uno de los principios más sagrados de Dios, que Estados Unidos era una Babilonia moderna en vísperas de ser destruida y que su nueva Sion en el corazón de la Sierra Madre era un paraíso para el pueblo moderno elegido por Dios. Los hombres LeBaron en particular creían que eran los actores principales «en el final de los tiempos de los paganos»[204] y los «descendientes directos de Jesús y María Magdalena»,[205] como uno de ellos le dijo alguna vez a un reportero de *Los Angeles Times*.

En sus nuevos pueblos, los expatriados levantaron astas y saludaban la bandera mexicana. Plantaron sicómoros, nogales, olmos y sauces llorones para tener una sombra de rápido crecimiento, álamos y álamos de Lombardía para protegerse contra el viento, acacias de madera dura para fabricar los mangos de palas y azadones, así como melocotoneros, albaricoques, granados, higos, ciruelos, pecanas, manzanos, perales y cerezos. Sus huertas abundaban en calabazas, maíz, frijoles, papas, cebollas y zanahorias. Cavaron pozos y canales, construyeron sistemas de riego, molinos de viento y una represa en el río Casas Grandes. Erigieron iglesias, escuelas y hogares que se parecían a los de los pueblos mormones que habían dejado atrás en Utah y en otros lugares. Sus abundantes fincas, huertas y viñedos bien cuidados, y sus rebaños de ganado bien criado y caballos de sangre caliente eran la envidia de sus vecinos mexicanos cada vez más alienados.

Algunos polígamos, como William George Baker, el hijo de Jean Rio, que no quería irse de Utah, enfrentaron decisiones difíciles sobre el futuro de sus familias. Baker se sentía molesto porque la misma iglesia a la que se había dedicado fielmente durante cincuenta años de su vida ahora lo llamaba adúltero criminal; y porque, además, ahora Nicolena, su segunda esposa, era considerada una concubina, y a los ojos de la iglesia y la ley, los diez hijos que tuvo con ella eran bastardos. Cuando su esposo, de quien dependía para que la «ayudara a atravesar el velo» hacia la liberación eterna, se escondió como fugitivo de los alguaciles estadounidenses, Nicolena tuvo que luchar por cuidar de su familia. «Lo normal era que los esposos dividieran sus propiedades y efectivo entre sus varias familias y continuaran cuidándolas económicamente»,[206] escribió una de las hijas de Nicolena. «Es más fácil imaginar los resultados de eso que describirlos. Significaba que muchas esposas, junto con su progenie, dependían casi por completo de sus propios recursos».

Nicolena tenía una vaca lechera, una yunta de caballos, una buena huerta, un campo de alfalfa, un jardín y un potrero. Mientras incursionaba en el negocio de la sombrerería y recibía pensionistas, sus hijos se aseguraron de que tuviera leña y pacas de heno para alimentar a los animales. Mientras tanto, la iglesia seguía esperando el diezmo anual (equivalente al 10% de sus escasos bienes).

«No sean indiferentes a mí, ya que regresaré pronto a casa... pero no sería sensato de mi parte volver ahora»,[207] les escribió Baker desde algún lugar desconocido, con instrucciones de que la respuesta a cualquiera de sus cartas fuera sellada dentro de otro sobre dirigido a un pariente no polígamo que vivía en Utah. «Dales mi amor y besos a los niños, y ten por seguro que sigo siendo amorosamente tuyo...».

Sin embargo, mientras Baker mantenía bien a Hannah y a los 13 hijos que tenía con ella, Nicolena se vio obligada a negar la paternidad de sus propios hijos, a quienes mantuvo ocultos de las autoridades.

Un par de años más tarde, Baker regresó a Richfield y se mudó permanentemente con Hannah. El obituario de Baker de 1901 reflejaba su larga prominencia en la comunidad, pero no mencionaba a Nicolena ni a ninguno de los hijos que ella le había dado. Como miles de hijos de polígamos en Utah, fueron desheredados y rechazados por la misma fe que había aprobado e incentivado sus nacimientos.

Brigham Young había llevado a su gente al Valle del Lago Salado precisamente porque era un desierto, un pedazo de tierra que nadie más querría. Una vez allí, su rebaño desarrolló técnicas de riego y otras habilidades de supervivencia necesarias para crear una sociedad próspera en ese entorno. El asentamiento de Utah sentó un precedente para la expansión de los mormones por las tierras desérticas del suroeste de Estados Unidos, donde había pocas personas blancas a fines del siglo XIX. Había pueblos indígenas en la región, por supuesto, y los mormones los despojarían cuando se presentara la oportunidad. Y así como habían domado el desierto de Deseret, harían lo mismo en sus nuevas tierras al sur. La clave, como siempre, era el agua.

La diáspora fundamentalista en México, en la década de 1880, enfrentó muchos obstáculos: temperaturas extremas, inundaciones repentinas y sequías, suelo arenoso y fuertes vientos estacionales. Planearon sus cultivos en torno a la lluvia y el agua subterránea, la cual bombeaban con molinos de viento. En 1885, el primer año de la colonización, las nueve colonias mormonas, siete en Chihuahua y dos en Sonora, incluida la primera, la Colonia Díaz, habían plantado 2 000 árboles de sombra, 15 000 árboles frutales y 5 000 vides. En 1888, aprovechando el río, situado 6 000 kilómetros al sur de la Colonia Díaz, construyeron un canal y con él convirtieron en un valle fértil las 14 000 hectáreas que la iglesia compró para la comunidad. La primera casa de tejas que fue construida en la Colonia Díaz, que también fue la primera de su tipo que se construyó en el estado de Chihuahua, perteneció al nieto de Benjamin Johnson, William Johnson, quien también fue el obispo de la iglesia de las colonias mexicanas.

A pesar de las condiciones adversas, los santos perseveraron, y pronto las diminutas colonias estaban abasteciendo a toda la región con frutas y carne. Pero los colonos eran reservados. Sus granjas, que incluían huertos y viñedos, prosperaron detrás de los muros. Tenían poco contacto con sus vecinos, «que no habían conocido nada más que una pobreza extrema todos los días de su vida, y para quienes el futuro no ofrecía esperanzas de mejorar»,[208] según relataba Thomas Cottam Romney, un historiador y erudito del mormonismo recién llegado. Hijo de Miles Park Romney, el bisabuelo del futuro senador estadounidense Mitt Romney, Thomas Romney escribió, en 1938, el libro *The Mormon Colonies in Mexico*, el cual se considera el primer estudio académico de las colonias mormonas fundadoras en Chihuahua y Sonora, donde él creció.

En el otoño de 1910 estalló la Revolución mexicana. La sangrienta guerra de clases enfrentó a los insurrectos agrarios apasionados contra los autócratas ricos del país y los capitalistas extranjeros. Los indígenas nativos y los mexicanos de la clase trabajadora se levantaron contra las fuerzas militares del gobierno, y la insurgencia se extendió por todo México, especialmente en los estados del norte de la Sierra Madre Occidental, donde los rebeldes, bajo el liderazgo de Francisco «Pancho» Villa, exigieron la expropiación de las tierras de los ricos para redistribuirlas entre los campesinos. Las historias románticas sobre Villa recorrían todo el mundo, historias sobre un legendario héroe revolucionario y sus redadas estilo Robin Hood en las que confiscaba cultivos, ganado y lingotes de oro de los ricos en beneficio de los pobres. Durante el gobierno de 34 años del presidente Porfirio

Díaz, la tierra se había concentrado en cada vez menos manos, con solo 3 000 familias propietarias de casi la mitad del país. Tan solo en Chihuahua, la poderosa familia Terrazas poseía 17 millones de hectáreas. Durante los diez años que duró el conflicto armado, los revolucionarios recuperaron las tierras que originalmente pertenecían a los nativos mexicanos y que habían sido tomadas por el gobierno de Díaz y los terratenientes adinerados, y crearon ejidos, o extensiones de tierra de propiedad comunal para ser utilizadas para el pastoreo y la agricultura.

Al extenderse la Revolución, los colonos mormones no pudieron evitar ser alcanzados y, como era de esperarse, los residentes locales, quienes sentían que se habían apropiado de su tierra, no se inclinaban a darles apoyo o comprensión. Los funcionarios de la iglesia mormona en México declararon ser neutrales, lo cual no impidió que se convirtieran en objetivos de las fuerzas rebeldes, y el presidente mexicano no pudo o no quiso protegerlas. Cuando cayó el gobierno de Díaz y el nuevo gobierno revolucionario estableció los ejidos y redistribuyó la tierra, los mormones se dieron cuenta de que tenían pocos amigos. Los revolucionarios codiciaban el enorme arsenal de armas de fuego fabricadas en Estados Unidos y las grandes casas de ladrillo y piedra de los mormones, y varios de los nuevos líderes militares ya estaban eligiendo las mansiones que esperaban ocupar una vez que los expulsaran del país.

«Parecía haber un plan concertado, tanto por parte de las fuerzas militares como de los nacionalistas, para expulsar a los estadounidenses de México»,[209] según declaró un testigo ante un comité de investigación del senado de Estados Unidos. «Este movimiento condujo a actos de violencia y depredaciones, sin precedentes hasta el momento, contra los ciudadanos estadounidenses… Niños y niñas inocentes fueron brutalmente golpeados y asesinados. Varios oficiales del gobierno mexicano participaron en numerosos estragos para aterrorizar al pueblo estadounidense… para sacar a los "gringos" del país».

Pancho Villa exigió que los mormones pagaran impuestos y a muchos de ellos les confiscó sus propiedades. Según lo describieron más tarde algunos colonos, «era un forajido temible, nos robaba nuestras armas y caballos, y miraba con lascivia a las mujeres».[210] A pesar de sus acciones contra sus correligionarios, Villa fue una figura heroica y emocionante para algunos mormones en México. Un vecino de la Colonia Juárez, recordando el día en que el tren de la tropa de Villa paró en Casas Grandes, comenta: «Cuando el tren se detuvo nos acercamos a verlo. Todo el mundo gritaba "¡Viva Villa!". Mi padre dijo que Pancho Villa quería un trago, así que le di un trago de agua. Llevaba un traje gris y botas lustradas. No me dio la impresión de ser un sucio bandido. Se veía muy bien».

Sin embargo, cualquier esperanza de afinidad fue fugaz. El 28 de julio de 1912 las fuerzas revolucionarias les dieron a los mormones 24 horas para preparar su traslado a Estados Unidos. «Mi madre estuvo cosiendo toda la noche. Solo nos permitían un baúl por persona», recuerda una niña de 10 años. «Para nosotros era un juego. No entendíamos por qué nuestras madres lloraban». Los colonos, que sumaban unos 4 000 en total, se prepararon para su éxodo a Douglas, Arizona y El Paso, Texas. Un periódico de Los Ángeles describió a los mormones de esta Colonia como «las personas más acomodadas de la iglesia, dueñas de grandes extensiones de las mejores tierras agrícolas de todo el país [México], y valoró la propiedad que estaban dejando en México, incluidos los derechos de agua y las mejoras, en casi 8 millones de dólares».[211] Después de que se fueron, los rebeldes saquearon muchas casas mormonas, destrozaron muebles y usaron sus instrumentos musicales como leña. En un órgano destruido, alguien dejó un letrero que decía: «Larga vida a los liberales y muerte a los mormones»,[212] una escena que el historiador Romney comparó con el poema «The Deserted Village», que publicó Oliver Goldsmith en 1770, y en el cual describía el aspecto de una comunidad rural de Irlanda que se había quedado abandonada cuando los residentes fueron exiliados a América. Si bien «es históricamente cierto que fue la intención de las fuerzas rebeldes quedarse con las armas de fuego de los mormones, lo que provocó la migración masiva desde el suelo mexicano»,[213] escribió Romney, «las causas fundamentales se encuentran en las naturalezas contrastantes, las tradiciones, hábitos e ideales de los colonos y sus vecinos; en la envidia y codicia que los nativos desarrollaron durante un largo periodo».

Si bien la mayoría pensó que su regreso a Estados Unidos sería solo un breve interludio, pocos regresarían a México. Sin embargo, algunos sí lo hicieron y entre ellos estaban los LeBaron. «En cuanto se dejó de escuchar el silbato del último tren que llevaba a los refugiados a un lugar seguro»,[214] escribió Romney, «igual que los israelitas de antaño cuando huyeron de Egipto, los colonos empezaron a añorar los "puerros y las cebollas" de su tierra natal». Ninguno estaba más decidido que Alma Dayer LeBaron a no tardar en abandonar las leyes impías de Babilonia y regresar a Sion para reiniciar la construcción de su reino patriarcal.

Después de huir hacia el norte, Dayer, que estaba viviendo en La-Verkin, Utah, tuvo una visión en la que Dios le indicó que guiara a su pueblo de regreso a México, tal como décadas antes lo había profetizado Benjamin Johnson, su abuelo. Dayer, de 37 años, el nieto favorito de Johnson, a quien este había ungido años antes como el «Fuerte y Poderoso», tenía un nuevo sentido de urgencia. Su visión de Dios, relata Verlan LeBaron, uno de los hijos de Dayer, había sido precedida por una visita de Johnson. «De repente, una mano firme lo agarró por el hombro y escuchó a su abuelo gritándole con voz atronadora: "¡Dayer, Dayer, hijo mío, despierta!"».[215] Mientras se sentaba en la cama, Dayer «observó una visión que se extendía más allá de la pared de la habitación. Allí, sentado cómodamente en un hermoso trono, estaba su abuelo, vestido con las túnicas blancas del sacerdocio y con una corona con siete estrellas brillantes en la cabeza. En su mano derecha sostenía un cetro de oro, que descansaba a sus pies y se extendía por encima de su cabeza».

Dayer se dio cuenta de que el cetro representaba la autoridad del sacerdocio de su abuelo y que las joyas de su corona representaban a sus siete esposas: un quórum. Un hombre con dos esposas se considera un varón digno, mientras que un hombre con un quórum de siete o más está destinado a la divinidad. Luego, según Verlan describió más tarde el encuentro divino, Dayer escuchó una «voz penetrante de los cielos, la voz de Dios, que le dijo: "Este también será tu destino si cumples mi ley"», una «ley» que él interpretó como practicar la poligamia.

Dayer convenció a Maud, «una de las respetadas McDonald's de Arizona»[216] que era su esposa desde los 14 años, de que era su responsabilidad seleccionar una segunda pareja para él. Maud, quien era su prima hermana y también la madre de sus ocho hijos, obedeció la orden y eligió como su hermana-esposa a Onie Jones, su niñera adolescente. Después de su matrimonio plural, Dayer, Maud y Onie, los tres mormones devotos fueron rápidamente excomulgados por la iglesia. En la primavera de 1924, para escapar de una orden de arresto, Dayer planeó, junto con sus esposas e hijos, cómo podrían viajar por separado desde el sur de Utah a México. «Hicieron planes apresuradamente»,[217] recordó un miembro de la familia, y su escape fue «orquestado de manera cuidadosa».[218] Su plan funcionó y todos lograron reunirse sin peligro después de cruzar la frontera. Se establecieron en la Colonia Juárez, donde Dayer, junto con sus padres, había pasado su adolescencia antes de la Revolución mexicana. Fundada en el río Piedras Verdes, 265 kilómetros al sur de Deming, Nuevo México, la Colonia Juárez estaba ubicada 24 kilómetros al este del pueblo mexicano más cercano, Nuevo Casas Grandes, y de las famosas ruinas arqueológicas de Paquimé. En algún punto del camino hacia la Colonia Juárez, Dayer y Maud concibieron a Ervil, su noveno hijo, quien se convertiría en el vástago más famoso de su numerosa familia.

La Colonia Juárez había cambiado mucho desde la época en que Dayer había vivido allí. El pueblo estaba prosperando como centro cultural y religioso de los asentamientos mormones parcialmente revividos en México. Con una población de 237 habitantes, «las perspectivas para las cosechas nunca habían sido mejores»,[219] como informó el *Arizona Gazette*, y millones de hectáreas de tierra fértil solo «esperaban el toque mágico de la irrigación en el país»,[220] como lo expresó otro informe contemporáneo. Pero los LeBaron estaban en quiebra, según los vecinos, por lo que Dayer solo pudo comprar dos casas destartaladas de ladrillo en el lado más pobre de la ciudad. El cambio más notable en la Colonia Juárez fue que los habitantes del otrora bastión del fundamentalismo y la poligamia ahora estaban «en contra de la doctrina con celo reformista».[221] La mayoría de colonos que regresaron eran mormones de la corriente principal, que honraban los manifiestos de la iglesia que abolían la poligamia, así que la comunidad excluyó a Dayer como un apóstata excomulgado. «Para la gente de la ciudad Dayer era un chiflado. Incluso los niños del pueblo a veces lo seguían por una de las calles de tierra bordeadas de árboles gritando y balando "B-e-e-e-e-, b-e-e-e-e-, Dayer, el macho cabrío»,[222] aludiendo al hecho de que Dayer, como los machos cabríos que poseía, tenía varias parejas. Sin embargo, Dayer estaba lejos de ser el único que practicaba la poligamia. Casi todas las demás familias de la colonia también eran polígamas, pero los residentes de la colonia hacían una distinción entre los primeros polígamos, aquellos que habían aceptado el matrimonio celestial antes del Manifiesto Woodruff de 1890, en el que la iglesia lo denunció públicamente (aunque lo siguió alentando de manera implícita), y los que llamaron los «nuevos polígamos», como Dayer, quien retomó la práctica después de que la iglesia la convirtió en motivo de excomunión. Esencialmente, los vecinos de Dayer creían que estos últimos habían heredado la práctica.

A pesar de eso, su familia disfrutó por un breve tiempo de su vida en la colonia. Los niños asistían a la escuela, hicieron amigos y participaban en los eventos sociales de la iglesia, o en las reuniones religiosas. Benjamin LeBaron, el hijo primogénito de Dayer y Maud, se destacó en la prestigiosa Academia de la Estaca Juárez. Sin embargo, su estatus de marginados, combinado con el proselitismo escandaloso e incansable de Dayer a favor de la poligamia, llevó a la iglesia a prohibir a los miembros asociarse con los LeBaron, hasta que, finalmente, se le pidió a la familia que abandonara la Colonia Juárez.

Los LeBaron resintieron profundamente el acoso y el ostracismo al que los condenaron sus vecinos polígamos, a quienes consideraban hipócritas. «Eso le rompió el corazón a Dayer, y él y sus hijos nunca lo superaron»,[223] dijo un miembro de la familia sobre el doloroso rechazo. Los mormones que se veían como tradicionalistas, como Miles, el abuelo de Mitt Romney, quien era un polígamo con cuatro esposas, consideraban al excomulgado Dayer como un adúltero que violaba los principios de la iglesia correcta. Romney encabezó los esfuerzos por expulsar a Dayer del asentamiento, diciéndole que la iglesia estaba erradicando con éxito el matrimonio plural. Verlan escribió al respecto lo siguiente: «Mi padre dijo que la iglesia bien podría intentar evitar que el sol saliera por la mañana antes de tratar de detener esa práctica».[224]

«Todos eran buenos chicos, tan buenos como cualquiera»,[225] dijo un lugareño sobre los hijos de LeBaron, «pero cargaron con una gran

presión a lo largo de sus vidas… Eso es lo que estaba mal con todos ellos. Sus padres habían sido excomulgados y se pasaron la vida
justificándose». Pero Dayer simplemente se negó a dejar la Colonia
Juárez, y prefirió soportar su bajo estatus y el oprobio social (que él
veía como persecución) por otros 25 años antes de fundar su propia
colonia, ochenta kilómetros al sureste de ahí. Casi todas las colonias
que los mormones originales fundaron en México habían sido divi-
didas como resultado de la reforma agraria durante la Revolución
mexicana. La epónima Colonia LeBarón en Galeana, un rancho que
la familia llamó la «Nueva Sion», fue fundada en 1944 como una
de las únicas colonias mormonas nuevas establecidas después de la
Revolución. Para los miembros de las otras colonias esta sería conocida como el «hijo bastardo»[226] del mormonismo. Mezclando linajes y
mitologías, los «santos ocultos» de la Colonia LeBarón, como los llamaban los líderes mormones de Estados Unidos, llevarían una vida
aislada y misteriosa, lo que se sumaba a que al parecer en ella había
locura hereditaria.

Dayer dejó atrás, en la Colonia Juárez un exitoso negocio de
frutas y comenzó de nuevo en las veinte hectáreas de terreno que le
asignó el gobierno mexicano. En un movimiento que fue facilitado
por un patrón local llamado Alberto Castillo, Dayer logró adquirir
el Ejido Galeana, una tierra que el gobierno mexicano le había otorgado a la comunidad agrícola local después de la Revolución. Desde
un principio los ejidatarios acusaron a los LeBaron de despojarlos de
las tierras comprándolas ilegalmente. Pero los jueces mexicanos se pusieron del lado de los mormones y, a pesar de las advertencias de que
el gobierno podría quitarles la tierra en cualquier momento y por
cualquier motivo, Dayer «tenía fe en que el gobierno mexicano lo
trataría bien».[227] Se dedicó a limpiar la tierra de árboles de mezquite,
a construir un canal de riego y una casa de campo, y a plantar árboles frutales y una huerta. Inculcó a sus hijos la idea de que los dos
elementos más cruciales para construir el Reino de Dios en la Tierra
eran el regreso de los judíos a Palestina y la obra que se estaba reali-
zando en su Nueva Sion.

Poco tiempo después, algunos amigos fundamentalistas de Utah
se mudaron a México para unirse a la colonia, pero los principales

miembros de la iglesia mormona comenzaron a advertir a los santos que evitaran la empresa de la familia LeBaron. Tal vez la tierra y las esposas eran productivas, pero la Colonia estaba lejos de ser un paraíso. No había electricidad ni agua corriente, y durante años la extensa familia de Dayer vivió en chozas y tiendas de campaña. Lucinda, la hija de 12 años de Dayer, sufría de episodios psicóticos (aunque su familia creía que estaba poseída por espíritus malignos), por lo que la mantenían encadenada en un corral de cabras en donde casi siempre estaba en posición fetal. «La pobreza y el abuso eran demasiado deprimentes»,[228] recordó un miembro de la familia. Por su parte, la hija de un polígamo trasplantado recordó: «En lugar de la tierra de leche y miel prometida por Dayer LeBaron,[229] mi padre llevó a sus esposas e hijos a una tierra de cactus saguaro, escorpiones y serpientes de cascabel»,[230] donde lo único que había para comer eran «ñames, ñames y más ñames». Una joven hija de otro polígamo dijo que el lugar estaba lleno de lo que ella llamaba *rattle day snakes* (serpientes de cascabel).

Amargados por el rechazo de sus compañeros mormones en la Colonia Juárez, los que vivían en la Colonia LeBarón «se sentían espiritualmente superiores»,[231] según un miembro del clan, y Dayer afirmaba tener el manto del sacerdocio de Joseph Smith, el cual le había sido transmitido por su abuelo, Benjamin Johnson. Poco antes de su muerte por envenenamiento con plomo en 1951, Dayer proclamó que había tenido una visión en la que el Señor le dijo que todo el mundo sería bendecido a través de sus hijos. El efecto práctico de esto fue enfrentar a sus siete hijos como rivales por el «manto». Maud había dado a luz a 13 de los hijos de Dayer, y seis de sus siete hijos hombres, Benjamin, Ross Wesley, Alma, Joel, Ervil y Verlan, competirían por ser «el Fuerte y Poderoso», lo que plagaría de violencia la vida de sus descendientes durante el siguiente siglo.

Benjamin LeBaron era el heredero obvio. Con una estatura de casi un metro noventa, era encantador, guapo e inteligente. Una vez, para tratar de probar su autoridad, bajó de su camioneta en un alto, en un concurrido crucero de Salt Lake City, y se puso a hacer lagartijas hasta mucho después de que el semáforo cambió a verde y llegó una patrulla a intentar levantarlo. Su cuñada Irene Spencer, quien escribió sobre el hecho, dijo que cuando los otros conductores empezaron a hacer sonar sus bocinas y el oficial lo enfrentó, Benjamin gritó que era el «León de Israel» y continuó hasta que completó cien lagartijas. «Esto es más de lo que cualquiera puede hacer»,[232] se jactó ante el oficial, «y es una prueba de que yo soy el Fuerte y Poderoso».

En 1948, a la edad de 35 años, se le diagnosticó esquizofrenia y más tarde trastorno bipolar. Fue internado en el hospital del estado de Utah, y con esto el número de hijos de Dayer que competían por el título se redujo a seis. Cuatro años después de la muerte de Dayer, el 19 de febrero de 1951, Joel Franklin LeBaron, su hijo de 32 años y de voz suave, repentinamente se declaró «el verdadero representante de Cristo en la Tierra».[233] Ese mismo año, en 1955, Joel fundó la Iglesia fundamentalista del Primogénito del Cumplimiento de los Tiempos, se nombró presidente de esta y nombró patriarca y líder espiritual a su hermano Ervil. Fue entonces cuando comenzó el verdadero problema.

«Ver a hombres compitiendo por el poder es como jugar al "botón, botón, quién tiene el botón"»,[234] escribiría la segunda de las diez esposas de Verlan LeBaron en el libro *Cult Insanity*, que publicó en 2009. Ella misma conocería a más de una docena de hombres que reclamaban el título. «Me sorprendió cómo todos los líderes parecían usar las mismas escrituras para demostrar su derecho a ejercer poder sobre la vida de otras personas».

CAPÍTULO CINCO

«¿ESTOY A PUNTO DE TENER A UN CAÍN EN MI FAMILIA?»

Their mother was grief stricken
Oh how she loved them both
Now one has killed the other
To kill more he's made an oath …
Should he be found guilty
And by law condemned to die
His blood spilt on the ground
May atone for him on high.

VERLAN LeBARON
21 DE AGOSTO DE 1979

MUCHOS DUDARON de que el discreto Joel LeBaron pudiera convencer a los seguidores de que él era «el Fuerte y Poderoso», o de que era un profeta que había recibido las revelaciones divinas. Muchos se burlaron de su nueva Iglesia de los Primogénitos y la llamaron la «Iglesia de los Mortinatos». Según uno de los miembros primogénitos, fue un asunto familiar, con Ervil como el experto que «conocía e interpretaba las Escrituras mormonas de principio a fin»,[235] y como el patriarca de la nueva iglesia, con los otros hermanos actuando como apóstoles bajo la autoridad de Joel y Ervil. El primero envió a misioneros por todo México y al suroeste de Estados Unidos a anunciar sus profecías y a llamar a posibles seguidores a acudir a la Colonia LeBarón a vivir bajo «las leyes de la libertad», basadas en los Diez Mandamientos y las enseñanzas «puras» de Joseph Smith. Joel afirmaba que había sido Dios quien le dio la categoría de divinidad, que al principio le había asignado a Adán, quien la transmitió a Moisés, este se la asignó a Jesús y de él pasó a Smith, quien la recibió de Juan el Bautista y la transmitió a Benjamin Johnson, de quien pasó a Dayer LeBaron, y finalmente a él a través de la imposición de manos.

Joel convocó a todas las «naciones de Babilonia»[236] para que se reunieran en su reino, donde, como alguien describió, «los linajes de los nuevos conversos se fusionarían con la propia sangre real de Joel», y donde serían «sumergidos en el agua de los hermosos manantiales bautismales de Galeana».[237] También estableció una oficina en Salt Lake City, desde la cual dirigió un proselitismo audaz y agresivo entre los mormones principales. El impulso más significativo para la iglesia se produjo en 1958 con la conversión de un grupo de misioneros mormones de Francia. La misión francesa, compuesta por los hijos e hijas de familias mormonas estadounidenses prominentes, fue considerada la más sofisticada de las misiones de la iglesia de cualquier parte del mundo. Como describió uno de sus descendientes «No solo predicaron las Escrituras, sino que exploraron a fondo los principios y doctrinas de la iglesia».[238] (Ocho años después de la conversión del grupo, Mitt Romney se convertiría en misionero en la misión francesa).

El líder del grupo disidente de misioneros era un converso mormón de 20 años llamado William P. Tucker, que estaba planeando ingresar a un programa de doctorado en la UCLA cuando fue llamado a ser misionero en París y servir como consejero del presidente de la misión, «el mayor honor para cualquier misionero».[239] Cuando un amigo de Salt Lake City le envió a Tucker una copia de *Priesthood Expounded*, la «Biblia de los primogénitos» de 56 páginas escrita por Ervil para exponer el reclamo de Joel sobre el manto divino, Tucker quedó intrigado. El panfleto rastreaba todo su linaje, desde Adán hasta Joel como «el Fuerte y Poderoso», y Tucker se convenció de que era cierto, especialmente después de que la iglesia mormona excomulgó a Joel con base en lo que consideraban afirmaciones blasfemas en el tratado. Tucker pronto apostató y convenció a ocho de sus compañeros misioneros en Francia para que se unieran a él. Todos fueron excomulgados en un juicio de la iglesia en Londres, un caso que inquietó hasta los niveles más altos del establecimiento de los SUD. «Nunca antes había sucedido algo así»,[240] dijo un miembro del tribunal de excomunión. «El hecho tuvo un impacto asombroso, eléctrico, en la iglesia. Todos los líderes estaban en estado de shock y se consideró como una tragedia familiar».

Los rebeldes regresaron a Estados Unidos a bordo de un carguero griego, para después dirigirse casi todos a la Nueva Sion en la Colonia LeBarón. Según contó alguien, estaban «eufóricos».[241] «Dedicados a sus nuevos ideales y anclados en su fe, prosiguieron en su búsqueda» para unirse a la iglesia de Joel.

Las autoridades de los SUD percibieron a los LeBaron como una «seria amenaza»,[242] si no es que como una amenaza declarada, y comenzaron a monitorear sus actividades. LeRoy Hatch, un mormón y el único médico que atendía a las colonias mexicanas en la década de 1960, se convirtió en informante de Salt Lake y les dijo a los líderes de la iglesia que temía que los Primogénitos fueran racistas y potencialmente violentos contra sus vecinos mexicanos e indígenas, a pesar de que ambos eran considerados lamanitas y su conversión fue fundamental para las profecías originales de Joseph Smith. «Usaban el término "lamanitas" indistintamente, ya que creían que todos los mexicanos tenían sangre indígena»,[243] dijo un miembro Primogénito y, como todos los mormones, creían que estos lamanitas liderarían el Ejército del Señor durante su Segunda Venida una vez que se hubieran convertido en «personas blancas y deleitables»,[244] como se establece en el *Libro de Mormón*. Dayer LeBaron padre había ordenado a todos sus hijos que se casaran con mujeres mexicanas sin preocuparse por la pureza de sus propios linajes, la cual, según él, continuaría a través de sus matrimonios plurales con mujeres blancas. El historiador Thomas Cottam Romney escribió que él creía, como sus compañeros mormones mexicanos, que los fundadores de las primeras colonias «representaban la mejor sangre de la Iglesia»,[245] ya que eran descendientes de «la estirpe nórdica de Europa», que había «heredado un rico legado genético».

De acuerdo con un relato de Hatch, la única que se opuso a esto fue la madre de Joel, Maud LeBaron, quien no deseaba que su esposo o alguno de sus hijos se casaran con «paganos y asumieran la "maldición de la piel"»,[246] pero a pesar de eso cada uno de ellos se casó con mujeres mexicanas. Hatch informó también que trató a muchas de las esposas mexicanas de la colonia y se dio cuenta de que todas eran golpeadas por sus esposos, especialmente las de Ervil, quien «golpeaba a sus dos esposas mexicanas, mientras que a las estadounidenses nunca les levantó la mano».[247] Esta afirmación fue cuestionada por al menos una de las esposas estadounidenses de Ervil, quien afirmó que igual abusaba de ella. También dijo que los hombres de LeBaron solían azotar a todas sus esposas para mantenerlas a raya.

Hatch advirtió, además, que era muy posible que también hubiera violencia dentro del propio clan LeBarón, al que describió como «un nido de culto».[248] Dijo haber observado a los siete hijos de Dayer compitiendo para reclamar las llaves del reino, y estaba especialmente preocupado por la tempestuosa personalidad de Ervil.

La Iglesia del Primogénito de Joel creció rápidamente y se expandió a Baja California, México y San Diego, California. Los nuevos miembros consagraron sus propiedades y pronto la iglesia prosperó tanto como para poder invertir en una fábrica de queso, un rancho de ganado, un negocio de madera y una operación de extracción de oro: «un proyecto desafortunado tras otro»,[249] lo que los llevó a la quiebra y, como consecuencia, a adquirir una deuda que perseguiría al clan a lo largo de las próximas décadas.

Ervil era un devoto de lo más apasionado, que aceptó su papel como líder espiritual y a la larga eclipsó la posición de su hermano. Ervil, de un metro ochenta de estatura, cien kilos y ojos verdes, parecía irresistible para las mujeres, tenía el atractivo de una estrella de cine y el carisma de un estafador. Era el más alto de los «chicos» LeBaron, «podía blandir un azadón y arrancar un tocón de mezquite profundamente incrustado con una fuerza que dejaba admirados a los nativos que trabajaban junto a él»,[250] escribió su hermano Verlan. Sin embargo, una vez que fue nombrado patriarca en la iglesia de Joel, el trabajo manual se convirtió en cosa del pasado.

El estilo de vida de Ervil era todo lo contrario a la humildad y austeridad del de Joel. «Hace solo unos días, Ervil llegó a la ciudad conduciendo un auto nuevo. Estaba bien vestido. Un día en que Joel regresó de predicar en Sonora, su esposa, Magdalena Soto, le comentó: "Estoy segura de que tu hermano se estuvo hospedando en buenos hoteles. Y tú, que eres el líder de la iglesia, regresas a casa con este aspecto, exhausto después de viajar dos días y noches en un autobús"».[251]

Ante los ojos de sus hermanos, las actividades de Ervil se volvieron cada vez más problemáticas, y su flagrante postura de supremacista blanco llevó a conflictos destructivos con sus vecinos. «Reemplazó los pantalones de mezclilla desteñidos... por pantalones hechos a la medida, y empezó a usar camisas de vestir y zapatos bien lustrados»,[252] dijeron. Ervil hizo planes para construir un gran hotel, casino y puerto deportivo en Los Molinos, en la costa del Pacífico, 290 kilómetros al sur de la frontera con California, donde la iglesia de Joel estaba construyendo una segunda colonia mexicana. Ervil vendió pozos y tierras pertenecientes a la familia LeBaron a personas extrañas a la iglesia, y con frecuencia se le veía jugando en Las Vegas, Nevada, la Babilonia por excelencia. Incluso algunos de sus acólitos personales fueron detenidos por narcotráfico en el asentamiento de Primogénitos de Los Molinos. Comenzó hablando de su derecho al sacerdocio para usurpar a Joel, y anunció que iba a crear «un gran proyecto económico» que generaría millones de dólares, «de dólares, no pesos»,[253] para la jerarquía eclesiástica. «Pondremos señales en la carretera para que los paganos vengan aquí y nos dejen su dinero», le dijo a un apóstol influyente. Durante una disputa por los derechos de agua con los vecinos de la Colonia LeBarón, «Ervil habló de traer tanques, bazucas y artillería pesada para enfrentar a los transgresores»,[254] recordó DeWayne Hafen, un mormón de quinta generación y primogénito converso que se ordenó sacerdote en la iglesia de Joel.

«Había tratos por esposas, mujeres, dinero, tierras», dijo Hafen. «Mucha gente llegó a decirme que era un maldito tonto. Todo el mundo... estaba negociando algo. Yo no estaba negociando nada». Más tarde, Hafen desertó de la Iglesia del Primogénito para seguir a Ross Wesley LeBaron, el hermano mucho mayor que Joel y Ervil, quien afirmó ser él quien en realidad poseía las llaves del sacerdocio y comenzó a formar su propia iglesia en Utah, en la que la restauración del evangelio incluía conversaciones con ovnis y seres extraterrestres.

Que Ervil considerara que su comportamiento poco ético, si no es que hasta criminal, era justificable, alarmó al círculo íntimo de Joel. Las acciones más perturbadoras de Ervil tenían que ver con los asuntos domésticos de los seguidores de la iglesia. Les dijo a las jóvenes que él tenía el «deber sagrado de colocarlas con el hombre que eligiera»,[255]

escribió Verlan, y «con demasiada frecuencia, se elegía a sí mismo».
Los informes de cómo solía seducir a niñas menores de edad se hicieron omnipresentes. «Ervil llegó al punto en que podía obtener una
revelación para casarse con una chica más rápido y con más frecuencia de lo que nadie podría imaginar». Usó a sus propias hijas como
regalos para recompensar a sus seguidores masculinos más devotos,
mientras insistía en que sus hijos fueran a Babilonia, Estados Unidos, para encontrar esposas, en lugar de competir por mujeres jóvenes con los patriarcas mayores de la colonia.

Ervil pronunció frecuentes discursos sobre «sangrar a la bestia»,
como acostumbraban llamar a la tradición entre los fundamentalistas de estafar al gobierno de Estados Unidos a través de la evasión
de impuestos y el fraude a la asistencia social. También disertó sobre
la expiación de sangre y el uso de la fuerza contra los enemigos de la
iglesia. Hizo una lista de condenados a muerte por quebrantar lo que
llamó «la Ley Civil de Dios»,[256] la cual incluía al presidente John F.
Kennedy, junto con el primer ministro de Israel y el presidente de la
iglesia mormona. La lista se mantendría en secreto durante más de
una década. La prédica de Ervil contra Estados Unidos se hizo cada
vez más feroz; hablaba de su ejército de Primogénitos asesinando
a altos funcionarios del gobierno estadounidense, además de otras
amenazas terroristas. Su retórica fue tan alarmante que incluso llevó
al FBI a considerar brevemente a algunos Primogénitos como sospechosos del asesinato de Kennedy. Un informante del FBI comunicó
que un líder Primogénito, conocido como el «Ángel Vengador», po-
siblemente Ervil, había estado planeando desconocer a la autoridad
civil y destruir los sistemas de comunicaciones y los servicios públicos de Estados Unidos. Una vez que eso sucediera, como pueblo
elegido de Dios, los Primogénitos cumplirían la Profecía del Caballo
Blanco y uno de ellos se convertiría en presidente, les decía a sus
seguidores. Tiempo después Dewayne Hafen confesaría haber sido
contactado por agentes de la policía de Salt Lake City, el FBI y el
Servicio Secreto para que les diera información sobre Ervil.

La ruptura entre Joel y Ervil parecía inevitable, y en noviembre
de 1969 Joel destituyó a Ervil como segundo al mando de la iglesia.
La destitución de Ervil como patriarca, y su excomunión 18 meses

después, dividió a los seguidores de la secta, que sumaban aproximadamente treinta familias. Proclamando que «el Fuerte y Poderoso» era él, no su hermano Joel, el mesiánico Ervil fundó la Iglesia del Primogénito del Cordero de Dios y se nombró a sí mismo presidente, diciéndoles a sus seguidores que «tal vez tendrían que matar a ese hijo de puta»,[257] refiriéndose a su hermano. Abogó por revivir oficialmente la expiación de sangre, la cual Joel había repudiado en su Iglesia de los Primogénitos, y dejó en claro a su rebaño que, si su hermano quería ser salvado en el más allá, tenía que ser ejecutado por el pecado de hacerse pasar como el profeta. La expiación de sangre, dijo Hafen, se aplica porque «hay ciertos crímenes tan grandes que solo derramando tu propia sangre te pueden ser perdonados». «O te quitas la vida o te ofreces como voluntario para que te maten. Y en este caso la elección deber ser la muerte violenta, no la horca, por ejemplo, pues la expiación requiere que se derrame sangre».

Ervil se acercó a su hermana Esther, una viuda frágil que había sufrido dos ataques de nervios y estaba tratando de mantenerse neutral en la disputa familiar. El acercamiento fue para intentar persuadirla de que invirtiera en sus proyectos en Los Molinos, pero ella se horrorizó cuando le dijo que estaba comprando botes de pesca que podrían usarse para arrojar los cadáveres de los ejecutados. Le habló también de que pensaba meter los cuerpos en cajas de cemento selladas para que se hundieran, y que él estaba creando la empresa que las fabricaría, además le explicó «cómo se encargarían de los cadáveres para que nunca se encontraran pruebas ni rastro de ellos».[258] Ella estaba atónita por el deleite con el que su hermano hablaba de esos planes sanguinarios. Cuando tiempo después recordó esa conversación, dijo: «Sentí que se me heló la sangre al escuchar esas palabras».

En septiembre de 1971 los enemigos de Ervil en la Colonia LeBarón, incluido Earl Larsen Jensen, el apóstol de Joel, comenzaron a recibir amenazas de muerte firmadas por La Mano Negra,[259] un escuadrón de la muerte conformado por mexicanos de derecha. Jensen había sido criado como mormón en Ogden, Utah, y había hecho una distinguida carrera diplomática y de inteligencia en el gobierno de Estados Unidos, ya que había trabajado para el FBI y la CIA, y de 1954 a 1956, antes de unirse a la iglesia de Joel, había servido como agregado de seguridad en la embajada de Estados Unidos en Tel Aviv.

Rico, educado y mundano, Jensen era considerado una joya en la corona de conversos de Joel. En 1958 la iglesia mormona lo había enviado a la ciudad de Nueva York para encontrarse con el carguero que transportaba a los apóstatas de la misión francesa, con órdenes de desprogramar a una, su propia cuñada. Sin embargo, no solo no cumplió con su misión, sino que fue persuadido por William Tucker, el encantador cabecilla de los apóstatas, para unirse a la Iglesia del Primogénito. Después de eso Jensen y Carol, su esposa, se mudaron a la Colonia LeBarón. Irene Spencer, la segunda esposa de Verlan, recordando el momento en que vio a Carol por primera vez, comentó:

> Nunca olvidaré lo majestuosa que se veía con su cabello rubio teñido, peinado y recogido sobre su cabeza. Tenía puesto un vestido de seda que se le veía divino. Sabía que sus costosos tacones altos pronto se arruinarían por caminar por los caminos de grava. Para mí, ella parecía una princesa de cuento de hadas. La mayoría de nosotras vestíamos ropa de segunda mano que no nos sentaba bien, al igual que nuestros miembros mexicanos.[260]

Jensen construyó en el primitivo puesto de avanzada una extensa hacienda de dos pisos, de estuco blanco con un techo de tejas rojas, con electricidad y el primer inodoro. La obra maestra de la colonia, la casa, que incluso contaba con los pisos de terrazo que tanto le gustaban a Carol Jensen en Israel, era custodiada por una jauría de perros pastor alemán de raza pura.

Jensen ocupaba un lugar tan alto en los principales círculos mormones que los hermanos de la iglesia lo habían estado considerando como un posible candidato presidencial cuando se cumpliera la Profecía del Caballo Blanco. Su deserción en favor de los LeBaron les dolió. «Era considerado el embajador de buena voluntad de los lamanitas, quienes agradecían los trabajos que él les proporcionaba»,[261] recordó un miembro de la familia. «Gracias a él todas las esposas estadounidenses de la colonia habían contratado empleados domésticos, lo que mejoró su vida y la de las mexicanas por igual». Dentro de la Colonia LeBarón, el hecho de que Jensen recibiera las amenazas de muerte de Ervil hizo que estas fueran tomadas más en serio.

Ervil ordenó a dos miembros de 18 años de su iglesia que lo persiguieran y lo ejecutaran. «Dios me está hablando ahora»,[262] les dijo Ervil: «Él les está ordenando que usen plomo caliente y acero frío».

Una de las hijas pequeñas de Joel recordó: «Cada vez que recibíamos una nueva amenaza, mamá nos decía que mantuviéramos las puertas cerradas con llave. También nos decía: "Y si no estoy en casa y escuchas disparos y explosiones, toma a tu hermanito y corre hacia los melocotoneros, cúbrelo y acuéstate con él en el suelo para que nadie te vea". El tío Ervil era como un fantasma que nos rondaba».[263]

Maud, la madre de Ervil y Joel, estaba angustiada por la ruptura entre sus hijos. Sentía temor por las amenazas verbales y los ataques físicos de Ervil contra su hermano. «Querido hijo Ervil»,[264] le escribió el 24 de septiembre de 1971 al hombre que creía ser su hijo favorito. «Tu padre se acercó a mi cama y me dijo que estabas a punto de manchar tus manos con sangre inocente… Imaginar que él te dio alguna autoridad es una mentira… Yo sé a quién le dio tu papá la autoridad. No tenía confianza en ti. Me temo que perdiste la cabeza, tienes un espíritu vengativo y ansioso de asesinar». En un intento desesperado por disuadirlo, también le reveló que su propio padre, al igual que Benjamin LeBaron y ahora Ervil, habían escuchado voces en su cabeza que los guiaron por un camino peligroso y mortal. «Maud culpaba con frecuencia a su esposo Dayer por la vena de locura que perseguía a la familia»,[265] recordó un pariente de la colonia, «pero todos sabían que esta se debía a que Maud y Dayer eran primos hermanos».

Un mes después volvió a apelar a Ervil. «Tu padre te lo advirtió y yo también te lo advierto. Ervil, sé otro Paul»,[266] refiriéndose al apóstol bíblico que sirvió como interlocutor pacífico. Sus cartas llegaron a oídos sordos y Ervil continuó su camino de venganza. Consternada por sus manifiestos escritos, que promovían la expiación de sangre, el 3 de noviembre de 1971 le escribió: «¡Sabes que es mentira que Joel es un profeta caído! ¿Cómo vas a superar la vergüenza de ser el autor de la mayor mentira jamás contada…? ¿Estoy a punto de tener un Caín en mi familia?».

Temiendo por sus vidas, varias familias de los Primogénitos de Joel huyeron de la Colonia LeBarón y Los Molinos hacia Estados

Unidos. Ervil declaró apóstata a Joel, y la intensidad de sus amenazas creció cuando publicó panfletos vitriólicos, incluida una obra de 82 páginas titulada *Priesthood Revealed*. «Estaba de lo más paranoico»,[267] recordó Alice, una de sus docenas de hijos. «Verlan y Joel serán ejecutados», despotricó Ervil hablando con su cuñada Irene Spencer.

La mañana del domingo 20 de agosto de 1972, Joel fue a Ensenada, que estaba a una hora en automóvil al norte de Los Molinos, para recoger su sedán Buick morado de 1966, que había llevado a reparar. Planeaba recoger su auto de la casa de su mecánico, Benjamín Zárate, un antiguo miembro de los Primogénitos que recientemente le había dado su lealtad a Ervil. Cuando Joel llegó a la casa de Zárate, solo estaba su hijo, quien le dijo que su padre se había mudado y se había llevado la llave del Buick. También estaba otro miembro de la nueva congregación de Ervil y los dos comenzaron a discutir con Joel sobre las Escrituras, mientras este intentaba sujetar una barra de remolque al Buick. La discusión se acaloró y el hijo de Zárate y el otro hombre se fueron poniendo cada vez más agitados. Uno de ellos le dijo a Joel en tono burlón: «¿Por qué no entras a la casa y me predicas?».[268] Iván, el hijastro de 14 años de Joel, quien lo había acompañado a Ensenada, se quedó en el patio mientras este entraba a la casa. Unos veinte minutos después, Iván escuchó una pelea adentro y a uno de los hombres gritar: «Mátenlo», lo que fue seguido por dos disparos. Joel murió al instante al recibir primero un disparo en la garganta y luego varios más en la cabeza».

En la Colonia LeBarón no había teléfonos, el único que había estaba en Galeana, no muy cerca de ahí, por lo que la noticia del asesinato de Joel se supo hasta las nueve de la noche. Un mensajero llevó la terrible y aterradora noticia de la muerte del profeta a la casa de Magdalena, su primera esposa. Cuando apareció el mensajero, Adrián, el hijo de 11 años de Joel, estaba tocando su guitarra y cantando a la luz de la luna. «Todos sabían que era Ervil quien había ordenado asesinarlo»,[269] recordó Verlan. Ervil era el Caín mormón, que había matado a su hermano por un derecho de nacimiento que le había sido negado. «Algunas personas no me toman en serio hasta que ven correr sangre»,[270] se dice que comentó Ervil en ese entonces. La muerte provocó pánico en la comunidad, ya que los miembros de la familia empezaron a especular sobre quién sería el siguiente a quien Ervil ordenaría asesinar.

El cuerpo de Joel fue trasladado en un avión Cessna 410 al aeródromo de Casas Grandes para ser enterrado en la Colonia LeBarón. Su hijo homónimo, Joel Francisco LeBarón Soto, acompañó el ataúd de bronce. «Qué solemne fue cuando, llorando, entregó a su madre y a sus hermanos y hermanas menores el cuerpo de su padre asesinado»,[271] recordó Verlan. Las siete viudas y los 44 hijos de Joel rodearon el ataúd durante su funeral. «Él está con Abraham, Isaac y Jacob»,[272] dijo Siegfried Widmar, uno de los miembros más prominentes de la iglesia, dirigiéndose a una multitud que apenas cabía en la pequeña iglesia comunitaria. «Él está con Abel… Él está con Juan el Bautista y Jesucristo, y con Joseph Smith».

El elegido para asumir el cargo de líder de la iglesia porque había sido su presidente fue Verlan, pero todos, incluso él, reconocieron que su papel sería el de un mero apoderado. Sabía que no tenía derecho legítimo al manto, ni ningún don de profecía. A pesar de sus nueve esposas y más de cincuenta hijos, y de que era un hombre de tanta generosidad y responsabilidad, tenía escasas habilidades de liderazgo. «Él es un príncipe, no un profeta»,[273] dijo una de sus esposas.

El asesinato de Joel LeBaron, de 49 años, fue solo el comienzo de la despiadada campaña de Ervil, y el primero de los 33 asesinatos conocidos que cometió; el número real puede haber sido tan alto como cincuenta. Ervil ordenó, al estilo de la mafia, propinar golpizas a muchos líderes polígamos que eran sus rivales y apóstatas de su iglesia, a quienes llamó «hijos de la perdición», invocando la expiación de sangre y proclamándose a sí mismo como «el vengador de Dios». Para los seguidores de Joel, el último profeta antes de la Segunda Venida de Cristo era su líder asesinado, y se suponía que era inmortal. Como relató un seguidor de Ervil, «el hecho de que la mano del Señor descendiera sobre Joel, lo animó a autoproclamarse como el Fuerte y Poderoso.[274] Después de que la sangre expiara con éxito a Joel, Ervil pensó que había demostrado que Joel era mortal y, por lo tanto, un falso profeta, y que, como consecuencia, la mayor parte de los Primogénitos caería naturalmente en su regazo».[275] Cuando eso no sucedió, Ervil huyó de México a Estados Unidos para evitar ser arrestado en relación con el asesinato de su hermano. Luego maniobró para apoderarse de las ramas fundamentalistas de la iglesia mormona en ambos países. «Todos en la colonia querían venganza»,[276] dijo un familiar en la Colonia LeBarón.

Con una lista negra en la que estaban incluidos sus demás hermanos y un manifiesto incoherente que tituló *Hour of Crisis-Day of Vengeance*, Ervil también anunció que no solo matarían a sus hermanos, sino también a otros hombres adultos en la Colonia LeBarón. En la parte superior de su lista negra estaba su hermano Verlan. La muerte de Joel había demostrado lo serias que eran las amenazas de Ervil y la Colonia LeBarón entró en alerta máxima. El día del asesinato, los matones, después de matar a Joel, también fueron a buscar a Verlan a las casas de tres de sus esposas, pero no lo encontraron. Ante esa situación, las fuerzas del orden público mexicanas se apresuraron a alertar sobre las amenazas y las acciones de Ervil a los líderes mormones de Utah, así como a los líderes de los numerosos grupos fundamentalistas de ambos lados de la frontera.

Para ocultarse, Verlan viajó entre Estados Unidos, México y Nicaragua mientras esperaba que las autoridades mexicanas detuvieran a Ervil. En la noche del 26 de diciembre de 1974, un convoy de devotos de Ervil realizó una incursión al estilo paramilitar en el bastión de Verlan en Los Molinos; antes de sacar sus rifles empezaron por arrojar cocteles Molotov a las chozas de adobe del asentamiento. Durante los veinte minutos que pasaron desde que comenzó el ataque, los «ervilistas» lanzaron bombas molotov contra las casas, dejando dos muertos y 13 heridos. Mientras tanto, Verlan estaba fuera de la ciudad.

Verlan pasaría años con la amenaza de ser asesinado pendiendo sobre él. «Desde la muerte de Joel mi vida ha sido un movimiento constante»,[277] escribió en 1981, casi una década después del asesinato de su hermano.

Consciente de las amenazas en mi contra, he tratado de evitar las balas de los asesinos sin dejar de cumplir mis deberes como presidente de la iglesia que inició Joel, y, al mismo tiempo, sin dejar de mantener a mi numerosa familia… Me han dicho que más de una docena de hombres y mujeres tienen órdenes estrictas y pactadas de matarme en cuanto me vean, sin preocuparse por las vidas de quienes estén cerca de mí cuando abran fuego.

Aunque los periódicos estadounidenses informaron del asesinato de Joel, como era un líder poco conocido de una pequeña secta religiosa, en términos generales no se le dio demasiada importancia a la noticia. El FBI estaba confundido por las conexiones de los LeBaron con las colonias fundamentalistas mormonas en Colorado City, Arizona, y Hildale, Utah, así como con otras comunidades polígamas en Estados Unidos. Un agente dijo: «En el momento en que te involucras en esto, entras a otro mundo… en el que te topas con sorpresas por doquier».[278] Pero en Utah «otros oficiales consideraron el ataque como algo portentoso»,[279] por lo que Spencer W. Kimball, el presidente de la iglesia, fue puesto bajo intensa vigilancia. A esas alturas, Ervil estaba proclamando un plan para apoderarse de la iglesia mormona, derrocar al gobierno mexicano y luego conquistar el mundo. Para empezar, amenazó a todos los presidentes estadounidenses en las décadas de 1960 y 1970 (John F. Kennedy, Lyndon Johnson, Richard Nixon, Gerald Ford y Jimmy Carter), así como al famoso evangelista Billy Graham, por lo que puso en alerta máxima al Servicio Secreto de Estados Unidos.

En Estados Unidos, Ervil fundó una organización de fachada llamada Sociedad de Patriotas Estadounidenses (Society of American Patriots), irónicamente abreviada como SAP, señaló un periódico estadounidense. Entre las actividades de la SAP estaba la distribución de literatura incendiaria, donde se repetía la retórica de los neonazis, el Ku Klux Klan, la Nación Aria y la Posse Comitatus. Las diatribas publicadas por la SAP, distribuidas desde un apartado de correos en South Pasadena, California, denunciaban a «la malvada Babilonia».[280] El grupo expresó la panoplia habitual de agravios de la extrema derecha: impuestos gubernamentales, programas de asistencia social, prensa y control de armas. Los ciudadanos estadounidenses leales fueron llamados a «levantarse y militar para librarse de la esclavitud»[281] que representaba la corrupción gubernamental. La SAP amenazó a

México con una invasión del ejército de Estados Unidos, aparentemente porque «la libertad y la justicia estaban siendo violadas por fanáticos depravados y funcionarios [mexicanos] corruptos». Luego afirmó que la presidencia de Carter era ilegítima y anunció: «Preferiríamos que se le aplicara la pena de muerte a Jimmy Carter que verlo seguir adelante». Los propios escritos de Ervil, impregnados de profecía y amenazas apenas disfrazadas, eran la pesadilla de un gramático. Pero al parecer la forma disparatada en que escribía seguía cierta lógica y era intencionalmente complicada, ya que los agentes del Servicio Secreto tuvieron que admitir que, dada la naturaleza de su prosa, sería difícil condenarlo.

Sin embargo, hubo un periodista, el columnista mormón Jack Anderson, que captó inmediatamente la gravedad y el significado de la historia. Anderson, un sensacionalista legendario que había heredado la famosa columna sindicada de Drew Pearson en Washington, D. C., *The Washington Merry-Go-Round*, se había abierto paso en el gremio treinta años atrás al denunciar a un grupo polígamo de Utah no relacionado con los LeBaron.

En 1976, cuatro años después de la muerte de Joel, Anderson escribió sobre el asesinato en su columna, que apareció en casi mil periódicos de todo el país, atrayendo la atención del público. Como Anderson explicó más tarde en una de sus memorias, los «cultos» polígamos de la década de 1970 «parecían exigir más de sus miembros y dar menos. Escuché historias sobre discípulos que desaparecían, líderes que se enriquecían, niñas intimidadas y esposas subastadas».[282] Escribió una serie de columnas sobre el «baño de sangre» que siguió a la muerte de Joel y apodó a Ervil LeBaron «el Manson Mormón», en referencia al estadounidense Charles Manson, el infame líder de una secta.

Rulon Allred, un popular osteópata de Salt Lake City y líder de los Hermanos Unidos Apostólicos (Apostolic United Brethren o AUB) de Utah, Colorado y Arizona, el segundo grupo de fundamentalistas mormones más grande de Estados Unidos, estaba en la mira de Ervil. El Grupo Allred, como se le llamaba, había estado aliado con los LeBaron durante décadas. Joel y Ervil se habían bautizado en el grupo antes de separarse de sus propias iglesias, y algunas de las siete esposas de Verlan estaban emparentadas con el Grupo Allred.

«Vivimos en la última dispensación en la plenitud de los tiempos»,[283] le dijo Rulon Allred a Dorothy Allred Solomon, una de sus hijas, en respuesta a las amenazas de Ervil contra él. Algunos de los LeBaron se han convertido en «una ley en sí mismos»,[284] dijo. «Satanás está haciendo todo lo posible para frustrar a los elegidos antes de que el Salvador venga a llamarlos a casa».[285]

Un estado de ánimo apocalíptico se apoderó del Grupo Allred. «Al parecer las amenazas a un polígamo, mi padre, no eran tan importantes como para que los agentes del orden le brindaran protección»,[286] escribió Solomon más tarde. «Así que nos sumergimos como la proverbial rana en la olla de agua hirviendo a fuego lento, sin darnos cuenta de en qué momento nuestro miedo adquirió implicaciones inmediatas y peligrosas».

Ervil, con la idea de deshacerse de Verlan, planeó hacer que saliera de su escondite asesinando a Rulon Allred para poder emboscarlo en el funeral. En la mañana del 10 de mayo de 1977, dos mujeres, dos de los «Corderos de Dios» de Ervil, disfrazadas con pelucas y anteojos de sol, entraron a la sala de espera del consultorio médico de Allred, en los suburbios de Salt Lake City, y pidieron verlo. Cuando apareció el médico, Rena Chynoweth, de 19 años, conocida como la más bonita de las 13 esposas de Ervil, le disparó a Allred seis veces, hiriéndolo fatalmente, y luego las dos mujeres huyeron.

Cuatro días después, en un auditorio lo suficientemente grande como para acomodar a una multitud de 2 600 dolientes, se llevaron a cabo los servicios funerarios del doctor Allred. De manera tan discreta como le fue posible, Verlan se deslizó por el pasillo del auditorio, y no fue sino hasta más tarde cuando se enteró de que los miembros del escuadrón de sicarios de Ervil no se atrevieron a actuar frente a docenas de cámaras de televisión y policías bien armados. Jack Anderson escribió varias columnas sobre el sensacional asesinato de Allred a manos de Ervil, enfocando su atención en la práctica continua de la poligamia en todo Intermountain West y las dificultades que enfrentaban los investigadores. Como dijo un detective: «No hay drogas ni alcohol en este grupo; son personas sobrias que creen en la rectitud de su causa».[287] Una historia publicada por la revista *Time* describió a Ervil como un líder letal que exhibía «una forma nueva y más sanguinaria de anarquía: flagrantemente criminal en lugar de callada y encubierta».[288] Por primera vez la atención del público fue dirigida a la compleja red de grupos polígamos que aún existían en Estados Unidos, para disgusto de un mormonismo oficial que buscaba distanciarse de las controversias de su pasado. En lugar de aceptar la visión del Cristo caritativo y misericordioso del Nuevo Testamento de Joel, los rebeldes de Ervil se centraron en el Dios iracundo del Antiguo Testamento. «Él siempre está predicando cosas de sangre y truenos… diciendo que quienes no viven bajo la ley civil [del Dios de Ervil] merecen que se les corte la cabeza», le dijo un polígamo de Utah, de una iglesia rival, a la revista *Time*. «Es muy belicoso, pero también es un tipo con el don de la palabra». Los vecinos de la Colonia LeBarón describieron a Ervil como un hombre «mitad loco» y «mitad diablo».

En 1980, Ervil fue extraditado a Estados Unidos después de ser arrestado en Atlixco, una remota ciudad poblana del siglo XVIII ubicada a 160 kilómetros al sureste de la Ciudad de México. Un lugar que, como lo describió un reportaje, estaba situado entre un volcán cubierto de nieve y una pirámide azteca, igual que el sitio en el que le encantaba esconderse a «Butch Cassidy durante sus días en Bolivia…».[289] Después del caso penal más intensivo y costoso en la historia de Utah hasta ese momento, Ervil fue sentenciado a cadena perpetua por haber ordenado el asesinato de Allred. Al principio de su encarcelamiento estuvo con el resto de los reclusos, pero después de que comenzó a hacer proselitismo, con éxito, fue trasladado a confinamiento solitario. Mientras estuvo en la cárcel escribió una «biblia» de 600 páginas llamada *The Book of New Covenants*, que contenía una larga lista de nombres de enemigos de sus discípulos, entre los que estaban incluidos todos los descendientes de Joel y Verlan. Un fiscal federal describió el culto de Ervil más como un sindicato del crimen organizado, citando las pistas y los detalles revelados por sus cláusulas. Se imprimieron veinte copias del texto y se distribuyeron entre los miembros de la familia de Ervil.

Ervil tenía una «mente brillante, pero a la vez trastornada»,[290] y «se moldeó a sí mismo para ser el verdugo de Dios», escribió Anderson. «Agregó un sorprendente refinamiento a la poligamia: entrenó a sus mujeres para que mataran por él». Según dijo Irene Spencer, su cuñada y esposa de Verlan, su locura *sí* seguía un método, por eso creó un «equipo de la muerte»[291] compuesto por mujeres hermosas.

> ¿Por qué eligió mujeres para hacer una tarea tan horrible como el asesinato de Allred, que quizás fue el más visible de todos los que cometió? Pienso que fue porque las mujeres eran más maleables y más obedientes, y mucho más prescindibles en el esquema a futuro de Ervil.

En las horas previas al amanecer del domingo 16 de agosto de 1981, Ervil, de 56 años, fue encontrado muerto en su celda de máxima seguridad en la prisión estatal Point of the Mountain, ubicada en Utah. La causa de su fallecimiento, al parecer, fue un infarto masivo. La familia esperaba que con su muerte se detuviera la violencia, pero Ervil «se ocupó de prolongar la angustia»,[292] escribió Spencer. Designó como su sucesor y «patriarca mundial»[293] a Arturo, su hijo primogénito, a seis de sus otros hijos los nombró sumos sacerdotes, y a una de sus hijas la convirtió en suma sacerdotisa, lo que provocó al menos veinte asesinatos más de expiación de sangre después de su muerte. Verlan había pasado nueve años escondiéndose de sus asesinos, pero, si acaso llegó a volver a sentirse libre, su nueva libertad no le duró mucho: murió en un accidente automovilístico en México, apenas dos días después de la muerte de Ervil, cuando un automóvil que se aproximaba se desvió bruscamente de su carril y lo golpeó de frente. Las últimas palabras que Verlan le dijo antes de morir al hermano que lo acompañaba fueron: «parece que nos sacaron de la carretera».[294] Su familia y seguidores estaban seguros de que fue asesinado.

Tan solo unas semanas antes de su muerte, Verlan había terminado de escribir su historia familiar. En los diversos pasajes de la historia en los que se refirió a Joel en la Colonia LeBarón, lo hizo «con una especie de reverencia sentimental»,[295] como él mismo expresó. En las reuniones religiosas de la colonia se sigue cantando una balada en su honor, «El corrido de Joel». «¿Podrá el pueblo de Joel seguir participando en la preparación de ciudadanos para el reino de Dios aquí en la tierra, de Aquel cuyo derecho es gobernar como Rey de Reyes y Señor de señores?»,[296] escribió Verlan en el último párrafo de su manuscrito. «Quizás entonces se escriba otro volumen muy diferente de la historia de los LeBaron».

Después de la muerte de Ervil, sus esposas, hijos y seguidores espirituales continuaron asesinando a los enemigos que designó en la lista. Arturo asumió el manto de «el Fuerte y Poderoso», reclamando así «la sucesión que comenzó con Joseph Smith y Benjamin Johnson»,[297] como había designado su padre, y asumió la responsabilidad de los asesinatos. Pero Arturo fue asesinado dos años después y, tras una lucha de poder entre los demás hermanos, uno de ellos, William *Heber* LeBaron, de 20 años, el hijo que Ervil tuvo con su cuarta esposa, declaró en el verano de 1984 ser «el Fuerte y Poderoso», y reclamó el liderazgo del grupo. «Cuando ya decidiste que estás viviendo los últimos días, y ya seleccionaste al equipo de los buenos (en el que, por supuesto, estás incluido), y cuando estás convencido de que sabes quiénes son los malos (o sea cualquiera que no esté de acuerdo con que ustedes son los buenos), entonces te enfrentas al mundo entero»,[298] escribió Dorothy Solomon, una de las hijas de Rulon Allred.

Durante los siguientes 15 años las fuerzas del orden en varias jurisdicciones de Estados Unidos investigaron el sindicato criminal de Heber, que tenía su sede en el rancho La Joya, en Sonora, e incluía un próspero negocio de robo de automóviles en Phoenix y Dallas, que se convirtió en uno de los más grandes del suroeste. Según una descripción, Heber transformó la llamada Iglesia del Cordero de Dios en un negocio familiar muy unido, «una versión mormona fundamentalista de la mafia».[299] Las autoridades de Phoenix recopilaron evidencias de los robos, por parte del clan que actuaba en Estados Unidos, de cientos de automóviles, sobre todo de camionetas y vehículos utilitarios deportivos. Los vehículos se adaptaban para que fueran a prueba de balas y luego se vendían, junto con las armas automáticas que los LeBaron compraban en Estados Unidos, a narcotraficantes mexicanos. A su vez, los ingresos de este negocio se utilizaban para financiar los asesinatos de los apóstatas mencionados en *Book of New Covenants,* el libro de Ervil.

Los miembros de la familia LeBaron que luego fueron condenados en relación con los asesinatos dirigidos por Ervil, también robaron bancos y traficaron con narcóticos, y destinaron las ganancias de estas actividades a la expiación de sangre. «Fue con estas ganancias con las que fue financiada la orden de [Ervil] LeBaron de matar a los "Hijos de la Perdición"»,[300] informaría el FBI 25 años después. En la década de 1980 y principios de la de 1990, Rena Chynoweth, quien en 1979 se marchó del rancho y el complejo LeBarón luego de que un jurado la absolvió por haber asesinado a Rulon Allred siguiendo las órdenes de Ervil, escribió: «El sitio era un verdadero hervidero de odio, militarismo y actividades ilegales, se corría peligro al vivir ahí».[301] Once años después, en *The Blood Covenant*, sus memorias, admitió su culpabilidad en el asesinato. Y agregó que en el complejo había «un arsenal de muchos tipos de armas automáticas, además de autos y motocicletas robadas».

El propio Heber LeBaron confesaría décadas después que: «Como nuestro negocio legal no era lo suficientemente rentable para mantener a la familia y pagar los asesinatos planeados, decidimos dedicarnos de tiempo completo a la actividad criminal. Teníamos conexiones en Estados Unidos y México, así que empezamos a traficar marihuana para financiar el grupo».[302]

La policía de Arizona notó el comportamiento cada vez más astuto del clan. Un detective, refiriéndose a sus miembros, escribió: «Se dejaban el cabello corto, se vestían muy bien, usaban zapatos Rockport; operaban de una manera simplemente muy profesional».[303] El rancho La Joya estaba a las afueras del pueblo de Caborca, 112 kilómetros al sur de la frontera con Arizona. En ese momento Caborca era el cuartel general del Cártel de Sonora, dirigido por el notorio Rafael Caro Quintero y su hermano, Miguel Caro Quintero. Los LeBaron, bajo el control de Heber, operaban un «deshuesadero» de automóviles en un edificio del centro de Caborca, y estaban asociados con los Caro Quintero.

Heber cultivó convenientes relaciones en el bajo mundo mexicano, y con su doble ciudadanía, cabello rubio y lenguaje fluido en inglés y español, viajaba fácilmente de un lado a otro de la frontera. Al ser quien transportaba la marihuana y cocaína hacia el norte, y llevaba los automóviles, armas y municiones hacia el sur, Heber mantenía el control total del dinero y lo distribuía como mejor le parecía entre los «miembros masculinos dignos». Designó como matriarca a Linda Rae Johnson, una de las viudas de Ervil, quien se desempeñó como contadora, gerente financiera y supervisora de las esposas, hermanas y medias hermanas de Heber. Linda fue la única de las esposas de Ervil que recibió algún tipo de educación, daba «la impresión de ser una mujer agradable de mediana edad», dijo una mujer policía de Phoenix que investigaba al grupo. «Se veía como el tipo de mujer que se dedica a hacer pan, cuidar a los niños y ese tipo de cosas. Y sí, como una que planea asesinatos en secreto».[304]

Las mujeres LeBaron bajo el control de Heber rescataban a los hombres cuando eran arrestados, elaboraban actas de nacimiento falsas, ideaban alias y coartadas, conducían los vehículos robados a través de la frontera y alquilaban casas de seguridad en Estados Unidos. Según el FBI: «Al tiempo que planeaba los asesinatos, el grupo robaba camionetas y placas… compraba trajes, barbas postizas… pistolas, fundas, radios y maquillaje para disfrazarse».[305]

El 5 de noviembre de 1986, Heber asaltó un banco en Dallas; fue arrestado y luego puesto en libertad con una fianza de 50 000 dólares. De inmediato huyó de regreso a México. Su empresa podría haber continuado indefinidamente, si no fuera por su sed de venganza. Mientras incursionaba en esquemas de robo de bancos, no notó que una poderosa disidente de sus filas estaba ganando fuerza. Es posible que no percibiera la amenaza porque procedía de Jacqueline «Tarsa» LeBaron, una mujer de 20 años que no solo era una de sus «colaboradoras femeninas», sino también una de sus esposas (y también su media hermana).

Tarsa, una fanática empedernida, era la hija mayor de Lorna Chynoweth, la quinta esposa de Ervil, que recientemente había sido sometida a la «expiación de sangre por Andrew, su propio hijo»,[306] el hermano de Tarsa. Una verdadera creyente del pacto de su padre, «Tarsa era como un pequeño Ervil»,[307] dijo una vez un representante de la ley de Texas. «Si ella quería que alguien hiciera algo, se acurrucaba con esa persona y le hablaba, en un tono que parecía que le brotaba miel de la boca. Si eso no funcionaba, le empezaba a hablar de las Escrituras… Y si eso no funcionaba, se volvía fría como hielo». Todas las mujeres y algunos de los hombres del clan de Heber le tenían miedo, en especial después de que se dio a conocer como la asesina y «alta sacerdotisa» del grupo, y de que informó que tenía el propósito de convertirlo en un matriarcado.

Los asesinatos de las personas enumeradas en la lista de Ervil continuaron en la década de 1990. Un investigador de la Oficina del Fiscal del Condado de Salt Lake dedicó más de 15 años a buscar a los hijos de Ervil, los culpables de los múltiples asesinatos. «Puedes lidiar con un criminal que mata por avaricia»,[308] le dijo a un reportero. «Puedes lidiar con un criminal que mata por ira. Pero ¿cómo lidias con los asesinos que matan por Dios?». Como dijo un miembro de la familia LeBaron: «Todos los que no creen en lo que tú crees pueden considerarse infieles».[309]

En 1992, seis miembros de la familia LeBaron fueron acusados por un gran jurado federal en Texas por cargos relacionados con el caso que se denominó «Los asesinatos de las cuatro en punto», cometidos el 27 de junio de 1988, en el aniversario número 144 del asesinato de Joseph Smith, en Houston e Irving, Texas. Las cuatro víctimas, entre las que estaba incluida una niña de 8 años, habían sido miembros de la Iglesia de los Primogénitos de Joel, y murieron por disparos de escopeta en la cabeza. Los asesinatos tuvieron lugar simultáneamente en tres lugares diferentes, a las 4:00 p. m., la hora en que Smith fue herido de muerte.

Las edades de los seis hermanos LeBaron acusados iban de los 16 a los 22 años, y tres de ellos, entre los que estaba Heber, fueron declarados culpables y sentenciados a cadena perpetua. Otro fue condenado a 45 años de prisión, y el más joven, como se declaró culpable, solo fue sentenciado a cinco años. Cynthia LeBaron, la tercera de estos tres, obtuvo inmunidad procesal y se le otorgó una nueva identidad en el Programa Federal de Protección de Testigos porque su testimonio condujo a la condena de sus hermanos. Fue reubicada en una comunidad estadounidense no revelada con la condición de que nunca, por el resto de su vida, volviera a tener contacto con su familia extendida. Tarsa, considerada la mente maestra detrás de los asesinatos, también fue acusada, pero se escondió en México y a las fuerzas del orden estadounidenses les fue imposible localizarla y extraditarla debido a la poca cooperación de sus homólogos mexicanos.

«Nos enseñaron que estábamos siendo perseguidos porque éramos el pueblo elegido de Dios»,[310] dijo uno de los 54 hijos que tuvo Ervil con sus 13 esposas, muchas de las cuales eran para él sus asesinas personales. Según informó *Los Angeles Times,* los investigadores de numerosos estados y jurisdicciones se sintieron aliviados luego de las condenas y pensaron que, «más de dos décadas después de que estallara una oscura disputa religiosa entre dos hermanos y terminara en un asesinato, causando un frenesí de matanzas, finalmente el *western* moderno casi había llegado a su fin»,[311] pero estaban equivocados, porque incluso hasta 2021, los hijos de Joel, Ervil, Verlan y Alma Dayer hijo, igual que sus hijos y nietos, seguían luchando por determinar quién tenía la autoridad legítima para ocupar el liderazgo de la Iglesia del Primogénito en México. Estas rivalidades continuaron desarrollándose en la Colonia LeBarón y sus inmediaciones, y aunque los asesinatos ya se han detenido al momento de escribir esto, la historia de violencia de la familia nunca está lejos de la superficie, aunque ahora se ve complicada por la nueva prosperidad del clan.

Tarsa, la hija de Ervil, todavía estaba prófuga en 2008, el año en que Heber cumplió 16 años de sus múltiples cadenas perpetuas en la prisión federal SuperMax, de Colorado, y propocionó información a las autoridades sobre su posible paradero. En una confesión articulada, presuntamente hecha a cambio de obtener mayores comodidades en la prisión, Heber escribió que él era un mormón de quinta generación «nacido de la rama polígama más notoria y violenta de la iglesia mormona».[312] Describió a su padre como un «loco» y agregó que Ervil «no era el único loco en la historia de los mormones. Brigham Young… también estaba bastante loco». Además, dijo que el responsable de tanta violencia en la iglesia era Young y su predicación de la doctrina de expiación de sangre, según la cual «los pecados de algunas personas eran tan graves que se debía derramar su sangre porque el sacrificio de Jesús en la cruz no era suficiente para expiarlos». Así fue como Heber describió la práctica que Ervil, su padre, le impartió cuando decidió que era hora de que siguiera los pasos de Young. «Para que esas personas se salvaran y fueran al cielo, su propia sangre tenía que ser derramada», escribió, describiendo cómo, cuando tenía solo 8 años, mi padre y sus seguidores, en sus esfuerzos por subyugar a las otras ramas polígamas de la iglesia mormona, se embarcaron en una matanza de seis años. Debido a estos asesinatos pasé el resto de mi infancia en un extraño ambiente nómada, donde eran comunes las redadas de las fuerzas del orden locales, estatales y federales, escuchando a mis padres y a otros miembros decir que la policía, los fiscales y los jueces eran «sirvientes del Diablo» que trataban de obstaculizar la obra de Dios.

Heber afirmó que había renunciado a sus creencias fanáticas después de asistir a estudios bíblicos semanales en prisión y leer literatura crítica de la iglesia mormona, comenzando con la biografía de Joseph Smith escrita por Fawn Brodie. En relación con esta última, escribió: «*No Man Knows My History* me hizo llorar, destruyó, como si reventara una burbuja, todos los mitos con los que crecí». Después de eso se convirtió a lo que él describe como un cristianismo más convencional y escribió: «Ahora que soy cristiano, estoy conmocionado y horrorizado por todo el mal que hice mientras estaba en el culto… La Palabra de Dios establece claramente que la venganza le corresponde solo a Dios, y que debemos obedecer las leyes de la tierra. Ahora me doy cuenta de mis pecados y le pido a Dios que me perdone».

Heber admitió ante las autoridades que había ordenado matar a numerosas personas entre 1972 y 1980, y que él personalmente había dirigido a su grupo de seguidores en Sonora para que asesinaran a diez polígamos rivales de California, Denver y Houston, en un periodo de un año, durante 1987 y 1988. Escribió que durante sus años de encarcelamiento se dio cuenta de que Ervil sufría de trastorno bipolar y lo transmitió a varios de sus hijos. También, en relación con su padre, escribió: «me enseñó que los momentos más bajos se presentan cuando haces enojar a Dios, porque entonces él hace que el Espíritu Santo se retire de ti y permite que Satanás te ataque, y que los momentos de éxtasis eufórico se deben a que el Espíritu Santo está contigo». Pero después de que, estando en la cárcel, recibió tratamiento para la depresión, dijo haber entendido que «la euforia tiene un nombre clínico: "manía"».

El testimonio de Heber llevó a que el FBI volviera a investigar el conjunto de casos de asesinato y colocó a Tarsa en la lista de los «Diez fugitivos más buscados» de la oficina de Houston. Para la agencia era tan importante capturarla que ofrecía una recompensa de 20 000 dólares a quien proporcionara información que condujera a su captura. La serie de televisión *America's Most Wanted* la presentó en su episodio del 20 de agosto de 2008, refiriéndose a ella como la *consigliore* de la familia criminal LeBaron.[313] Terry Clark, el fiscal federal adjunto de Houston, describió los «asesinatos de las cuatro en punto», por los que Tarsa fue acusada, como unos de «los mejor planeados que había visto en sus treinta años de carrera», al grado de que «comparados con ellos, los crímenes de la mafia se quedaban cortos». Clark describió a Tarsa como una mujer de 43 años que pesaba 61 kilos, medía 1.55 metros, y tenía cabello castaño y ojos verdes. También dijo que hablaba español e inglés con fluidez, y era muy inteligente y elocuente. Que se sabía que usaba disfraces, portaba armas y usaba al menos 15 alias, y era peligrosa y tendía a tratar de escapar. El informe continuaba diciendo: «Las autoridades creen que puede estar enseñando inglés a familias mexicanas adineradas».

En mayo de 2010, una pista condujo a capturarla en Honduras. Según el FBI, le había seguido el rastro hasta la ciudad de Moroceli, y la Interpol la arrestó con ayuda del consulado de Estados Unidos en Honduras y el Servicio de Investigación Criminal Naval. Ella se opuso a ser extraditada con el argumento de que era ciudadana mexicana, lo cual no le funcionó y fue trasladada en avión a Houston para que enfrentara los 14 cargos pendientes en su contra: entre ellos asesinato premeditado, conspiración para cometer asesinato, uso de un arma de fuego durante un crimen violento, conspiración para obstruir creencias religiosas y conspiración para extorsionar, cargos que conllevaban la posibilidad de ser condenada a cadena perpetua. Según el *Houston Chronicle*, Tarsa, quien había pasado casi veinte años como fugitiva, «cuando estuvo frente a un magistrado estadounidense, vestida con una blusa azul y una falda hasta el suelo, le dijo que él y el fiscal eran amables, y que esperaba que su abogado designado también lo fuera. También pidió que le dieran su medicina psiquiátrica».[314] El fiscal la describió como alguien que se podría fugar, por lo que el juez ordenó que permaneciera en la cárcel en espera del juicio. Los agentes del FBI le dijeron al *Chronicle* que más de cincuenta de los hijos de Ervil LeBaron continuaron siguiendo las enseñanzas de su padre, y que algunas de las personas que este había anotado en su «lista negra» todavía «viven conscientes de que son vulnerables».

«¡Aleluya!»,[315] exclamó Irene Spencer, la viuda de Verlan LeBaron, al enterarse de la captura de Tarsa. «¡Me da mucho gusto saberlo!», le dijo a Fox News. «Básicamente, creo que todo se va a calmar. Yo misma me siento mucho más tranquila y en paz al saber que ella está detenida. Mucha gente que todavía temía que alguno de los seguidores de Ervil LeBaron reclamara el manto y mandara matar a sus enemigos se sentirá aliviada». Spencer también dijo que los miembros de la familia de la Colonia LeBarón «ahora estaban más preocupados por la violencia de los cárteles de la droga en la región que por las prédicas radicales de un polígamo muerto».

En junio de 2011, días antes de que comenzara su juicio penal, Tarsa llegó a un acuerdo con los fiscales, que le permitieron declararse culpable del cargo de conspiración para obstruir creencias religiosas. Su abogado afirmó que ella era más víctima que las personas a las que asesinó, haciendo referencia a la vida difícil que había tenido que soportar y a la imposibilidad de negarse a desempeñar un papel en los asesinatos. Después de eso fue sentenciada a pasar tres años en una prisión federal, una sentencia sorprendentemente leve para alguien que había orquestado cuatro asesinatos, incluido el de uno de sus primos de apenas 8 años, y se le ordenó pagar a los herederos de sus víctimas 134 000 dólares de indemnización. Tarsa, la última acusada y condenada del caso, fue liberada el 14 de diciembre de 2012 por «buena conducta», luego de cumplir solo 15 meses de su condena.

La sentencia hizo que surgieran dudas respecto a si Tarsa había cooperado con la policía federal. Michael S. Vigil, exjefe de operaciones internacionales de la Administración de Control de Drogas (DEA) de Estados Unidos, explicó: «Debería haber recibido la pena de muerte; por lo tanto, si en verdad cooperó, tiene que haber aportado algo sustancial. Tiene que haber proporcionado los nombres de alguien de más alto nivel involucrado con contrabando de armas, drogas y asesinatos. El gobierno no negocia por menos».[316]

A pesar del júbilo de Irene Spencer, muchos de los familiares de los enemigos de Ervil viven hasta el día de hoy con miedo de ser asesinados por los descendientes de este. «Probablemente haya terminado, pero no contaría con eso»,[317] dijo en 2014 el fiscal federal encargado del caso conocido como el «reinado de terror» de los LeBaron. Cuarenta años después de la muerte de Ervil, los observadores dentro de la iglesia mormona principal y las sectas mormonas fundamentalistas creen que las rivalidades y tensiones que datan de tantos años atrás siguen estando muy vivas. Los miembros de la familia LeBarón han dicho lo mismo. «Es un hecho que los LeBarón tienden a ser muy nerviosos. Somos muy sensibles, muy irritables y propensos a reírnos por algunos problemas familiares»,[318] comentó uno de los hermanos de Ervil. «Nos volvimos nómadas, como hordas viajeras, siempre escondiéndonos»,[319] recordó una feligresa y esposa polígama del alboroto ervilista. «El escaso acervo genético no se ha renovado, y seguimos teniendo bebés. Éramos una sociedad de guardianes secretos. Nos volvimos insensibles al asesinato», dijo.

Esther, la hermana de Ervil, dijo una vez: «Creo que somos una familia muy inusual. De nada sirve que mintamos sobre ella. Los hechos son los hechos y la verdad es la verdad».[320]

CAPÍTULO SEIS

SAN BENJI Y VANGUARD

Tras el encarcelamiento de la descendencia criminal de Ervil en la década de 1990, la Colonia LeBarón pareció establecerse en una paz relativa, incluso cuando numerosos descendientes varones de los hijos de Dayer LeBaron padre, Joel hijo, Verlan y (Alma) Dayer hijo, todavía estaban discutiendo sobre quién debería llevar el manto de «el Fuerte y Poderoso». La familia del asesinado Joel LeBaron creía que el heredero legítimo era Joel hijo, quien, como primogénito de Magdalena Soto, la primera esposa, se hacía llamar Joel LeBarón Soto. Otros creían que la antorcha había pasado a Verlan, el apóstol vivo más reciente, y que debería ser uno de los muchos hijos que este tuvo con sus nueve esposas el que liderara la comunidad. Los hijos de Alma Dayer hijo también pensaban que tenían el derecho de primogenitura.

Para el final de la década, las diversas facciones se habían dividido mientras discutían si «el Fuerte y Poderoso» se encontraba actualmente en la Tierra. Según un informe académico, se desarrollaron dos «campos básicos».[321] El «lado liberal» sostenía que el santo sacerdocio no estaba en la Tierra en ese momento, y que estaban esperando que «surgiera el correcto, el que restauraría el orden en la familia y los ayudaría a prepararse para la Segunda Venida de Cristo». El «lado conservador» creía que el profeta moderno existía y que «las leyes de Dios debían ser aplicadas físicamente».

Lo que ambos grupos tenían en común era la creencia imperecedera de que se acercaba el momento en que la constitución estadounidense, de inspiración divina, «pendería de un hilo». Según la profecía de Joseph Smith, una sangrienta guerra civil destruiría Estados Unidos y los ancianos mormones salvarían a la nación. (La guerra civil estadounidense había emocionado a algunos mormones en su momento, pero, en retrospectiva, se consideró una falsa esperanza). De acuerdo con las predicciones de sus antepasados, según los cuales el linaje de LeBarón era el más puro dentro de la fe mormona por ser descendientes directos de Smith, ambos bandos se preparaban fervientemente para «los últimos días». A pesar de los desacuerdos familiares, Joel LeBarón Soto (que tal como dicta la tradición entre ellos, lleva el apellido de soltera de su madre), asumió el liderazgo patriarcal del extenso clan. Joel hijo, como se le conocía, designó a Benjamín, su carismático hijo, conocido como «Benji», como heredero homónimo del manto espiritual de su tatarabuelo.

A principios del siglo XXI la comunidad de LeBarón, integrada por los pueblos adyacentes de Galeana y la Colonia LeBarón, aún mantenía relaciones pacíficas con el Cártel de Sinaloa de Joaquín *el Chapo* Guzmán. Aunque el Chapo, a quien Michael S. Vigil (un antiguo agente de la DEA y uno de los principales expertos mundiales en los cárteles mexicanos) consideraba como «el narcotraficante más grande del mundo en toda la historia»,[322] estaba cumpliendo una sentencia de veinte años de prisión, seguía supervisando al cártel desde su cómodo alojamiento en la cárcel de máxima seguridad en el estado mexicano de Jalisco. El Chapo había convertido la prisión en una corporación privada, con la plena cooperación de funcionarios militares y políticos de alto nivel, la policía regional y el personal penitenciario. Pero en 2001, ocho años después de su sentencia, cuando parecía que iba a ser extraditado a Estados Unidos para enfrentar numerosos cargos y cadena perpetua, escapó de la prisión con la ayuda de setenta empleados.

Durante la siguiente década, el capo más buscado del mundo se escondió en la escasamente poblada Sierra Madre Occidental, mientras expandía su imperio global de drogas a cincuenta países en todo el hemisferio occidental y más allá. Sobornaba a funcionarios para que lo protegieran y se movía entre recintos fuertemente custodiados en el «triángulo dorado», el terreno montañoso de los estados de Durango, Sinaloa y Chihuahua, donde se produce la mayor parte de la marihuana, heroína y metanfetamina mexicanas, y donde el Chapo controlaba la política local y empleaba a miles de agricultores para cultivar los campos de amapola y marihuana. Rara vez se le veía en público, cenaba esporádicamente en Nuevo Casas Grandes, una ciudad de 60 000 habitantes ubicada a 64 kilómetros al noroeste de la Colonia LeBarón. Muchos consideraban que estas salidas ocasionales a restaurantes locales en el territorio que controlaba eran una burla para las fuerzas del orden, y que las usaba para demostrar que él seguía siendo «el Patrón», el jefe.

A medida que se expandía el Cártel de Sinaloa, los recursos finitos de la Sierra Madre, que habían sido redistribuidos a los lugareños durante la Revolución mexicana, empezaron a disminuir. La región, famosa por sus vetas de oro y plata, lugares selectos de pastoreo en altas praderas, rebaños de animales de caza y ríos y arroyos transparentes, había sido sobreexplotada. Los gigantes corporativos nacionales y extranjeros, que llevaban tiempo explotando a generaciones de nativos mexicanos e indígenas, quienes vendían lo que tenían para sobrevivir, habían sobreexplotado las minas y los campos, también habían acabado con los animales de caza y represado el agua. Los enormes bosques primarios de la región hacía tiempo que habían sido talados hasta la extinción, las manadas de ciervos y pavos salvajes se habían agotado y, después de décadas de sequía, la tierra árida se convirtió en polvo. A generaciones de campesinos no les quedó otra más que unirse al Cártel de Sinaloa y trabajar sus campos de marihuana y opio, o emigrar ilegalmente a Estados Unidos.

La mayoría eligió trabajar para el Chapo, a quien veían como su salvación y a quien glorificaron con canciones que hablaban de drogas, conocidas como narcocorridos. Como muchas personas en la región, el Chapo había nacido en la pobreza, de la cual se levantó contra viento y marea hasta convertirse en multimillonario cuando apenas tenía treinta y tantos años. Se escuchaban rumores de que tenía un complejo palaciego al este de Nuevo Casas Grandes, una granja enorme y un rancho de caballos en un verde valle fluvial, en el que planeaba retirarse algún día. Entonces, los chihuahuenses lo reclamaron como uno de los suyos.

De alguna manera, los LeBarón habían logrado coexistir con la operación de narcotráfico del Chapo desde que subió al poder por primera vez en la década de 1980. La presencia de la familia en México era anterior al cártel, y los dos habían logrado una distensión, incluso si cada una de las partes involucradas llevaba a cabo acciones violentas internamente y contra otros enemigos. Pero, en 2006, cuando el recién elegido presidente mexicano Felipe Calderón declaró la guerra a los narcotraficantes y los grupos del crimen organizado, las relaciones entre los mormones y los cárteles comenzaron a cambiar. El presidente Felipe Calderón, presentándose en público con uniforme militar, anunció el despliegue de 45 000 soldados y 20 000 policías federales para librar la tan publicitada guerra mexicana contra las drogas.

Como resultado, estalló la violencia relacionada con las drogas, cada vez más frecuente y barbárica. Calderón persiguió a los líderes de los cárteles mediante la que llamó «estrategia del cabecilla», pero fracasó. «Logró derribar a algunos de los líderes de los cárteles, pero esto provocó que se fragmentaran y que aumentara la violencia. No hizo una limpieza de arriba a abajo, así que creó una Hidra»,[323] explicó Vigil, refiriéndose al monstruo acuático mitológico de nueve cabezas.

El enfoque de Calderón condujo a feroces batallas entre cárteles rivales por el territorio controlado por el Cártel de Sinaloa. El Cártel Jalisco Nueva Generación, los Zetas, el Cártel de Tijuana y el Cártel de Juárez pusieron su mirada en las valiosas rutas de contrabando que pasaban cerca de las colonias mormonas en Sonora y Chihuahua, donde tuvo lugar gran parte de la violencia. La estrategia de Calderón tuvo poco impacto directo en la organización del Chapo. Su cártel fue el más difícil de desmantelar para el gobierno, dada su estructura de poder distribuido. El Cártel de Sinaloa era una organización horizontal que funcionaba como una corporación global o mafia internacional, con subsidiarias semiautónomas en muchas partes del mundo, cada una con la capacidad de tomar sus propias decisiones. A medida que la violencia escaló en la región, con el Chapo aún intacto, los mexicanos llegaron a creer que el ejército de Calderón estaba eliminando intencionalmente a su competencia, pero sin tocar al cártel de este.

Mientras que el Chapo mantuvo el control de las rutas de la droga en Chihuahua, los LeBarón parecieron estar a salvo, aunque la guerra a su alrededor aumentaba en intensidad. Sus empresas agrícolas, con sus inmensos huertos de nueces y pecanas, prosperaron, lo que los convirtió en unos de los mayores exportadores mexicanos de nueces a China y Estados Unidos. Estaban en buenos términos con quienes manejaban los puntos de control del Cártel de Sinaloa en las carreteras a Estados Unidos, y los hombres LeBarón viajaban de un lado a otro de la frontera sin contratiempos. Según la descripción de un reportero, los «320 kilómetros al sur de Juárez»,[324] el camino desde la frontera en El Paso hasta la Colonia LeBarón, «eran como la superautopista del narco», con trescientas rutas de contrabando que atravesaban el terreno. «Es un tiro directo a los mormones, sus armas y su Dios», dijo.

Con una población de aproximadamente 2 000 personas en 2006, la Colonia LeBarón contaba con un hotel, dos tiendas de abarrotes, escuelas religiosas y una iglesia en el centro de la ciudad. La cultura familiar todavía estaba moldeada por la supremacía masculina, en la que el hombre controlaba los recursos financieros y la salvación espiritual de su prole, y a sus muchas esposas les correspondía tener tantos hijos como fuera posible y respetar a sus maridos en todos los aspectos. Esta estructura patriarcal a menudo resultaba en tensiones entre las mujeres que competían por maridos de prestigio que pudieran ayudarlas a «atravesar el velo», de acuerdo con la doctrina de la poligamia, y también entre los hombres, que competían por las mujeres más codiciadas, a menudo enfrentando a madres e hijas, padres e hijos, y hermanos contra hermanos. La comunidad LeBarón es un ejemplo de lo que los académicos han descrito como poligamia de «élite»,[325] pues está formada por un «pequeño grupo de hombres poderosos de alto rango y linaje» que ejercen total control sobre las mujeres y los recursos. Estos hombres, terratenientes y con prestigio, tienen la autoridad del sacerdocio y pueden «casarse con todas las mujeres jóvenes y reproductivamente viables».[326]

Mientras que los colonos mormones originales que se establecieron en Chihuahua a fines del siglo XIX, donde fundaron la Colonia Juárez, Dublán y otras colonias, prácticamente abandonaron el matrimonio plural durante el siglo XX y regresaron al redil de la iglesia de los SUD, los de la Colonia LeBarón estuvieron dentro de la pequeña minoría que llevó la práctica hasta el siglo XXI.

Muchos de los hombres eran dueños de empresas de construcción en Estados Unidos, donde algunos incluso ayudaron a construir iglesias mormonas. Los hombres líderes de los LeBarón son conocidos por tener una extensa red de empresas estadounidenses de paneles de yeso y por pasar gran parte del año en Estados Unidos, desde donde envían dinero a sus familias, y de donde regresan regularmente para supervisar a la gente mexicana que trabaja en sus campos. Los LeBarón más jóvenes trabajan como subcontratistas para sus muchos tíos y primos mayores en Estados Unidos, y envían lo que ganan a sus esposas en México. Otros jóvenes LeBarón trabajan construyendo techos de tejas en el estado de Texas o en la industria del petróleo y gas en Dakota del Norte, Luisiana y la Cuenca Pérmica del suroeste de Estados Unidos. Su objetivo, el cual a menudo logran hasta después de una década o más, es ahorrar suficiente dinero para comprar un lucrativo huerto de nueces en la Colonia LeBarón. Las mujeres y los niños generalmente permanecen todo el año en la colonia, donde la educación promedio es de nivel medio superior. Por lo general, los únicos que reciben educación formal son los niños, en tanto que las niñas son educadas para el hogar, de modo que solo se les enseña a hacer las labores domésticas tradicionalmente femeninas, pues como publican con orgullo en Facebook, crecen preparándose para convertirse en «amas de casa o *stay-at-home moms*».

Sin embargo, en años recientes se ha infiltrado cierto sentimiento de liberalización en la Colonia LeBarón. Tanto los niños como las niñas han empezado a buscar cada vez más tener la posibilidad de asistir a las universidades comunitarias y económicas de Utah, Arizona y Nevada para recibir educación universitaria. Los hombres jóvenes se acostumbran a sus salarios y estilos de vida en Estados Unidos, así como al acceso a un grupo más grande de mujeres mormonas, y las mujeres jóvenes se sienten igualmente atraídas por una versión moderna del fundamentalismo mormón, incluida la poligamia, practicada principalmente en las ciudades del suroeste, como Salt Lake, Las Vegas y Phoenix. (Este estilo de vida ha sido retratado por dos series de televisión *Big Love* y *Sister Wives*). Otras se sienten atraídas por las más antiguas colonias polígamas de Short Creek y Hildale, donde hay grandes familias extendidas que se remontan a generaciones. Las mujeres LeBarón de cuarenta y cincuenta y tantos años, incluidas las viudas y las esposas de derecho, a menudo buscan educación y monogamia en la Colonia Juárez, que es relativamente más sofisticada, o se mudan a Estados Unidos para vivir con familiares.

Los recintos individuales en LeBarón casi siempre se componen de parcelas de dos hectáreas, rodeadas por altos álamos, olmos y huertos frutales, en los que, por lo general, hay dos o tres hogares para familias polígamas separadas, pero relacionadas, uno para cada esposa con sus hijos y esposo, quien, cuando está en México, pernocta de manera alterna en cada una de las casas. Las propiedades tienen extensos jardines y vehículos caros. Todos hablan español e inglés con fluidez, y los hombres dicen groserías y beben cerveza, a diferencia de la gran mayoría de los mormones, que renuncian al alcohol. Tradicionalmente solo los LeBarón nacidos en México pueden poseer propiedades en la Colonia LeBarón, ya que la comunidad fue concebida por Dayer LeBaron padre, y la tierra más rentable está en manos de los hombres LeBarón más ricos, que poseen colosales granjas de nueces. Actualmente su tierra, según el informe de marketing de LeBaron Pecans, cubre casi 5 000 hectáreas, con 820 000 árboles de nueces. Pero eso también ha cambiado, ya que algunas de las esposas y viudas de la colonia se han convertido en poderosas matriarcas por derecho propio.

Fue durante los tres primeros años del intento de Calderón de tomar medidas enérgicas contra los cárteles cuando Joel LeBarón Soto emergió como un rico líder y patriarca del clan, con su hijo Benji designado como obispo de la iglesia comunitaria y vocero de la familia. Si bien la violencia relacionada con las drogas devastó gran parte de México, la Colonia LeBarón parecía inmune a ella. El imperio agrícola personal de Joel creció, y los hijos que tuvo con sus cuatro esposas, entre las que estaba incluida su prima hermana Laura, proliferaron, hasta llegar a 52. Una vez, Julián, uno de los hijos de Joel, al describir a un reportero de televisión cómo era su familia, dijo: «Es algo hermoso. No nos avergonzamos de ello».[327]

Pero todo eso estaba a punto de cambiar.

El 2 de mayo de 2009, Eric LeBarón, de 16 años, y su hermano menor, los dos hijos de Joel el chico, estaban transportando postes para una cerca al rancho Parapetos de la familia, cerca de la Colonia LeBarón. De repente, cinco hombres armados agarraron a Eric y le ordenaron a su hermano que corriera a casa y le dijera a su padre que contestara el teléfono cuando sonara. Según el relato de la familia, los secuestradores llamaron y exigieron que se les pagara un rescate de un millón de dólares, o matarían a Eric. Al respecto, el *Washington Post* informó:

> Al día siguiente, 150 hombres se reunieron en la iglesia de la Colonia para debatir qué hacer. Uno de sus miembros, Ariel Ray, alcalde de Galeana, les recordó que alguien había puesto un ataúd vacío en la cajuela de su camioneta. Algunos hombres argumentaron que deberían contratar cazadores de recompensas profesionales de Estados Unidos para recuperar a Eric. Otros querían formar una pandilla.[328]

Varios miembros de la familia hablaron con la prensa. «Si les das una galleta, querrán un vaso de leche», dijo Craig LeBarón, uno de los hermanos de Eric, refiriéndose a los cárteles. «Si no les ponemos un alto, es solo cuestión de tiempo antes de que secuestren al hijo de cualquiera de nosotros». Julián, otro de los hermanos, estuvo de acuerdo y dijo: «Sabíamos que lo último que podíamos hacer era darles el dinero; si lo hacíamos, esta escoria nos invadiría». El primo de Eric, Brent LeBarón, dijo que necesitaban «cortar la cabeza del monstruo de inmediato».[329]

Los intentos de extorsión dirigidos a los LeBarón habían comenzado varios meses atrás, cuando la presencia militar mexicana en la frontera entre Estados Unidos y México empujó a los cárteles hacia el campo que alguna vez fue tranquilo, involucrando así a la familia en la guerra del gobierno contra los cárteles. Las comunidades mormonas de Sonora y Chihuahua, tanto la corriente principal de los mormones como las colonias fundamentalistas, pronto se vieron rodeadas por la violencia. Los secuestros de mormones se convirtieron en algo común, junto con otros intentos de extorsión dirigidos a los más ricos de ellos.

Cuando los hombres de la comunidad estaban debatiendo sobre cómo responder al secuestro de Eric, una figura extraña y distante, un hombre de negocios llamado Keith Raniere, que vivía en Albany, Nueva York, se puso en contacto con Benji LeBarón y se ofreció a ayudarlo para que liberaran a Eric. El hombre, que dirigía una empresa de desarrollo personal y profesional llamada NXIVM, envió representantes para entrevistar a Benji y otros miembros de la familia LeBarón, e invitó a varios de ellos a Albany. Raniere, entonces de 48 años, había estado involucrado en esquemas piramidales desde los 20, incluido un periodo en Amway y luego como fundador de empresas que fueron investigadas y cerradas en veinte estados diferentes.

No era la primera vez que los LeBarón se «aferraban a grupos de autoayuda»,[330] según dijo un miembro de la familia. Varios LeBarón se habían unido al programa de desarrollo personal de Landmark, con sede en San Francisco, fundado por Werner Erhard, quien también había creado el programa EST (Erhard Seminars Training), que ofrecía sesiones de transformación personal en la década de 1970. Raniere afirmaba ser una de las personas más inteligentes del mundo, según una prueba de coeficiente intelectual esotérico, y se jactaba de que a la edad de 1 año era capaz de formular oraciones completas, a la edad de 2 podía deletrear la palabra «homogeneizada», a los 4 entendía física cuántica y a los 13 había aprendido lo que enseñaban en tres cursos anuales de matemáticas universitarias y varios lenguajes informáticos. Se promocionaba a sí mismo como «uno de los tres principales solucionadores de problemas del mundo».[331] La última estafa de Raniere, de cabello largo y anteojos, llevaba una década prosperando cuando apareció en la Colonia LeBarón. Vendía talleres llamados *Executive Success Programs* (Programas de Éxito Ejecutivo, o ESP), un esquema motivacional bajo el amparo de NXIVM. Raniere tenía miles de seguidores que colectivamente habían pagado millones de dólares a NXIVM, que combinaba Ayn Rand, cienciología, la cosmología de los primeros mormones de Joseph Smith sobre el progreso eterno y otras doctrinas metafísicas.

«Raniere y la comunidad de NXIVM brindaron apoyo y aliento a la familia LeBarón, asegurándoles que la única forma en que la gente de México podía detener la violencia de los cárteles de la droga y las bandas armadas era a través de protestas pacíficas»,[332] recordó Wayne LeBarón, otro de los hermanos de Eric. Raniere los convenció de que el gobierno mexicano, especialmente el de nivel local, estaba corrompido por los poderosos cárteles, y que el único camino era un movimiento por la paz. «Keith nos enseñó mucho sobre la violencia, el miedo y la apatía», dijo Wayne. «Yo lo vi como un hombre verdaderamente brillante e inteligente, que entiende a la gente, al mundo y sus problemas. Me conmovió en particular lo mucho que desea ayudar al mundo a ser un lugar mejor».

Raniere envió a Mark Vicente, un miembro de alto nivel de NXIVM, a la Colonia LeBarón para documentar la cruzada de la familia contra los cárteles. Mark Vicente, un cineasta sudafricano, había sido reclutado por Raniere cuatro años antes, después de que este lanzara un documental pseudocientífico titulado: *What the Bleep Do We Know!?: Discovering the Endless Possibilities for Altering Your Everyday Reality*. Las cabezas parlantes del documental incluían una figura de la Nueva Era que afirmaba canalizar a un guerrero lemuriano de 35 000 años llamado Ramtha, que era el nombre de la organización espiritual a la que pertenecía Vicente antes de unirse a NXIVM. La película se convirtió en un fenómeno independiente, recaudó casi 16 millones de dólares en todo el mundo y sirvió como publicidad para Ramtha, que tenía su sede en Yelm, Washington. Su mensaje era similar al de NXIVM: cambiando tu forma de pensar, puedes cambiar la realidad.

Vicente había dejado Ramtha para unirse a NXIVM, y ascendió rápidamente en su jerarquía. Pronto, el atractivo y canoso Vicente, un buscador nato, fue incluido en la mesa directiva, y se volvió tan cercano al líder de NXIVM que a casi todos los miembros les parecía que sería el heredero de Raniere, quien, según la descripción del perfil de este que publicó *Forbes,* era una especie de «*Svengali* corporativo. Transmitía a sus seguidores enseñanzas misteriosas, plagadas de una jerga propia e impenetrable sobre ética y valores, y definida por un ethos de ambición ciega, similar a la de los personajes intensos de una novela de Ayn Rand».[333] En la revista de 2003, en la lista de artículos publicada en la portada, apareció uno titulado «The World's Strangest

Executive Coach», en el que por primera vez se habló de NXIVM como de un culto. En tanto que, con respecto a Raniere, se dijo: «Su pelo largo y castaño, y su barba, le dan un *look* un poco parecido al de Jesús. Su conducta bien calculada podría convencer de que se trata de un profesor de filosofía, o quizá un poeta sin oficio ni beneficio».

Cuando, en el verano de 2009, Raniere envió a Vicente a la Colonia LeBarón, no era la primera vez que este último iba a México, ya había estado allí el año anterior, filmando testimonios sobre los talleres del ESP de NXIVM que se llevaron a cabo en ese lugar. Al igual que Raniere, que también había viajado a la colonia, Vicente se sintió atraído por los LeBarón, ya que parecían desafiar la violencia de los cárteles. Benji, de 32 años, como líder espiritual de la comunidad, lideró la respuesta de la familia al secuestro de Eric. Raniere le aconsejó que respondiera negándose a pagar el rescate de un millón de dólares. Benji aceptó de todo corazón los consejos de Raniere. «Si pagamos, lo único que lograremos es que mañana vuelvan a pedirnos la misma cantidad»,[334] dijo Benji. «Lo más fácil para cualquiera es quitarte el derecho de vivir. Si pagamos, financiaremos al menos tres secuestros más».

Raniere convenció a Benji de que la Colonia LeBarón no podía mantener seguros a sus ciudadanos, y que los LeBarón, como ciudadanos mexicanos, debían hacerse cargo por completo de su seguridad personal. Dijo que podía enseñarles no solo cómo valerse por sí mismos, sino también cómo ser un ejemplo para todo México. Y agregó: «Lo que necesitas es eliminar lo que motiva la violencia en México». «Entonces, lo que debes hacer es sacarle el aire». Le presentó a Benji cuatro opciones para abordar el miedo creado por los delincuentes. «La primera», le dijo, «es la negación; el pueblo mexicano simplemente puede negar que tiene miedo y está aterrorizado».[335] «La segunda es abrazar el miedo, pero esto significaría ceder a él. La tercera es contraatacar, pero esto conduciría a más violencia. La cuarta opción es enfrentar el miedo con un carácter determinado, con una fuerte compasión que permita resistirlo». Esa cuarta opción, que defendió el propio Raniere, estaba vinculada con su consejo de nunca pagar el dinero que los delincuentes les pidieran para el rescate. «Si la gente deja de pagar rescates, los secuestros van a cesar».

Pero Raniere estaba equivocado.

Expuso un modelo de organización contra los cárteles e instruyó a Benji para que creara una organización llamada SOS Chihuahua (Sociedad Organizada Segura de Chihuahua). En solo dos semanas, 4 200 miembros de comunidades de todo Chihuahua se unieron a la SOS. Benji escribió un manifiesto que instaba a los miembros de la SOS a hacer frente a los cárteles, armarse y defenderse y, sobre todo, avisar a las fuerzas del orden y denunciar los delitos que cometieran, alentando a docenas de ciudadanos locales y a la propia familia LeBarón a convertirse en informantes.

Benji organizó una caravana de cientos de residentes de la Colonia LeBarón, junto con mormones fundamentalistas y de la corriente principal de las comunidades cercanas, así como miembros de NXIVM que habían viajado desde Nueva York para participar. Marcharon a la capital del estado, la ciudad de Chihuahua, para protestar por el secuestro de Eric y exigir a las autoridades que tomaran medidas, un ejemplo muy inusual para el clan LeBarón, que era muy privado y cauto, de cómo se toma una postura pública. Vicente filmó a Benji y a la familia LeBarón a medida que su campaña de paz ganaba fuerza. La pequeña estatura de Benji desmentía su naturaleza enérgica. «Lo que queremos decir es: "¡Ni un secuestro más!"»,[336] gritó a la multitud salvajemente entusiasta durante la marcha hacia la capital del estado.

El gobernador y el fiscal general de Chihuahua se reunieron con el grupo y le prometieron a Benji que realizarían una búsqueda minuciosa de Eric y sus secuestradores. Erigieron barricadas y enviaron helicópteros, policías y soldados a la zona de Galeana. Ocho días después de su secuestro, Eric fue liberado misteriosamente. Los miembros de la familia insistieron en que no habían pagado el rescate, y Eric informó que sus secuestradores se limitaron a decirle que se fuera a casa, una afirmación que más adelante desmentiría uno de los secuestradores confesos, Carlos Andrés Butchereit, cuando fue arrestado, ya que les dijo a los fiscales que la familia sí pagó 16 400 dólares por su liberación.

Julián LeBarón concedió numerosas entrevistas a la prensa mexicana, en las que retrató a los LeBarón como víctimas inocentes y moralmente excepcionales. A Lolita Bosch, la periodista española, le dijo que «liberaron a Eric sin pago porque... convenció a sus secuestradores para que lo hicieran».[337] Pero los escépticos de los medios dudaron de que el adolescente tuviera tan particulares poderes de persuasión. «El pueblo mexicano estaba asombrado de que lográramos que el gobierno reaccionara tan rápido y con tanto entusiasmo para resolver nuestro problema»,[338] recordó Wayne LeBarón. «Decenas de familias venían a vernos todos los días para preguntarnos cómo logramos que liberaran a Eric», y agregó que las actividades de la sos tuvieron un «éxito rotundo».

Benji estaba eufórico y envalentonado por el curso de los acontecimientos, y enfatizó el papel de guía que Raniere desempeñó en ellos. Pero la paz duró poco. Al mes siguiente, Meredith Romney, un nativo de la Colonia Juárez de 72 años, y pariente lejano de Mitt Romney, el excandidato presidencial estadounidense, fue secuestrado de su rancho cerca de Janos, Chihuahua. Meredith Romney, obispo de la iglesia mormona, se había desempeñado como presidente del Templo de los SUD local. Hombres armados dispararon contra las llantas de la camioneta de Romney para obligarlo a bajarse y después subirlo a su vehículo, dejando atrás a su esposa y su nieto. Lo mantuvieron durante la noche en una cueva y fue liberado al día siguiente después de que su familia pagara una cantidad no revelada de rescate. En respuesta, Benji se volvió cada vez más franco y se involucró aún más con Raniere y NXIVM. «Keith, junto con su equipo de personas, nos acogieron e invirtieron muchos días, mucho trabajo y esfuerzo para enseñarnos, durante cuatro o cinco semanas, lo que creían que nos ayudaría a lidiar con nuestros problemas de seguridad en un área de México dominada por criminales, y cómo hacerlo de una manera no violenta, pero firme»,[339] escribió más tarde Wayne LeBarón.

«La gente comenzó a llamarnos»,[340] dijo una fuente anónima de la familia LeBarón al *New York Times* durante ese verano de 2009. «Pensaban que podíamos presionar al gobierno en su nombre. Empezamos a manejar casos de secuestro y extorsión. Entonces, sentimos que estábamos empezando a involucrarnos en una situación peligrosa. Teníamos miedo de que mataran a la familia. Pero Benji dijo: "Siento su dolor. No puedo defraudarlos"». Benji cumplió su promesa. Apareció de manera destacada en los medios locales y nacionales, dando entrevistas sobre su activismo contra el crimen. Se había convertido en un nombre familiar en la región por su abierta defensa a favor de que se relajaran las leyes relacionadas con la posesión de armas y se facilitara el acceso a armas ilegales. El hecho de considerar que la paz iba de la mano con la adquisición de más armas era una señal de que la mayoría de la gente desconfiaba de que los funcionarios electos y las fuerzas del orden público pudieran mantenerlos a salvo de los cárteles. Benji pronunció discursos de alto perfil y, el 1 de julio de 2009, encabezó una manifestación masiva frente al Palacio de Gobierno de la ciudad de Chihuahua. El objetivo de esta era pedir una nueva legislación sobre armas como medio para luchar contra los cárteles. Brent, el primo de Benji, dijo al respecto: «Tuvimos que acercarnos al gobierno y decirle: "Oye, no nos permites portar armas, pero se supone que debes protegernos y no lo haces"».[341] Según dijo un reporte, «Benji se convirtió en un héroe para mucha gente de Chihuahua que estaba harta de los mafiosos y la violencia. Pero la fama convirtió a su comunidad y al propio Benji en sus objetivos».[342]

Poco después de llegar a la Colonia LeBarón, en el verano de 2009, Mark Vicente filmó una conversación de Keith Raniere con los Le-Barón, que se incluiría en una cinta titulada *Encender el corazón* sobre la lucha de los LeBarón en el apogeo del activismo de Benji. La película fue financiada por Raniere y un rico capitalista de riesgo (y miembro de NXIVM) llamado Emiliano Salinas, hijo del expresidente mexicano Carlos Salinas de Gortari y miembro de una de las dinastías políticas más poderosas del país. También había fundado, y se había autodenominado «coordinador general» del Movimiento In Lak'ech por la Paz, al que denominó con esa frase en maya porque, afirmó, al español se traduce como «Tú eres yo, y yo soy tú».[343]

Dos años antes, Salinas había lanzado el Programa de Éxito Ejecutivo de NXIVM en la Ciudad de México, y en el sitio web de la organización se le identificaba como miembro de su consejo directivo y «copropietario» del centro del grupo en México. Salinas, quien tiene un doctorado en economía de la Universidad de Harvard, describió el programa como «una maestría práctica».[344] Reclutó a muchos amigos adinerados e hizo conexiones comerciales para el grupo, y desempeñó un papel decisivo en la expansión de su alcance en todo el país. Ahora, él y Raniere le estaban pagando a Vicente para resaltar el trabajo de In Lak'ech y NXIVM en México, al mismo tiempo que alentaban las marchas de Benji a favor de la paz basada en las armas. Vicente empezó a filmar su docudrama como una serie de discusiones sobre la violencia relacionada con las drogas en México, con el fin de promover a Raniere y NXIVM, y de elevar el perfil de Salinas para una posible carrera política en una plataforma de no violencia.

Cuando buscaron a ciudadanos mexicanos que estuvieran «haciendo lo posible por desafiar a un enemigo común»,[345] Vicente, Raniere y Salinas encontraron a los LeBarón y los eligieron para que fueran los personajes fundamentales en su película, y optaron por enfatizar el papel que desempeñó Raniere para asegurar la liberación de Eric LeBarón. El objetivo original de la película, según Vicente, «era despertar al país de su "apatía" frente al crimen».[346] Pero para Raniere, quien insistió en que sus seguidores lo llamaran «Vanguard», un título tomado de un juego, pronto se convirtió en una herramienta de reclutamiento apenas disimulada y de propaganda para el movimiento de Salinas. Ansioso por reclamar el crédito por la liberación de Eric, y con la esperanza de usarlo para pulir su marca en México, Raniere decidió que Vicente debía sumergirse por completo en el mundo de la Colonia LeBarón.

A pesar de su valiente imagen pública, los temores privados de Benji comenzaron a filtrarse en sus entrevistas con Vicente después de la liberación de Eric. «Todo el mundo me dice que no dé la cara, que es peligroso, que tenga cuidado»,[347] le dijo a Vicente en una entrevista. «Pero alguien tiene que dar la cara, y no lo hago porque sea un héroe. Tengo mucho miedo». Si bien la liberación de Eric fue anunciada como un gran éxito, también provocó a los líderes del cártel. Una mezcla similar de inquietud y determinación también fue evidente en las sinceras entrevistas con la elegante y serena matriarca de la familia, Ramona Ray LeBarón Soto, la madre de Benji. «Si tengo que sacrificar mi vida o la de mis hijos, lo haré para defender los principios correctos», dijo, mirando a la cámara.

«Sin duda, los miembros violentos del cártel notaron que Benjamín LeBarón había ganado influencia y popularidad como activista contra el crimen y líder comunitario»,[348] según un documento judicial presentado años después en relación con un caso penal de NXIVM en el estado de Nueva York. «Por lo tanto, era fundamental que los cárteles armados, cuya divisa es el terror, infundieran miedo y recuperaran el control sobre los campesinos pacíficos».

El equipo de Vicente filmó a Julián, el hermano de Benji, discutiendo el peligro que enfrentaba la familia, a menudo conversando con Raniere. «La presión que pusimos sobre el gobierno fue tan fuerte… que respondieron de inmediato»,[349] dijo, señalando los muchos efectos negativos que tuvo el repentino escrutinio sobre el Cártel de Juárez. Julián habló de que vieron que uno de los líderes del cártel llamó a Benji y le dijo: «Si nos damos cuenta de que nos estás causando problemas, te mataremos». Según Julián, Benji le aseguró al capo de la droga que la familia no pretendía dañar su negocio, pero fue demasiado tarde.

«Mi hermano le respondió: "Secuestraron a nuestro hermano, teníamos que defendernos", pero el capo del narco no se tranquilizó».

El 7 de julio de 2009, a la 1:00 a. m., menos de una semana después del gran mitin de Benji en la ciudad de Chihuahua, llegaron a la Colonia LeBarón cuatro camiones con veinte hombres fuertemente armados. Los intrusos iban vestidos como policías, con cascos y chalecos antibalas, y con mazos rompieron las ventanas y trataron de hacer lo mismo con la puerta principal de la amplia casa nueva de Benji, quien estaba adentro con su esposa Miriam («Miri») y sus cinco hijos, todos menores de ocho años. Los asaltantes exigían que los dejaran entrar, amenazando con usar una granada de mano si no les abrían la puerta.

Los hombres entraron forzando la puerta principal y, una vez dentro, golpearon a Benji y le exigieron que los llevara a su arsenal de armas con la amenaza de violar a Miri frente a los niños. Al escuchar la conmoción, un vecino llamó a Luis «Wiso» Widmar Stubbs, el cuñado de Benji, de 29 años y quien vivía cerca, corrió para ayudar a Benji junto con Lawrence «Lenzo» Widmar Stubbs, su hermano, a quien un reporte describió como «Un devoto de las artes marciales y con un cuerpo tan grande como el de un defensa de futbol americano»,[350] y quien trató de repeler a los atacantes de Benji con sus propias manos. Tanto «Wiso» como Benji fueron atados de pies y manos y arrojados a uno de los camiones, mientras que Lenzo resultó herido, pero logró huir en su vehículo. Los cautivos fueron conducidos a un par de kilómetros de distancia, en donde fueron torturados y asesinados con cuatro disparos en la cabeza cada uno. Sus cuerpos fueron dejados a un costado de la vía, en el empalme de la carretera Casas Grandes y Flores Magón.

«En medio de la sangre y el mezquite, en el sitio de su último aliento, los asesinos de Benjamín LeBarón colocaron un cartel que decía: "Esto es para los líderes de LeBarón que no creyeron y que todavía no creen"»,[351] según una noticia que leyó el senador de Arizona, John McCain, en el *Congressional Record* (el Registro del Congreso), la cual era una prueba de la violencia desenfrenada que se había desatado en la frontera de su estado con México. «Aquí mismo pegaron un gran cartel que decía: "esto es por meterse con la gente del Chapo Guzmán" o alguna pendejada así»,[352] le dijo Julián LeBarón a un reportero. Una nota junto al cuerpo de Benji lo responsabilizaba por el reciente arresto de 25 sicarios del cártel en el municipio chihuahuense de Nicolás Bravo. En Ciudad Juárez, tres horas al norte de la Colonia LeBarón, en los pasos elevados, alguien había colgado lonas pintadas a mano que amenazaban al clan LeBarón.

Si bien el gobierno federal de México había ayudado a asegurar la liberación de Eric LeBarón, permaneció en silencio después del asesinato de Benji, a pesar de que en una cámara de video en una caseta de peaje de la autopista se pudo ver claramente a los atacantes de Benji cuando salían del área donde arrojaron su cuerpo, igual que las marcas y modelos de sus vehículos, incluso las placas se veían legibles. Los funcionarios federales encargados de hacer cumplir la ley se apresuraron a culpar públicamente al Cártel de Sinaloa del Chapo, que estaba luchando contra el Cártel de Juárez por las rutas de contrabando hacia El Paso. Sin embargo, los miembros de la policía local en el estado de Chihuahua de inmediato desmintieron esa afirmación y culparon al Cártel de Juárez.

En pocos meses, por lo menos dos sospechosos de los asesinatos serían detenidos, uno de ellos era Carlos Butchereit, un hombre oriundo de Galeana de 31 años que se autoproclamó sicario del Cártel de Juárez. Butchereit, que era primo de Joel LeBarón Soto, el padre de Benji, describió el asesinato como «un asunto personal»,[353] y explicó que él y Benji eran «socios comerciales en Estados Unidos» y que Joel lo había amenazado. Les dijo a los fiscales que lo asesinó por orden de un jefe del cártel que se quería «vengar» de Joel, con quien había tenido una «pelea». Patricia González, la procuradora general del estado, informó que los asesinos eran miembros de La Línea, el brazo armado del Cártel de Juárez, que estaba integrado por expolicías y sicarios. Sin embargo, la credibilidad de su versión fue cuestionada, ya que apenas unos meses antes, González había descrito a La Línea como «un remanente exhausto de callejones sin salida cuyas filas habían sido diezmadas por luchas internas y arrestos».[354] En respuesta a González, aparecieron más pancartas en Ciudad Juárez con leyendas que decían, en español, «Señora procuradora, evítese problemas, no culpe a La Línea», asegurando que los asesinatos habían sido perpetrados por el Cártel de Sinaloa.

Los funerales de Benji y Wiso fueron los más grandes jamás realizados en la Colonia LeBarón, superando incluso al del profeta Joel LeBarón. Asistieron más de 2 000 personas, entre las que estaba el gobernador del estado, quien había garantizado personalmente brindar seguridad a Benji y su familia, así como el fiscal general del estado. Los panegíricos incluyeron «múltiples menciones de lágrimas y sangre»,[355] escribió Javier Ortega Urquidi, un estudioso de los mormones en la cultura mexicana. A lo anterior agregó lo siguiente: «el funeral reunió a los vivos, los secuestrados y los muertos», y «la sangre de los mormones ardía bajo el sol, bajo la superficie».[356]

Nathan LeBarón, un pariente de Benji que ayudó a dirigir los cientos de autos que llegaban para el funeral, le dijo a un reportero: «Fue tan franco, por eso le pasó esto».[357] «Si no nos hubiéramos levantado para protestar, no nos habrían molestado». Brent LeBarón estuvo de acuerdo y dijo que estaban luchando contra el secuestro y la extorsión, no contra los cárteles de la droga, pero que «Benjamín tenía la habilidad de hablar, así que habló un poco más de lo que debía». Aun así, dijo que nadie en la comunidad esperaba que hubiera asesinatos. «Nos sentíamos un poco en riesgo, pero nunca pensamos que estos brutos entrarían así. Actuamos como comunidad. Intentamos que nadie se convirtiera en el único objetivo de los maleantes».

Ramona LeBarón Soto, la desconsolada madre de Benji, buscaba sentido al asesinato de su hijo. «Me cuesta entender, ver que hay gente en este mundo tan cruel y sin sentimientos»,[358] dijo en la película de Vicente. «Pero, en el fondo, me dan compasión. Los compadezco porque no saben cómo vivir. No saben ni entienden lo que es la felicidad».

Adrián LeBarón Soto elogió a su sobrino Benji y a Wiso. «Los hombres que los asesinaron no tienen hijos, ni padres, ni madre»,[359] dijo. Y agregó: «Son engendros del mal». Todos estuvieron de acuerdo en que los dos hombres habían muerto valientemente mientras intentaban proteger a la comunidad. «Tenían una causa, la defendieron y los mataron por eso»,[360] dijo un pariente sobre el movimiento sos de Benji. «Y en lo que a mí respecta, él es un mártir».

Eric LeBarón, cuyo secuestro había desencadenado esta secuencia de eventos, evocó el martirio de su abuelo, Joel el profeta. «No nos vamos a ir. Nos quedaremos aquí y haremos lo que dijo mi abuelo… que necesitaba sellar su testimonio con su propia sangre».[361] Julián estuvo de acuerdo en que Benji había seguido los pasos de Joel padre. «Murió tratando de darnos nuestra libertad».

Dentro del salón de reuniones donde se llevó a cabo el servicio, se repartieron pequeños abanicos de papel a los asistentes, citando algunas de las últimas palabras pronunciadas por Benji en la última entrevista que le hizo Mark Vicente, el cineasta de NXIVM: «Prefiero morir como esclavo de mis principios, que vivir como esclavo de los hombres».

Después del funeral, en los pasos elevados de las carreteras de Ciudad Juárez aparecieron más pancartas llamando la atención sobre la riqueza de los LeBarón.

Una de ellas decía: «Pregúntese de dónde vienen todas sus propiedades».[362]

CAPÍTULO SIETE

NXIVM: *ENCENDER EL CORAZÓN*

CUANDO BENJI LEBARÓN tenía apenas 15 años, tuvo el presentimiento de que su vida se vería interrumpida. Su madre notó un día que estaba muy triste y se sentó con él en su cama, implorándole que le contara qué le pasaba. «Mamá, tengo la sensación de que no voy a vivir muchos años»,[363] le dijo. Ramona recordó el momento en cámara, cuando grababan la película *Encender el corazón*, de Mark Vicente. «Sabía que tenía la misión de hacer algo digno. Algo más grande».

A Ramona, la visión de Benji le reveló que poseía las llaves espirituales del reino, que las había heredado como descendiente directo de su abuelo, Joel LeBaron padre, el fundador y profeta mártir de la Iglesia de los Primogénitos. «Sé que está bien», refiriéndose aparentemente a cómo estaba su hijo en el más allá. «Tenemos que despertar. Tenemos que pensar más en el futuro… ¿Es así como queremos vivir? Es un infierno en muchos lugares. Y nosotros mismos como humanidad estamos eligiendo eso. Tenemos que despertar».

Según expresó un reportaje, después de eso Julián, el hermano menor de Benji, tomó a regañadientes el «manto de activista».[364] Impulsado por Keith Raniere, y motivado por las ideologías enseñadas por NXIVM, Julián asumió el papel de liderazgo que Benji había desempeñado dentro de la SOS. Al aceptar llevar la antorcha familiar, admitiendo ante la prensa que temía por su vida, el fornido granjero convertido en activista por la paz, y escritor independiente, poco a poco fue abrazando su nueva posición de alto perfil. «Murieron como mártires», dijo Julián sobre los dos hombres asesinados, y acusó a vecinos de la Colonia LeBarón de haber confabulado con el cártel en contra de la familia.

Tras la sangrienta respuesta a sus consejos, se podría haber esperado que Raniere y Vicente se retiraran a Albany. Sin embargo, no se desanimaron. Los asesinatos solo lograron que se atrincheraran aún más en la Colonia LeBarón, y Vicente continuó filmando las reuniones de Raniere con los líderes de la comunidad. A Vicente la historia de LeBarón le parecía «conmovedora y devastadora»,[365] dijo que le recordaba algunas experiencias que tuvo en su natal Sudáfrica. Las atrocidades que presenció en su tierra natal lo hicieron «cuestionar, a una edad muy temprana, ciertos supuestos fundamentales y creencias sobre el comportamiento humano, la moralidad, la cosmología, el existencialismo y el misticismo»,[366] escribiría. Al igual que Vicente, Julián LeBarón también fue una presa fácil para los reclutadores del Programa de Éxito Ejecutivo de NXIVM. Los dos fueron presentados por Benji, quien fue asesinado pocas semanas después de que comenzara la filmación y, según un informe, Julián acompañó a Vicente «docenas de veces» para reunirse con ejecutivos del ESP en México y con el propio Raniere en Nueva York. Este último aconsejó a Julián sobre cómo expandir a todo México a la SOS, la organización de protesta fundada por Benji. «Nuestro objetivo principal es que nos respeten, y en México nadie nos respeta, ni los criminales ni el gobierno»,[367] sería una de las quejas más frecuentes de Julián.

Al mismo tiempo que la NXIVM y Julián trabajaban en extender el movimiento de paz de la SOS a todo el país, este último también intentaba obtener del gobierno mexicano el permiso oficial para que los LeBarón se armaran, aunque seguramente la Colonia estaba bien armada desde que las amenazas de Ervil LeBaron y sus seguidores habían desatado la violencia, si no es que desde antes. Alex LeBarón, un primo de Julián de 28 años, ya se dedicaba a la causa de los derechos de armas, y ahora trabajaba de cerca con él en el asunto. Graduado en la Universidad Estatal de Nuevo México, Las Cruces, y productor de nuez de tiempo completo, Alex se había aventurado en la política local, regional y luego nacional como asesor político del Partido Revolucionario Institucional (PRI) de México. Como dueño de varios agronegocios, había liderado un movimiento enfocado en la defensa de los derechos del sector agropecuario, y pronto se sumaría a la administración del gobernador priista de Chihuahua, César Duarte Jáquez. Pero la principal razón por la que Alex, a quien la NPR (la radio pública estadounidense) describió como un «político fornido y con cara de niño»,[368] se sumó al congreso federal, era impulsar una ley sobre el derecho a portar armas. Abogó apasionadamente por cambiar las leyes de armas de México porque, como les dijo a los periodistas, su padre fue asesinado para robarle el auto en Sonora, en 2005. «Somos ciudadanos 100% mexicanos», dijo en 2012, «queremos que nos den el derecho a portar armas y vamos a seguir luchando todo lo necesario por obtenerlo».

«En realidad, no hay alguna ley en México que te otorgue el derecho a portar armas»,[369] dijo Brent LeBarón a un periodista. Una de las únicas formas legales de obtener armas es demostrar que se es miembro de un club o un campo de tiro, un proceso extremadamente complicado que involucra meses de verificación de antecedentes. Solo hay una armería oficial en todo el país y está a cargo del Ejército mexicano, y es vigilada desde una fortaleza en una base militar en las afueras de la Ciudad de México. Así que quien necesita armas voltea al norte, hacia la nación del mundo más obsesionada con ellas. Las autoridades mexicanas estiman que, por cada arma vendida legalmente en México, cientos ingresan de contrabando al país desde Estados Unidos y terminan en manos de los cárteles. Ahora que los LeBarón eran el objetivo de estos, dijeron que no tenían más remedio que tomar las armas, aunque violaran las leyes mexicanas. Benji había estado presionando para que se relajaran las leyes relacionadas con la posesión de armas, y su asesinato solo aumentó las exigencias de los LeBarón al respecto. «Llegamos a un punto muy bajo cuando mataron a Benjamín», dijo Brent. «Su muerte fue un verdadero golpe para toda nuestra comunidad». Según un informe, mientras esperaba el permiso para poseer armas, la familia comenzó a convertir su colonia «en una pequeña fortaleza, usando las mismas técnicas antiterroristas que usa el Ejército estadounidense en Irak y Afganistán». Marco, uno de los hermanos de Benji y estudiante universitario en Estados Unidos, regresó a la Colonia LeBarón para organizar una milicia de setenta hombres para vigilar la comunidad.

La milicia LeBarón, además de patrullar la colonia, instaló barricadas y puestos de control, así como una caseta de vigilancia sobre una colina con vista a una de las principales vías de tráfico de drogas que tenían cerca. Estaban al acecho de vehículos sospechosos que transportaran sicarios bien armados. «Conocemos a casi todo el mundo», dijo Brent. Sus esfuerzos parecieron tener éxito desde el principio. «Se corrió el rumor de que aquí arriba teníamos rifles de alto poder, francotiradores y armas de calibre 50. Ya sabes cómo se extienden los rumores, y ese nos favoreció. Creo que la torre de vigilancia es uno de los puntos clave para mantener a los malos alejados de nuestro pueblo».

Mientras esperaban que cambiaran las leyes, los LeBarón acumulaban armas por su cuenta. «Aquí en nuestro país es muy fácil adquirir armas fabricadas en Estados Unidos»,[370] le dijo Alex a un periodista.

> La gente de las organizaciones de narcotraficantes, incluso del Ejército, sabe que tenemos armas porque nosotros mismos lo hemos dicho, nunca hemos negado que tenemos armas ilegales en nuestra comunidad. Entren y encuéntrenlas si quieren. Las compramos en Estados Unidos. Sabemos que las traficamos ilegalmente, pero en este país solo así podemos defendernos.

La Colonia LeBarón no tardó en dejar en claro que estaba «blindada y armada», aunque de una manera irónica y trágica. Menos de tres meses después del asesinato de Benji, en una noche sin luna, el 9 de octubre de 2009, un escuadrón de soldados mexicanos llegó a la puerta principal de la casa de DJ, el hermano de Alex, y la familia abrió fuego, al parecer por temor de que fueran secuestradores. Según los LeBarón, los soldados no se identificaron y, como también dijo Alex, «en medio de la oscuridad a veces es mejor disparar y después hacer las preguntas». Hubo disparos de ambos bandos, lo que dejó a un soldado muerto y otro herido.

Los LeBarón observaron cuando los dos cuerpos eran cargados en una camioneta militar. Tiempo después, DJ, recordando el hecho, dijo: «Mi corazón dio un vuelco. Pensé, "Oh, mierda... Estamos metidos en una mierda"».[371]

DJ fue acusado de asesinato, pero un juez desestimó el caso y aparentemente determinó que el tiroteo fue accidental. Sin embargo, le contó al periodista Ioan Grillo que, cuando salió de la cárcel, un soldado le dio un mensaje que él interpretó como fatídico: «Un tipo me miró directamente a los ojos y me dijo: "Puede que te vayas, pero vamos a ir por ti estés donde estés"». Afirmó que los militares le guardaron rencor durante mucho tiempo, y cómo no, si «Uno de los suyos fue asesinado». Tanto que pasó mucho tiempo escuchando rumores de que los militares estaban planeando alguna represalia. En cuanto a los cárteles, Alex le dijo a un periodista que, como resultado del incidente, «Los jefes de las organizaciones criminales nos llamaron por teléfono para decirnos que estaban orgullosos de nosotros».

A la larga, el cabildeo de Julián con el gobierno mexicano valió la pena: consiguió que pusieran una nueva base militar y de la policía federal en la Colonia LeBarón. Tras el tiroteo en la casa de DJ LeBarón, los secuestros y la violencia cesaron. Si bien algunos atribuyeron la calma a la presencia policial en la Colonia, los LeBarón insistieron en que para los delincuentes lo sucedido fue un mensaje contundente de que la familia estaba decidida a contraatacar. Acostumbrados a vivir como parias después de décadas de guerra civil familiar y de derramamiento de sangre durante el reinado de Ervil LeBaron, «todos se convirtieron en vigilantes»,[372] dijo uno de los líderes de la comunidad.

La BBC informó que, durante los siguientes ocho años, la Colonia LeBarón tuvo presente la advertencia, «hecha en los términos más claros posibles, de que habitaban una tierra sin ley».[373] El mensaje del cártel a la familia LeBarón fue inequívoco: «No interfieran con nuestro negocio o nuestras rutas de transporte. No nos delaten con la policía ni atraigan la atención hacia nosotros. Desafiar esta advertencia puede costarles la vida».

Vicente pasaría esos ocho años produciendo *Encender el corazón,* la cinta ambientada en la Colonia LeBarón, con un costo de varios millones de dólares de NXIVM, en el contexto de la furiosa guerra contra las drogas en México. En la película aparece Julián diciendo: «Mi hermano y mi mejor amigo fueron asesinados con una bala en la cabeza»,[374] «No pago rescates y les pido que nunca paguen uno por mí».

Es evidente que en la película se pasó por alto el hecho de que el consejo que le dio Keith Raniere a la familia LeBarón tuvo como resultado el asesinato de Benji. Por lo que se ve en un video casero filmado en 2009, antes del asesinato de Benji, y luego filtrado a You-

Tube, parecía que Raniere entendía que la familia podía tener que enfrentar una respuesta violenta de sus adversarios al seguir su consejo, pues expresó: «Ha habido personas asesinadas por mis creencias y por sus creencias, las de ellos. Podría decirse que... cuanto más brillante es la luz, más bichos atrae».[375] En la película de Vicente, cuyo mensaje en general no es tan transparente, Julián resultó ser el protagonista perfecto, un personaje empático que enfrentó un sufrimiento inconcebible y aun así no se quebró. Con una educación modesta, pero con grandes habilidades, había «construido más de 200 casas desde que era un niño».[376] El talento de Julián como contratista y su constante llamado a la justicia eran muy admirados.

En un momento en que más de 10 000 estadounidenses se inscribieron en sus diversos programas de capacitación, Raniere se centró en su objetivo de expandirse en México, donde los líderes de NXIVM, entre ellos Emiliano Salinas, prometieron a sus seguidores que alcanzarían el «empoderamiento» y la «autorrealización». La organización se dispuso a capacitar a los participantes para romper el ciclo de violencia en su país, usando como ejemplo la experiencia de LeBarón, a pesar de lo que esta había implicado realmente. Su «énfasis en la "preparación" resonaba en un lugar donde los asesinatos en masa y los secuestros significaban que la gente siempre tenía que estar en alerta máxima»,[377] como más adelante describió un abogado de Raniere el contexto en el que NXIVM se volvió atractiva. Pero según dijo otro observador: «Es posible que también haya tenido algo que ver con eso el énfasis *randiano* del grupo en el éxito financiero como un bien moral».

Pero, sin importar en qué radicaba el atractivo de NXIVM, el éxito de esta fue rápido y extenso, especialmente entre la clase dominante mexicana. Emiliano Salinas reclutó a su hermana Cecilia y a otros dos hijos de expresidentes mexicanos: Ana Cristina Fox, hija de Vicente Fox, y Federico de la Madrid, hijo de Miguel de la Madrid. También se unió Rosa Laura Junco, la hija del fundador del Grupo Reforma, la segunda empresa de medios impresos más grande de América Latina. La actriz Catherine Oxenberg, quien tomó los cursos de NXIVM pero luego se convirtió en una abierta crítica de la organización, después de que su hija India dejó el culto, en 2018, escribió: «Raniere estuvo jugando y posicionando a su devoto seguidor Emiliano Salinas como su peón durante años, al tiempo que su familia lo preparaba para seguir los pasos de su padre en la política».[378] Con Emiliano Salinas a la cabeza, la élite política del país abrazó a Raniere y le permitió entrar a los círculos más ricos e influyentes.

El apoyo financiero que recibió de dos de las herederas de la fortuna multimillonaria de licores Seagram fue fundamental para el alcance de NXIVM. Clare y Sara Bronfman invirtieron en la organización de Raniere, en un periodo de 15 años, más de 100 millones de dólares.[379] El apoyo financiero a NXIVM ayudaría a lanzar a Julián LeBarón al escenario nacional. Julián anunció su nuevo rol al frente de la sos con una «Petición al Pueblo Mexicano»[380] que fue publicada en el *Dallas Morning News* en abril de 2010. «Estoy haciendo esto en favor de quienes hemos sido víctimas de asesinato, secuestro o extorsión por parte de gente que, para poder seguir viviendo atrincherados en su maldad y arruinando la vida de los que sabemos cómo vivir, nos ha obligado a sacrificar nuestro bien para que se beneficien los parásitos que no saben cómo hacerlo», escribió. Apelando directamente al presidente mexicano, señaló: «Este año se conmemora el aniversario de nuestra independencia en 1810, así como el de nuestra revolución en 1910. El presidente Calderón dijo en fecha reciente: "Tengo voluntad, pero necesito hombres". Mi respuesta es: amo a mi país, señor. Aquí en Chihuahua hay un hombre con el que puede contar».

Lenzo Widmar, hermano de Luis Widmar, quien había sido asesinado por los cárteles junto a su cuñado Benji, hizo eco del tono revolucionario de Julián cuando fue entrevistado para la película de Vicente y dijo: «Hace doscientos años, México tuvo que luchar. Hace cien años, México necesitó volver a luchar. Esta vez solo queremos luchar de manera diferente».[381]

Al año siguiente, Julián unió a la sos con un nuevo movimiento de paz más grande a nivel nacional, liderado por Javier Sicilia, el poeta y autor más conocido y venerado de México. Nombrado «Personaje del año 2011»[382] por la revista estadounidense *Time*, Sicilia creó el Movimiento por la Paz con Justicia y Dignidad después de que, en marzo de 2011, su hijo de 24 años fuera asesinado por narcotraficantes. Su hijo, junto con seis amigos, fue torturado y asesinado por hombres que así se cobraron el que dos de ellos los delataran, y también para protestar por los cinco años que ya llevaba la «sangrienta campaña militar contra los *narcocárteles* de México» de Felipe Calderón, que más que disminuir estaba agravando la violencia. En solo tres meses, los pocos cientos de personas que al principio acudían a las manifestaciones de Sicilia aumentaron hasta convertirse en miles.

En cuanto Julián escuchó hablar al poeta, supo que quería sumarse a su movimiento y rodearse de gente como él. «Viajó a conocer a Sicilia, y cuando lo vio no dijo ni una palabra, solo lo abrazó y lloró con él»,[383] informó el destacado diario *Milenio*. Con Vicente allí para documentar cada paso de su recorrido, Julián «dejó su casa, su esposa, sus hijos, su trabajo y su pequeño negocio para sumarse al movimiento con el que recorrió miles de kilómetros a lo largo del país, articulando así un movimiento nacional de víctimas de la guerra contra el narcotráfico durante la administración de Felipe Calderón».

Inspirado por Sicilia, Julián comenzó a escribir poesía. «Creo que la poesía tiene el poder de curar heridas y también de consolar», dijo. Los dos hombres se reunieron con el presidente Calderón para una serie histórica de conversaciones sobre los cárteles. Julián era cada vez más visible en los eventos; su perfil nacional superó al de Benji y se convirtió en la segunda figura pública más conocida del movimiento, después de Sicilia.

Asesorado por Raniere, Julián fue un agitador que se negaba a odiar a sus enemigos y a la vez una fuerte voz que exigía el derecho a portar armas. Varios periodistas mexicanos se enfocaron en el discordante contraste, así como en lo extraño que era que Raniere estuviera participando en la élite política y cultural de México. La cinta en la que Vicente tomó imágenes de Raniere lo mostraba «ligeramente desaliñado y afable, rodeado de seguidores mexicanos que lo adoraban», escribió el periodista León Krauze después de ver *Encender el corazón*. Y agregó: «De hecho, Raniere ofrece una especie de solución para los problemas de México: seguir sus enseñanzas al pie de la letra. Bajo su esquema mesiánico, el país se convertiría en un experimento».

Emiliano Salinas ciertamente se comprometió a seguir sus ense-
ñanzas al pie de la letra, proclamando en su sitio web personal que
Raniere era una voz poderosa contra la violencia y la corrupción en
México. En 2010 dio una charla TED-Ed que se filmó en San Miguel
de Allende, el tema fue la violencia en México y se presentó como
«Una respuesta ciudadana a la violencia»;[384] fue, además, la primera
TED Talk en un idioma distinto al inglés. Julio Hernández López,
el periodista mexicano, describió a NXIVM como una «secta de la
Nueva Era para tontos pretenciosos, que básicamente busca el enrique-
cimiento económico a través de la charlatanería», y dijo que «Julián y
Emiliano comparten la convicción de que se puede cambiar el mundo a
partir de las enseñanzas modernas y tecnológicas de Keith Raniere».[385]

El movimiento In Lak'ech de Salinas financió la película de Vicente y el activismo de Julián LeBarón. Un documento interno de In
Lak'ech, contiene este texto revelador: «Lo que estamos haciendo con
Julián LeBarón es apoyarlo con sus gastos, principalmente familiares,
pues para que pueda llevar a cabo la misión que lidera, necesita dejar
de trabajar. Le estamos dando el apoyo económico para que pueda
continuar con este proyecto; lo estamos asesorando a cada paso».[386]
La organización también trató de patrocinar el Movimiento por la
Paz con Justicia y Dignidad de Javier Sicilia, lo cual aparentemente
no le agradó al poeta fundador del movimiento.

En febrero de 2012, apenas ocho meses después de unirse al movimiento de Sicilia, y luego de desacuerdos evidentemente relacionados
con la participación de Raniere y Salinas, Julián LeBarón se separó
de este, afirmando que se fue porque Sicilia «abandonó el camino de
la organización ciudadana»[387] y porque el movimiento se convirtió en
«interlocutor de un gobierno incapaz». La separación parecía inevitable. Mientras Julián abogaba por importar más armas de Estados
Unidos, Sicilia protestaba contra el flujo de miles de armas que ingre-
saban a México cada año desde su vecino del norte. Una organización
sin fines de lucro llamada Angelica Foundation, con sede en Santa
Fe, Nuevo México, intervino para apoyar la «campaña binacional
de base»[388] de Sicilia, y financió una película sobre Sicilia llamada
El Poeta, al mismo tiempo que Vicente estaba filmando *Encender el
corazón*, centrada en Julián LeBarón.

Aunque le ofrecieron puestos en el gobierno federal de México, Julián se negó a unirse a lo que denominó «la clase política».[389] Su activismo siguió siendo la piedra angular del documental *Encender el corazón*,[390] que se convirtió en un video de marketing para NXIVM y un vehículo para exaltar a Raniere, incluso mientras Vicente continuaba filmando. Antes de tener el producto terminado, Emiliano Salinas, el personal de su organización In Lak'ech y Vicente viajaron por todo México promocionando la próxima película, mostrando avances y testimonios filmados de quienes aparecían en ella.

A principios de 2012, Shane Smith, fundador de la empresa de medios VICE, llevó un equipo de camarógrafos a la Colonia LeBarón para filmar una exposición, de casi una hora de duración, llamada «La guerra de los mormones mexicanos: Los cárteles de Ciudad Juárez, México, están en guerra con un grupo de mormones, algunos relacionados con Mitt Romney». Romney, el candidato republicano a la presidencia ese año, había adoptado una dura postura antiinmigración, la cual Smith pretendía tachar de hipócrita, dada la historia familiar de este en las colonias mormonas mexicanas, que se remonta hasta fines del siglo XIX; el propio padre de Romney había inmigrado a Estados Unidos en 1912.

Enorgulleciéndose de su periodismo *gonzo* para la era de las redes sociales, VICE aseguró a los polígamos, notoriamente tímidos ante las cámaras, lo que parecía ser un extraordinario acceso a ellas. «Tal vez una de las razones por las que Mitt Romney está tan preocupado por la guerra contra las drogas que tiene lugar justo al sur de la frontera estadounidense es porque lo afecta personalmente, a él y a su familia»,[391] explicó Smith, entre improperios, a la cámara, señalando que Meredith Romney, uno de sus primos lejanos, había sido secuestrado apenas tres años antes.

A pesar de que la familia LeBarón llevaba décadas viviendo en secreto, rayando en la paranoia, y en contraste con su relación con la prensa en México y los medios de otras naciones, Julián, Alex y Brent LeBarón recibieron con entusiasmo al equipo de VICE. Todos los primos aceptaron dar entrevistas y, como era de esperarse, lo usaron como plataforma para presionar al gobierno mexicano para que relajara las leyes relacionadas con la posesión de armas. Mencionaron que los narcotraficantes tienen armamento de última generación, armas de calibre 50, rifles de asalto, ametralladoras de grado militar, mientras que a los mormones se les prohíbe poseer armas. Aun así, afirmaron que los rumores de que tenían sus propias «*50 cals*» sirvieron a los propósitos de la Colonia. Smith no tardó en demostrar que los LeBarón no eran mormones observantes; su equipo los grabó cuando, en una noche de copas en un bar en las cercanías de Nuevo Casas Grandes, estaban cantando karaoke mientras tomaban *shots* de tequila y Smith brindaba borracho por la familia LeBarón, diciendo: «¡porque ustedes son lo pinche máximo!». Después de un breve viaje junto con la policía federal en una patrulla, Smith y su equipo huyeron rápidamente al otro lado de la frontera.

El reportaje de VICE presentando al moderno clan LeBarón se volvió popular en Estados Unidos, donde una amplia audiencia estadounidense pudo verlo millones de veces en YouTube. Sin embargo, fue evidente que el reportaje de VICE omitió cualquier indicio de que el equipo del documental de NXIVM estaba filmando en la Colonia LeBarón en el mismo periodo.

A medida que el movimiento de NXIVM en México ganaba fuerza, Raniere y Vicente trabajaron con más intensidad en su película *Encender el corazón*. Aunque Raniere todavía era una figura relativamente desconocida en Estados Unidos, pronto más de la mitad de sus asociados más cercanos eran mexicanos, muchos de ellos de alto perfil. En febrero de 2012 estuvo bajo un escrutinio más cercano en Estados Unidos, cuando, bajo el título «Secrets of NXIVM» (Secretos de NXIVM), el *Times Union* de Albany comenzó una serie de investigaciones sobre su vida y sus hazañas, y el misterio que rodeaba a su recinto en esa ciudad. Pero las historias no fueron recogidas por otros periódicos ni lograron ganar terreno a nivel nacional.

Tras un año de investigación, el periódico de Albany informó sobre los alardes de Raniere de tener el coeficiente de inteligencia más alto del mundo y una energía intelectual capaz de activar los radares de velocidad de la policía. El *Times Union* estimó que NXIVM tenía 10 000 miembros en Estados Unidos que pagaban por pertenecer a esta, al mismo tiempo que los periódicos mexicanos sugerían que en México el número era aún mayor.

Forbes había llamado previamente la atención sobre NXIVM, asegurando que «algunas personas veían un lado más oscuro y manipulador en el futuro gurú»,[392] que lideraba «un programa similar a un "culto dedicado a quebrar emocionalmente a sus sujetos" al tiempo que "los introducía a un extraño mundo con pretensiones mesiánicas, lenguaje idiosincrásico y prácticas rituales"». Al igual que la serie de *Times Union*, la historia de *Forbes* prácticamente pasó desapercibida, al tiempo que NXIVM seguía creciendo. Impulsado por el dinero aparentemente inagotable de Bronfman, Raniere se convirtió en lo que se conoce como un litigante vejatorio frecuente, un demandante que presenta demandas frívolas solo para acosar a los antagonistas, y tuvo éxito al demandar a su creciente número de críticos y mantener la publicidad negativa sobre NXIVM fuera de las portadas de la prensa estadounidense.

En México, el movimiento In Lak'ech continuó publicitando *Encender el corazón*, aunque todavía estaba en producción. Mientras Vicente y Salinas viajaban por todo México promocionando la película y sus organizaciones, también mostraban a Julián LeBarón como una figura central en la lucha contra la extorsión, el secuestro y la violencia extendida de los cárteles. El llamado movimiento por la paz de Julián recaudaría nueve millones de pesos para la producción y distribución de la película.

Durante su campaña de recaudación de fondos, Vicente se presentó en hoteles exclusivos y centros culturales, en eventos de etiqueta y ante grandes audiencias. Le dijo al público que la película completa se estrenaría el 7 de julio de 2016, en el séptimo aniversario del asesinato de Benji que se conmemoraría en la pequeña comunidad de Galeana, y luego se proyectaría en todo el país.

Keith Raniere pasaba mucho tiempo en la Colonia LeBarón, volaba en el avión privado de las hermanas Bronfman y conocía a muchos miembros de la familia. Se sabía que estaba concentrado en ayudarlos en su lucha contra el secuestro y la violencia, pero de lo que no se sabía tanto era de su fascinación por su estilo de vida polígamo, que practicaba furtivamente, a su manera, en Albany. Según informes, Raniere se había casado tres veces, no simultáneamente, aunque no estaba claro si las mujeres eran cónyuges legales o de hecho. Pero, a esas alturas, según un informe, mantenía un harén de más de una docena de mujeres extraídas de los miembros de NXIVM, y había desarrollado «ideas radicales sobre la poligamia, el incesto, la sociopatía y el poder».[393] Enseñó a sus seguidores que las mujeres debían ser monógamas, mientras que los hombres debían ser polígamos, afirmando que la naturaleza de los hombres era «esparcir su semilla».

Un exmiembro de NXIVM dijo, al empezar a revelar poco a poco la práctica a sus seguidores, que Raniere «estaba tratando de introducir la idea de la poligamia, pero vendiéndola poco a poco, sentando las bases». Después de presenciar de primera mano la cultura polígama con los LeBarón, Raniere quedó particularmente impresionado por la forma en que el dominio masculino estaba entretejido en cada aspecto de ella. Se sintió atraído por la docilidad y sumisión de las mujeres de la Colonia, y las veía como la encarnación de la verdadera feminidad. Cuando perdió interés en una de sus concubinas, se dirigió a su círculo cercano para encontrar una «joven y virgen sucesora»[394] como reemplazo. Luego, usó a las mujeres con las que estaba involucrado sexualmente para cortejar a otras mujeres y tener más parejas, como las hermanas-esposas que había conocido en la cultura de la poligamia mormona. Las mujeres que tuvieron relaciones sexuales con él dijeron que el acto les fue «presentado como una experiencia espiritual, que era una forma de transferirles su energía divina»,[395] y que usaba el sexo para manipularlas.

Raniere aprovechó la doctrina mormona temprana; admiraba e intentaba emular el arte de vender y la destreza sexual de Joseph Smith. Una década antes de visitar la Colonia LeBarón, Raniere había reclutado a niñas mormonas menores de edad en Estados Unidos para NXIVM, atrayendo por lo menos a una adolescente de una colonia fundamentalista con sede en Utah.

«Mi familia… era como las manadas de ciervos que pueblan las montañas Wasatch sobre Salt Lake»,[396] escribió Dorothy Allred Solomon sobre la pasividad de la mujer polígama. «Las madres eran vigilantes y trabajadoras, criaban a los jóvenes y soportaban todo tipo de dificultades con valor y gracia». Según una esposa plural de la colonia, a las niñas LeBarón se les enseñaba desde la infancia que era su derecho de nacimiento y honor, como elegidas de Dios, practicar el Principio, que se trataba «de la gloria futura».[397] El matrimonio plural encarnaba todas las aspiraciones de las mujeres: proporcionar a los hombres tantos hijos como fuera posible durante su tiempo en la Tierra, en preparación para el reino celestial. La mayoría de las esposas daban a luz a un bebé cada 18 meses, hasta que dejaban de ser fértiles; el número promedio de hijos entre los polígamos de las comunidades fundamentalistas mormonas, tanto en México como en Estados Unidos, era de 12 por cada mujer. Irene Spencer, que tuvo 13 hijos, a la larga llegó a ver la maternidad como un medio para controlar a las mujeres. «Ninguna mujer con tantos hijos se atrevería a intentar dejar el grupo»,[398] escribió, recordando que una vez escuchó que Joel LeBaron padre le dio a su hermano, que era su esposo, este consejo: «Si quieres evitar que una esposa descontenta trate de escaparse, solo mantenla embarazada, pronto tendrá tantos hijos que no podrá irse».

La poligamia es ilegal en México, pero el gobierno tácitamente ha permitido la práctica de matrimonio plural de los mormones desde la década de 1880, cuando los fundamentalistas mormones se asentaron en las 40 000 hectáreas de tierra que la iglesia de los SUD compró para ellos en el norte de Chihuahua. Como lo describió Verlan, «México extendió sus alas protectoras sobre un pueblo perseguido».[399] Si bien el gobierno mexicano ahora ve la poligamia con malos ojos, no ha llevado a cabo redadas contra la poligamia ni ha arrestado a nadie por ese delito como han hecho las fuerzas del orden de Estados Unidos. Hoy en día, aquellos ciudadanos con doble ciudadanía, que son mexicanos y estadounidenses, y que practican la poligamia, se mantienen dentro de la ley vigente de ambos países casándose legalmente con una sola persona. Debido a que solo uno de los matrimonios de los polígamos es legal ante los ojos del gobierno, muchas esposas plurales y sus hijos no consideran la posibilidad de marcharse en caso de no estar contentas con la situación, ya que nada protege su condición de esposas, excepto los caprichos de sus maridos. Ya que ellas mismas se criaron en la poligamia, la mayoría de las esposas, igual que sus hijos, no tienen certificados de nacimiento ni números de Seguro Social. Como Jean Rio Baker y su nuera polígama, Nicolena Baker, descubrieron en el siglo xix en Utah, entre los mormones ni una mujer soltera ni una esposa plural tienen estatus legal alguno como cónyuge, y menos aún la protección o el apoyo de la iglesia. Todos los hijos de matrimonios plurales son extensiones de sus madres y, por lo tanto, propiedad de sus padres. Hoy en día, los polígamos mayores tienen un promedio de tres o más esposas, y los líderes patriarcales incluso más. Según expresó un informe, «La competencia entre los hombres por las esposas que pasaron su niñez en familias polígamas es muy intensa... ya que se cree que hay más probabilidades de que sean "esposas-hermanas" armoniosas».[400] Más aún, «Los hombres a menudo también buscan que sus esposas realmente sean hermanas, basados en la teoría de que una mujer podría estar más dispuesta a compartir a su esposo con su hermana que con una mujer desconocida».

Los relatos de las mujeres que han dejado la Colonia LeBarón en el siglo xxi han revelado casos de niñas que se casan con apenas 12 años y dan a luz cada dos años hasta que llegan a los 40. Proliferan los informes sobre hombres que se casan con niñas menores de edad y, a veces, con primas hermanas. Los desertores del clan LeBarón han escrito sobre dinámicas familiares complejas, en las que el patriarca masculino dicta cada movimiento de las esposas y los niños, incluyendo el hecho de que se espera que las esposas crucen cada mes la frontera hacia Estados Unidos para recoger los cheques de asistencia social que les da el gobierno para mantener a la familia, mientras que las ganancias del esposo en Estados Unidos llegan a México libres de impuestos; todo esto como parte del pacto perdurable de «desangrar a la bestia». Una esposa polígama describió el «truco de la asistencia social»[401] con el que defraudan al gobierno de Estados Unidos de la siguiente manera: «Todo está justificado ante los ojos del Señor, siempre y cuando lo hagas para construir el Reino».

En este sistema patriarcal se espera que cada mujer se vincule con las otras esposas de su marido, así como con todas las demás mujeres de la comunidad que también han sido criadas en familias polígamas. Se les enseña que la maternidad es un deber patriótico y religioso, que dar a luz y criar hijos para el Reino de Dios en los «últimos días» es su deber, aunque a menudo la realidad contradice lo que se predica. Los celos entre esposas son tabúes, pero no se pueden extinguir, porque las mujeres y sus hijos están en constante competencia por los recursos y el afecto. La poligamia es «el patriarcado llevado hasta el extremo. Las mujeres son la mercancía y el tipo de cambio… para el amo y señor supremo que reina sobre ellas»,[402] escribió un erudito que se especializa en el estudio del abuso físico y emocional que a menudo provoca esta práctica.

Actualmente no todas las mujeres LeBarón sufren en silencio su opresión, para empezar, ni se ven a sí mismas como oprimidas. Muchas de las hijas y esposas jóvenes de la Colonia LeBarón se parecen a las típicas adolescentes y jóvenes adultas estadounidenses, o incluso a *influencers* de las redes sociales, mucho más que las mujeres de sus comunidades hermanas fundamentalistas de Arizona y Utah, que se visten como pioneras del siglo XIX. Las mujeres LeBarón usan minifaldas y tacones, y publican fotos glamurosas y *selfies* en Facebook e Instagram. «Esto comenzó en años recientes, cuando decidimos que debíamos ser atractivas para nuestros maridos, que están constantemente expuestos a las mujeres jóvenes de Babilonia»,[403] dijo una esposa plural mayor de la colonia, refiriéndose a las prácticas de migración estacional de los hombres LeBarón. «Las chicas quieren ser aceptadas. Y, lenta y sigilosamente, entró el diablo. Pasaron de ser puritanas a ser ollas de carne». Otra hija de un polígamo habló sobre las «compras y citas nocturnas».[404] Las hermanas-esposas van de compras juntas a boutiques y grandes almacenes en Phoenix y Las Vegas, después de lo cual «se visten sexy para tener una cita con su esposo». Algunas de las mujeres, sin embargo, tienen envidia de las relaciones monógamas que presencian mientras visitan a sus maridos en Estados Unidos. Así como los hombres beben y dicen groserías, algunas de las mujeres de esta comunidad fundamentalista se están volviendo más liberadas, al menos en algunos aspectos superficiales.

Keith Raniere estudió de cerca el estilo de vida polígamo de los LeBarón.[405] Se dio cuenta de que las hermosas y jóvenes esposas, con su ropa femenina y peinados modernos, son corteses con los extraños, deferentes con los hombres, dulces con los niños y cariñosas entre sí. Que las adolescentes son tan frescas y encantadoras como las jóvenes alumnas de cualquier otro lugar, que se la pasan pegadas a sus teléfonos celulares, probándose cosméticos y coqueteando con los chicos. En 2015, Raniere decidió crear su propio grupo de élite de mujeres seguidoras, el cual, según fuentes, formó basándose en el modelo de los LeBarón y, especialmente, en la unidad cohesionada de hermanas-esposas que trabajaban juntas en nombre del patriarca. Para su nueva hermandad secreta eligió un nombre falso en latín: *Dominus Obsequious Sororium*, que traducido al español significa «Señor/Maestro de las Compañeras Femeninas Obedientes», y que utilizó abreviado en el acrónimo DOS. El grupo, el esquema piramidal más nuevo de Raniere, y que también era conocido como «El Voto», consistía en niveles sucesivos de «esclavas» dirigidas por «maestras». Durante los siguientes tres años después de que lo formó, al menos 102 mujeres se unirían al DOS, el cual, según la descripción de una de las maestras de Raniere, «se parecía a un grupo de masones, pero este era para mujeres que desearan formar su carácter y cambiar el mundo».[406] Muchas de las reclutas se unieron creyendo que se trataba de un programa de tutoría para mujeres, y solo más tarde se enteraron de que estaban siendo preparadas para tener relaciones sexuales con Raniere. La hermandad se presentaba como una «fuerza para el bien, con el potencial de convertirse en una red con la capacidad para influir en eventos como las elecciones»,[407] dijo una recluta al *New York Times*. «Para ser eficaces tenían que superar las debilidades que, según el señor Raniere, son comunes en las mujeres: una naturaleza demasiado emocional, la tendencia a no cumplir las promesas y la costumbre de adoptar el papel de víctima».

Raniere reclutó a 11 niñas de la Colonia LeBarón,[408] aparentemente para que trabajaran como niñeras y maestras en un programa llamado Rainbow Cultural Gardens (Jardines Culturales Arcoíris), derivado de NXIVM, en el que participaba un grupo de escuelas internacionales que operaba en México, Estados Unidos y el Reino Unido. Raniere les dijo a los padres de las niñas que al enviarlas a trabajar en el programa las alejarían de la violencia de las drogas de Chihuahua; después de convencerlos, las llevó en avión a Clifton Park, un suburbio de Albany con población mayoritariamente blanca, donde NXIVM poseía un complejo al que sus miembros llamaban «la nave nodriza».[409] Había creado Rainbow Cultural Gardens como una institución experimental para que los hijos en edad preescolar de los miembros adinerados de NXIVM aprendieran varios idiomas, y por cuyas matrículas anuales sus padres pagaban hasta 120 000 dólares. Raniere promocionaba las escuelas experimentales como lugares en los que se formaría «una nueva generación más evolucionada, que hablaría más idiomas, viviría de acuerdo con principios más elevados y obtendría mejores puntajes en las pruebas de inteligencia».[410] Bajo el título de especialistas multidisciplinarias, o MDI, contrataron a niñas de varios países, incluidas las de la Colonia LeBarón, para trabajar como niñeras y enseñar diferentes idiomas, entre ellos ruso, alemán, mandarín, español y árabe a niños de hasta tres meses. El plan de estudios estaba basado en las enseñanzas de Raniere y pretendía introducir a los niños a nueve idiomas al mismo tiempo.

En 2016, 11 niñas, de entre 13 y 17 años, viajaron desde la Colonia LeBarón al norte del estado de Nueva York y se quedaron en una mansión propiedad de Rosa Laura Junco, quien operaba el programa en México y organizaba las clases de español que daban las niñas. Dentro del DOS, Junco era conocida como una esclava de «primera línea»[411] de Raniere, y ella le reportaba directamente a él. Las niñas LeBarón no necesitaban experiencia docente, y el único proceso de selección consistía en que Raniere examinara sus fotografías. Una vez en Albany, según un testimonio judicial posterior relacionado con los cargos de tráfico sexual y pornografía infantil presentados contra Raniere, las niñas fueron «expuestas a sus enseñanzas pedófilas y misóginas».[412] Estaban «siendo preparadas para tener sexo con Raniere». Moira Kim Penza, la fiscal federal, argumentó que las niñas LeBarón fueron «seleccionadas específicamente porque, habiendo sido criadas en una secta polígama, eran más vulnerables a las enseñanzas de Raniere sobre sexualidad, incluyendo la idea de que era natural que las mujeres fueran monógamas y que los hombres tuvieran más de una pareja, una filosofía que servía a las preferencias sexuales de Raniere».

Cuando las «niñeras» LeBarón llegaron al norte del estado de Nueva York, descubrieron que varios miembros de otra familia adinerada y conocida del centro de México habían estado instalados en el complejo durante los últimos siete años. Los miembros de NXIVM de esta familia incluían una madre, un padre y un hijo, así como tres hijas que eran, simultáneamente, parte del harén sexual de Raniere; una de las hermanas menores de edad incluso había permanecido cautiva y en aislamiento en contra de su voluntad durante casi dos años. Las chicas LeBarón fueron asignadas para convertirse en «delegadas», un grupo separado creado solo para ellas dentro de Rainbow Cultural Gardens. India Oxenberg, la hija de 25 años de la actriz Catherine Oxenberg, estaba a cargo de ellas. Las puso a dieta, solo quinientas calorías al día, prácticamente un régimen de inanición, y les explicó que debía controlar estrictamente sus hábitos alimenticios porque Raniere prefería a las mujeres ultradelgadas.

Fiel a su palabra, Mark Vicente estrenó *Encender el corazón*, «escrita, producida y dirigida por los ESP» y «presentada por In Lak'ech», el 7 de julio de 2016, en el pequeño pueblo de Galeana, Nuevo León, para honrar la memoria de Benji LeBarón. «Sentí que era lo correcto para honrar su sacrificio»,[413] escribió Vicente en redes sociales. «Toda la comunidad se reunió para verla. Tanto ellos como nosotros estábamos llenos de dolor, recuerdos y orgullo por lo que hizo Benjamín LeBarón, quien había desafiado a los criminales de una manera que nadie había hecho antes. Su historia ahora pasaría a los libros». Vicente dijo que la película fue el resultado de más de setecientas horas de metraje, filmadas durante un periodo de ocho años. En la página de Facebook de la película, Vicente publicó: «La perspectiva desde la que se hicieron las preguntas y la delicadeza con la que las manejaron los cineastas se refleja en la pantalla como un mosaico único de profunda emotividad y honestidad humana». Durante el verano de 2017 el equipo de Vicente, incluidos los codirectores y sus coproductores de NXIVM e In Lak'ech, exhibieron la película en 120 lugares de México y en algunas ciudades de Estados Unidos. Vicente afirmó que fue vista por cientos de miles de personas.

Si bien Raniere fue la pieza central de la película, Julián LeBarón tuvo el papel secundario clave; sus monólogos subrayaron los argumentos de Raniere sobre los antídotos contra el miedo y su convicción de que NXIVM transformaría la cultura de violencia de México. Habló de la creciente ira que sentía tras el asesinato de su hermano, pero dijo que estaba redirigiendo su ira hacia la solución del odio subyacente en el país. Sentado en una mesa con Raniere, Julián habló de «la humanización y la conciencia»[414] como el camino hacia la paz, y de «millones de personas actuando conscientemente» en lugar de depender de un líder político para poner fin a la violencia.

En el estreno, Vicente recordó haber filmado su última entrevista con Benji antes del asesinato de este último en 2009, y dijo: «Sus palabras han resonado en nuestros corazones durante años».[415] El periodista mexicano León Krauze escribió sobre la película: «En pantalla, Raniere se presenta como un mesías del individualismo radical de Ayn Rand, y ofrece la que dice es la única solución para el dolor de México: que los mexicanos adopten su sistema, sus "valores", su filosofía a través de NXIVM y ESP».[416] Vicente, antes de una de las funciones, dijo: «La película te lleva en un viaje de la oscuridad a la esperanza».[417]

Detrás de escena, sin embargo, las relaciones de Raniere con los residentes de LeBarón, y las lecciones que había aprendido en la Colonia sobre el papel de la mujer, estaban creando tensión. Vicente luego afirmó que se sintió alarmado cuando Raniere comenzó a abogar abiertamente por la poligamia dentro de la NXIVM. Su incomodidad aumentó, dijo, cuando los miembros de la junta ejecutiva de la secta, incluida Clare Bronfman, se enojaron con él porque minimizó a Raniere en la película y no acentuó la supremacía de Vanguard. Sin embargo, muchos de los que vieron el llamado documental tuvieron la reacción opuesta: lo vieron como una hagiografía descarada de Keith Raniere, entremezclada con imágenes de violencia gratuita llevada a cabo por los cárteles mexicanos. León Krauze, quien «salió asqueado» después de ver el documental, escribió: «El diagnóstico simplista y arriesgado que la película presenta sobre la desigualdad en México y la intrincada guerra de 12 años contra el crimen en el país podría haber sido inofensivo, si no fuera porque apenas logra disimular el objetivo totalmente distinto con el que se filmó, que es el de hacer propaganda masiva para elevar el perfil de Raniere en México».[418]

Vicente, si bien era responsable de haber filmado lo que fue, en esencia, un anuncio glorificado en el que se invirtieron millones de dólares y que tomó ocho años producir, afirmó estar horrorizado por el producto final. De repente, y misteriosamente en un principio, a inicios del mes de octubre de 2017 detuvo todas las proyecciones y dejó de distribuir la película. El razonamiento de Vicente quedó claro a mediados de ese mes, cuando el *New York Times* informó que había una investigación penal federal sobre Raniere por formar una red de esclavitud sexual en la que las mujeres eran marcadas con sus iniciales. Vicente afirmó que se sintió «devastado» cuando se enteró de esas revelaciones sobre su jefe y líder, y sorprendido de que su película se estuviera utilizando como una herramienta de reclutamiento para el DOS, cuyo objetivo eran niñas menores de edad en México, incluso de la Colonia LeBarón. Vicente anunció que se enteró de que «la película se estaba utilizando para apoyar una supuesta empresa criminal»,[419] lo cual implicaba que se había convertido en un denunciante para las fuerzas del orden estadounidenses.

Vicente se lamentó de que esas personas involucradas en un culto sexual se hubieran apoderado de su película sobre los LeBarón y la violencia de los cárteles, algo que a muchos les pareció falso, dado que a lo largo de una década había estado totalmente inmerso en NXIVM y siempre muy cerca tanto de Raniere como de los LeBarón. Vicente, admitiendo que estaba avergonzado, dijo: «Esta película, si bien mostró una hermosa historia de valentía, también estaba apoyando por asociación a NXIVM, una empresa criminal, aunque esa nunca fue nuestra intención»,[420] y agregó: «Ahora me pregunto, "¿qué carajos hice?"».

Al enterarse de la investigación criminal federal en Nueva York, Raniere huyó de Albany y se mudó a Puerto Vallarta, México, en donde se alojó en una villa de lujo, con alta seguridad. «Uno pensaría que, dado el número y la naturaleza de los asociados mexicanos de Raniere, la historia habría estallado en México»,[421] escribió Krauze. «De hecho, sucedió todo lo contrario. Es evidente que la prensa del país ha evitado señalar a los connotados personajes con los que Raniere tenía conexiones».

Por su parte, Emiliano Salinas, quien alguna vez se refirió a Raniere con el término «heroico», negó saber sobre el círculo sexual dentro de NXIVM. Hizo una gira de prensa en la que, además de distanciarse del escándalo, afirmó que las historias publicadas en Estados Unidos eran infundadas. «Mi nombre no aparece en el artículo antes mencionado, ni existe vínculo alguno con lo que hago en México»,[422] dijo en un comunicado, refiriéndose a la historia del *New York Times* de octubre de

2017. Luego de que, en 2018, Raniere fue arrestado en Puerto Vallarta y deportado a Nueva York para enfrentar cargos penales federales de crimen organizado, tráfico sexual, conspiración, trabajos forzados, robo de identidad, explotación sexual infantil y posesión de pornografía infantil, los responsables de los ESP de México emitieron un comunicado en el que expresaban sentir confianza en que Raniere sería declarado inocente.

Julián LeBarón dijo que nunca estuvo de acuerdo con que la película de Vicente «fuera utilizada como una herramienta de reclutamiento de ningún tipo»,[423] y agregó que estaba convencido de que el documental era una «buena forma de promover la participación ciudadana frente a la violencia».[424]

En cuanto a las 11 niñas de la Colonia LeBarón que habían sido llevadas a Clifton Park, Nueva York, Vicente testificaría más tarde que Raniere «orientaba» a las adolescentes en el sótano de la mansión de Junco y en su biblioteca principal. «Y aunque es posible que nunca sepamos exactamente qué tipo de tutoría les estaba dando a las jóvenes, sí sabemos que todas lo consideraban "extraño"»,[425] dijo un fiscal federal, «y que todas regresaron abruptamente a México».

CAPÍTULO OCHO

«EL AGUA FLUYE CUESTA ARRIBA, HACIA EL DINERO»[426]

CUANDO EL ESCÁNDALO de NXIVM por fin saltó a los titulares de prensa en Estados Unidos, y los conspiradores fueron llevados ante la justicia, el clan LeBarón estaba librando otra batalla oculta a plena vista. Esta lucha tenía raíces más profundas y mayores implicaciones. En la primavera de 2018, el enfrentamiento que la familia venía sosteniendo durante décadas con sus vecinos mexicanos y autóctonos por los preciados recursos hídricos en las áridas tierras de Chihuahua desató la violencia.

Con una población que hoy alcanza alrededor de 5 000 miembros, la Colonia LeBarón se extiende por 9.7 kilómetros a lo largo y 6.3 kilómetros a lo ancho. Está delimitada por los campos de la familia LeBarón, que de hecho se encuentran dentro del ejido Galeana y el ejido Constitución, y son tierras comunales que datan de la Revolución mexicana. Desde los años setenta los LeBarón han tenido diferencias con los miembros descontentos de los ejidos, quienes los han acusado de haber comprado las tierras ilegalmente y de robarles el agua. Después de que los jueces, en repetidas ocasiones, se pusieran del lado de los LeBarón, «a quienes —según una académica— veían como miembros productivos de la economía local»,[427] la desconfianza y las acusaciones siguieron aumentando gradualmente durante varias décadas, pero se multiplicaron con rapidez alrededor de 2015, cuando los LeBarón comenzaron a expandirse aún más.

El uso y control del agua fue un tema definitorio para la mayor parte de la historia de los mormones, remontándose al día siguiente de la llegada de la vanguardia de Brigham Young al valle del Gran Lago Salado en 1847, cuando los mormones se pusieron a trabajar de inmediato en levantar una presa y desviar lo que un día se conocería como el Emigration Creek (el Arroyo de la Emigración). Cuando Young envió grupos de fieles a internarse más en el oeste de Estados Unidos, después de que el área del Gran Lago Salado se hubiera establecido extensamente en la década de 1850, y cuando décadas más tarde los envió más allá, hacia el norte de México, llegaron decididos a asegurar las fuentes y arroyos con los que podrían cultivar la tierra. Como otros blancos que a lo largo de la historia llegaron al oeste estadounidense, casi nunca se detuvieron a considerar las repercusiones de privar a las tribus indígenas y a los animales de caza del acceso al agua que les había dado sustento durante cientos de años, si no es que por milenios.

Pero los mormones estaban construyendo el Reino de Dios en la Tierra, y justificaban su uso excesivo del agua acogiéndose a la profecía bíblica, según la cual ellos tenían la misión de transformar el desierto. Sus esfuerzos, de acuerdo con las escrituras mormonas, eran medulares para entenderse a sí mismos como «mayordomos de estas bendiciones terrenales que el Señor nos brindó a quienes tenemos este suelo y esta agua».[428]

Algunas comunidades vecinas creen que los LeBarón han estado asociados por mucho tiempo con las fuerzas políticas y económicas dominantes de la región, operando como un pequeño imperio que, a lo largo de los años, ha negociado acuerdos especiales con varios líderes del gobierno. No solo se les ha considerado ocupantes extranjeros ávidos de tierras, sino también aliados de la élite de la derecha mexicana y de los «gobiernos prianistas». En México hay quienes los llaman «invasores estadounidenses»[429] o el «Cártel de Galeana». Mientras Julián LeBarón ha estado ocupado con su movimiento de paz, al parecer el resto de su familia ha estado ocupada adquiriendo más tierra y más agua. El padre de Julián, Joel hijo, es el dueño del rancho La Mojina desde 1977. En 2015, a casi 40 años de su compra inicial, el rancho, de repente —y de forma sospechosa, de acuerdo con lo que dicen los críticos—, comenzó a aumentar muchas hectáreas. El nuevo terreno se dividió entre 17 miembros de la familia, por lo menos, todos descendientes directos de Joel padre. Un frenesí de transacciones inmobiliarias entre 2015 y 2017, que involucró docenas de escrituras recién expedidas, incluyó esencialmente derechos invaluables para la explotación del agua en las nuevas tierras. Algunos periodistas mexicanos resaltaron que, en el tiempo en que se llevaron a cabo las transacciones, Alex LeBarón, activista en pro de poseer armas, operador del PRI y delegado de la Comisión Nacional del Agua (Conagua), era «colaborador cercano de César Duarte Jáquez, el exgobernador de Chihuahua, quien lo impulsó como diputado local y diputado federal, siempre a cargo de comisiones del agua».[430] Su hermano Max, quien fuera «secretario particular» de Duarte, también se involucró en estas. En 2015, Alex ganó una curul en el Congreso federal como representante del PRI por el VII distrito de Chihuahua: su meta desde el asesinato de Benji.

De los 17 propietarios de las tierras que caen dentro del rancho familiar ampliado en el ejido Constitución, entre los que han sido identificados como los más antiguos, están Joel hijo y sus cuatro hermanos: Leonel Armando LeBarón, Luis Carlos LeBarón, Ricardo LeBarón y Adrián LeBarón, quienes son hijos de Magdalena Soto, la primera esposa del profeta Joel. Los otros dueños identificados son tres de los hijos de Joel hijo, incluyendo a Julián y a su hijo Diego. «El resto de propietarios, de acuerdo con un artículo periodístico, también son de la familia LeBarón». Según consta, entre el 29 de septiembre y el 9 de octubre de 2015, Alex LeBarón «inscribió en el Registro Público de la Propiedad 153 propiedades que le fueron otorgadas sin costo por otro ejido, el ejido Galeana». Apenas días antes de adquirir estas propiedades, a algunas se les había cambiado el uso de suelo, de tierras de «uso común a tierras de asentamiento humano». Los terratenientes del ejido Galeana habían obtenido originalmente la tierra en 1778. Les fue robada durante la Revolución y, con el paso del tiempo, cuando volvió la paz, el gobierno mexicano se las restituyó. El registro de 2015 reconoció a Alex LeBarón como el nuevo dueño, identificándolo como un agricultor de 34 años, soltero, originario de Galeana.

Después de que, en 2018, terminara el ejercicio de Alex LeBarón como comisionado del agua y diputado del PRI, la Conagua entabló una demanda en relación con los «pozos ilegales de Joel Francisco LeBarón y Ellen Nadine Jones, la segunda esposa de Joel hijo». El caso se presentó a inicios de enero de ese año y, unas semanas más tarde, se le ordenó a la familia LeBarón legalizar sus permisos.

Un grupo de campesinos y activistas se movilizó en contra de la perforación de un pozo por parte de los LeBarón. Para ello se organizaron formando un colectivo al que denominaron El Barzón. Constituido por primera vez en la década de los ochenta, se identifica como «una organización plural e incluyente, comprometida social y políticamente en la lucha por la equidad social y económica, en el combate a la corrupción, la defensa de los derechos humanos, de la tierra, del territorio, así como del patrimonio familiar y social; y en la preservación del medio ambiente y los recursos naturales para revertir los efectos del cambio climático».[431] Eraclio *el Yako* Rodríguez, sucesor de Alex LeBarón como diputado de Chihuahua ante el Congreso federal, era el líder local de El Barzón y estaba involucrado en varias luchas políticas en el estado en contra de mineros y hacendados corporativos. Rodríguez, legislador federal por el partido Movimiento de Regeneración Nacional (Morena), que reemplazó al PRI en Chihuahua, ha denunciado que tanto él como otros barzonistas han recibido amenazas de muerte por parte de la familia LeBarón.

El 30 de abril de 2018 más de 500 campesinos de cinco comunidades diferentes irrumpieron en La Mojina, el rancho de Joel hijo, para protestar por la disminución de los mantos freáticos y documentar el desbroce de tierras y la perforación de pozos. Acusaban a la familia de perforar cientos de pozos nuevos en municipios cercanos, pozos que extraían agua de los ríos y acuíferos para el cultivo comercial de los inmensos nocedales de los LeBarón. Comunidades enteras fueron privadas de agua potable, y sus pequeños campos de cultivo quedaron de pronto estériles y secos. Miles de ciudadanos se vieron afectados, de acuerdo con los barzonistas y otros ejidatarios. También se acusó a los LeBarón de desviar agua, a veces modificando el curso de las corrientes y a veces represando el agua que estaba destinada a las comunidades indígenas aguas abajo.

Durante la década posterior al asesinato de Benji, la comunidad LeBarón se fortificó con un arsenal de armas, una milicia familiar entrenada y armada y, al parecer, una flota de drones. En la actualidad la situación se ha vuelto violenta. Los manifestantes, conduciendo un convoy de *pickups,* pasaron sobre plántulas de nogal, destruyeron 11 pozos, quemaron una casa, cultivos y algunos vehículos, y utilizaron sus propios drones para documentar la escaramuza, los cuales mostraban a los empleados del rancho disparando a la multitud desarmada incluso con municiones reales calibre .223. Los manifestantes tomaron el control de las líneas de agua que, aseguraban, los LeBarón habían desviado ilegalmente con el fin de cultivar agave para la producción de tequila, mientras, de acuerdo con lo afirmado por Julián LeBarón, «gritaban consignas racistas y xenófobas».[432] Cuando todo terminó, al menos uno de los LeBarón y cinco manifestantes resultaron heridos. Los LeBarón afirmaron que sufrieron una pérdida de más de un millón de dólares en daños a su propiedad por la destrucción de 3 000 nogales y la quema de una bodega, maquinaria pesada, *pickups* y viviendas.

El Barzón denunció haber encontrado una docena de pozos ilegales de los cuales estaban extrayendo agua con bombas de *diesel,* junto con evidencia de que Joel hijo estaba regando de manera ilegal cerca de cien hectáreas, cuando solo tenía autorizado regar 18. «Estamos cansados de esta situación»,[433] dijo un agricultor que era miembro de El Barzón. «Hemos querido hacer las cosas con las formalidades, hemos denunciado ante la PGR (Procuraduría General de la República), ante la Profepa (Procuraduría Federal de Protección al Ambiente) y no ha pasado nada. Solo dilatan las cosas u omiten la actuación». Además de afirmar que, de acuerdo con una nota del *Mexico News Daily,* las empresas grandes de la familia LeBarón han perforado sin autorización más de 2 000 pozos de agua en sus ranchos «obteniendo permisos por medio de sobornos»,[434] los barzonistas también se quejaron de que Joel hijo desmontó casi cien hectáreas de tierra de uso común para cultivar 19 000 nogales, que consumen demasiada agua pero son populares por su alto valor de mercado. También acusaron a los LeBarón de intentar conectarse sin permiso a la red eléctrica controlada por el ejido Constitución.

«Si se conectan los LeBarón, facilita que lo hagan los Terrazas»,[435] dijo un líder de El Barzón a la prensa mexicana, refiriéndose a otra de las familias más prominentes de Chihuahua con las que los campesinos de la región han estado en disputa desde hace ya un siglo. El clan Terrazas había poseído el dominio privado más extenso de México antes de la Revolución. Pancho Villa les confiscó su propiedad (junto con la de otros oligarcas del país) y la distribuyó entre los ejidatarios, y los Terrazas desde entonces han estado peleando con los ejidatarios. Por generaciones, a las colonias LeBarón y otras colonias de mormones de la región se les consideró aliadas del poderoso imperio de los Terrazas, y según un historiador de la Revolución mexicana, «fueron tres veces odiadas»[436] por las personas locales: por «practicar la poligamia, ser hostiles al catolicismo y comprar tierra expropiada».

Julián LeBarón argumentó que El Barzón era una banda delictiva antiestadounidense asociada con Javier Corral, el gobernador de Chihuahua; una némesis de los LeBarón que estaba tratando de apoderarse de sus tierras. El Barzón refutó lo dicho por Julián, afirmando que ellos estaban luchando contra la privatización de los recursos naturales de uso común. Incluso le refirió al destacado periódico mexicano *La Jornada* que el gobierno del estado de Chihuahua «protege»[437] a la familia LeBarón con 40 agentes de la policía estatal. «El Barzón y el gobierno son lo mismo»,[438] dijo Julián, declarando que todos los pozos de La Mojina estaban registrados ante la Conagua y que toda la tierra se había adquirido de manera legal. El año anterior la comisión había identificado una docena de perforaciones ilegales en el rancho La Mojina. Una investigación de alto perfil publicada por *La Jornada* señalaba que Alex LeBarón usó sus influencias cuando fue delegado de la Conagua para entregar «a familiares y prestanombres 395 concesiones»,[439] las cuales «permitieron el enriquecimiento de la familia LeBarón a costa de la escasez de agua que afecta a 900 familias del ejido Constitución». Alex negó las acusaciones, pero según su sucesor en la comisión, «otorgó permisos falsos, no registrados formalmente y sin seguir el trámite regular, a favor de la comunidad mormona a la que pertenece».[440]

En ese entonces el estado de Chihuahua clasificaba como el tercero del país en agricultura de regadío, detrás de Sonora y Sinaloa, con un aumento de pozos agrícolas en años recientes, sobre todo en áreas donde los antiguos ranchos ganaderos de los LeBarón se habían transformado en tierras de cultivo más rentables. La gente de Chihuahua que administraba los enormes campos de mariguana y amapola, y las huertas de aguacate, todos los cuales consumen agua en exceso, también estaban compitiendo por estas aguas ancestrales, poniendo a los cárteles de la droga, a los agricultores de subsistencia, a los productores industriales y a las colonias mormonas unos contra otros o, a veces, en colusión, en busca de hacerse rápidamente de los recursos. Se espera que en el futuro cercano los pozos de uso agrario se sequen, tanto por la sobreexplotación como por el cambio climático.

Tras las protestas en La Mojina, Julián LeBarón declaró ante la prensa que la familia disparó en defensa propia. Ambas partes se apresuraron a publicar sus versiones de los hechos en sus redes sociales. El Barzón sostuvo que los LeBarón «le pusieron precio a la cabeza»[441] de dos barzonistas de alto rango, incluyendo al director de Agricultura de la Secretaría de Desarrollo Rural del estado. En respuesta, Julián acusó al gobernador de Chihuahua de armar a los barzonistas con metralletas y brindarles protección policiaca, prometiendo que su familia iba a «hacer justicia por su propia mano» si el gobierno y los activistas no desistían. Julián le comentó a un reportero de televisión: «Estoy muy preocupado por la posibilidad de que El Barzón regrese y termine de destruir todo».

Líderes de El Barzón anunciaron públicamente que los LeBarón los amenazaron de muerte, y un periódico describió a los mormones como «muy agresivos».[442] En junio de 2018, pocos meses después de la confrontación en La Mojina, Ramón y Anselmo Hernández, dos barzonistas, fueron asesinados en Chihuahua, supuestamente por «cuidar el agua».[443] Padre e hijo se dedicaban al cultivo de maíz, trigo y frijol, y eran activistas agrarios que «participaban en la exigencia de que se parara la sobreexplotación de la cuenca del río del Carmen».[444] El doble homicidio quedó sin resolver y los medios estuvieron a punto de culpar a los LeBarón.

Los barzonistas ya estaban descolocados por otros tres asesinatos no resueltos de sus miembros, incluyendo el del venerado cofundador del colectivo. En octubre de 2012 fueron asesinados Ismael Solorio y su esposa, Manuelita Solís, presuntamente en relación con su activismo de alto perfil en contra de la sobreexplotación de recursos naturales en el estado de Chihuahua. Por tres generaciones la familia Solorio había cultivado pimientos y criado ganado en una tierra de ejido cerca del pueblo rural de Benito Juárez, no lejos de la Colonia

LeBarón. Ismael Solorio, que era muy querido, había ayudado a formar el movimiento El Barzón, el cual comenzó organizándose contra las
depredadoras prácticas bancarias. Manuelita era maestra de primaria
y compañera activista, y la pareja fue asesinada mientras conducía de
su granja a la ciudad de Chihuahua para asistir a una cita médica.
Los encontraron sentados en su camioneta: Ismael con dos disparos
detrás de la cabeza y Manuelita en el pecho. Después, en febrero de
2015, Alberto Almeida, uno de sus colegas, fue asesinado a balazos en
el estacionamiento de un Sam's Club en Juárez, justo cuando estaba
cruzando la frontera desde El Paso. Defensor de derechos humanos y
del medio ambiente, a Almeida lo asesinaron de un disparo en la cabeza,
frente a su hija y su esposa, lo que se sumó a una larga lista de asesinatos por motivos políticos, perpetrados contra una organización
ambientalista internacional.

El 2019 comenzó amenazante para la Colonia LeBarón en numerosos frentes, y los eventos atrajeron la atención indeseada de las
agencias federales de investigación criminal de Estados Unidos al estado de Chihuahua, en especial de la DEA. El primer avance significativo fue el veredicto de culpabilidad emitido el 12 de febrero contra
Joaquín *el Chapo* Guzmán Loera en el Tribunal Federal de Distrito
en Brooklyn.

El Chapo, de 61 años, era el capo mexicano de más alto perfil en
ser procesado en Estados Unidos. Se le acusó de tramar la importa-
ción de miles de toneladas de cocaína a ese país, y de conspirar para
producir y distribuir heroína, metanfetamina y mariguana. Era conocido por haber utilizado sicarios para cometer cientos de asesinatos,
asaltos, secuestros y actos de tortura durante las casi tres décadas que
duró su reinado en la región de la Sierra Madre de México, aunque no
se le imputaron estos crímenes, supuestamente debido a la falta de
evidencias.

A lo largo de los tres meses que duró su juicio en Nueva York,
socios clave, incluyendo a un alto lugarteniente, testificaron en su
contra, centrando la atención en las actividades de su Cártel de Sinaloa y sus muchos años de corrupción política en Chihuahua. Los
fiscales presentaron «una avalancha de evidencias en su contra»[445] que
incluyó docenas de fotos de vigilancia, cientos de mensajes de texto

interceptados y los testimonios, siempre escalofriantes, de 56 testigos en lo que se ha descrito como una «extravagancia cuasi circense»,[446] escribió Alan Feuer en el *New York Times*. La parte medular del caso presentado por el gobierno fue «el elenco operístico de testigos colaboradores que fueron citados a declarar», y quienes proporcionaron una radiografía detallada del Cártel de Sinaloa del Chapo.

Entre los testigos de la fiscalía hubo 14 hombres que se desempeñaron como altos lugartenientes en su organización. «Nunca he enfrentado un caso con tantos testigos colaboradores y tanta evidencia»,[447] dijo ante la prensa uno de los abogados del Chapo. Era la primera vez que los detalles financieros y la historia del cártel más grande del mundo se escuchaban en una corte estadounidense, con perros detectores de explosivos y francotiradores rodeando el edificio.

En México, incluida la Colonia LeBarón, se siguió de cerca el juicio y la condena del Chapo, ya que el Cártel de Sinaloa y su jefe, con una riqueza que llegaba a los miles de millones, habían sido figuras centrales en el universo de la colonia mormona durante treinta años. De particular relevancia para los LeBarón fue el testimonio relacionado con los cientos de millones de dólares en sobornos que el cártel le pagaba a la policía mexicana, a la milicia, a funcionarios de gobierno y a numerosos oficiales policiacos en el estado de Chihuahua. Un testigo afirmó que el Chapo le pagaba grandes cantidades a Genaro García Luna, exsecretario de Seguridad Pública de México y uno de los funcionarios más poderosos del país, que tenía conexiones en los más altos niveles del gobierno estadounidense. Según el testimonio, García Luna, de 49 años, había aceptado millones de dólares en sobornos, a menudo en maletines repletos de dinero, y «todo mientras trabajaba de la mano con las agencias policiacas y de inteligencia de Estados Unidos».[448] García Luna se había reubicado en Miami y había abierto una consultoría de inteligencia privada, que incluía en su consejo directivo al exdirector de una de las divisiones de operaciones encubiertas de la CIA.

Varios socios de alto rango del Chapo hablaron de las históricas relaciones entre el Cártel de Sinaloa y personajes políticos del PRI en el estado de Chihuahua y otros lugares. La evidencia presentada en el juicio incluía referencias a César Duarte Jáquez, gobernador del estado de 2010 a 2016, quien tenía el control completo del partido en Chihuahua, y de quien Alex LeBarón fue aliado cercano durante su periodo sexenal como diputado local y delegado de la Conagua. Al terminar su periodo, Duarte dejó México a toda prisa, huyendo hacia Florida en medio de acusaciones informales de que había malversado recursos públicos. Luego de que Duarte, de 56 años, entregara el cargo, Javier Corral, el nuevo gobernador de Chihuahua, encontró una deuda pública de más de 2 500 millones de dólares, por lo que ordenó que se abriera una investigación, acusándolo de supervisar una vasta red de corrupción: de sobornar funcionarios de gobierno, políticos y empresarios, así como de amasar una fortuna multimillonaria en dólares, con la que adquirió lujosas casas, ranchos y animales exóticos. Se le acusó también de haber distribuido más de 100 millones de dólares entre familiares, amigos y socios, disfrazando los movimientos como pagos por contrataciones, gastos y subsidios agrícolas del gobierno. Duarte permaneció en Estados Unidos, fuera del alcance del gobierno mexicano; pero, cuando en el juicio del Chapo salieron a la luz los testimonios acerca de los sobornos en Chihuahua, comenzaron las especulaciones respecto a que el rastro de la corrupción del Cártel de Sinaloa conducía no solo a la oficina de Duarte, sino también al PRI y sus operadores en Chihuahua, incluyendo a Alex LeBarón. (Al final, Duarte fue arrestado en Miami en julio de 2020, y ahora enfrenta cargos tanto en Estados Unidos como en México, los que, según han afirmado los fiscales, podrían equivaler a un fraude de más de 6 000 millones de pesos mexicanos).

Pisándole los talones a la impresionante condena del Chapo tras el histórico y escandaloso testimonio de corrupción en Chihuahua, vino otro largo juicio que atrajo la atención a la propia Colonia LeBarón, el de Keith Raniere, el fundador y líder de NXIVM. Este juicio, que también se llevaría a cabo en el Tribunal Federal de Distrito en Brooklyn, comenzó en mayo de 2019 y tendría una duración de seis semanas. Raniere enfrentó cargos por siete delitos de asociación delictuosa, tráfico sexual, producción de pornografía infantil y conspiración. Los fiscales lo acusaron de hacerse pasar por «un gurú de autoayuda para granjearse la confianza de sus seguidores con el fin de, posteriormente, explotarlos para su propio beneficio económico y satisfacción sexual».[449]

El testigo clave contra Raniere fue Mark Vicente. Días de declaraciones de Vicente y otros testigos acerca de la sociedad secreta DOS, que formaba parte de NXIVM y era el medio de reclutamiento de parejas sexuales menores de edad para Raniere, dieron el suficiente material para un espectáculo mediático. La audiencia estadounidense se volvió a familiarizar con la Colonia LeBarón, sobre todo en relación con las 11 niñas reclutadas para trabajar de *nannies* («niñeras»), como las llamaban los líderes de NXIVM, en sus instalaciones cerca de Albany. Varios miembros de la familia LeBarón escribieron al juez, diciendo que podían meter las manos al fuego por la reputación de Raniere e insistiendo en que fuera indulgente.

El 19 de junio de 2019, Raniere, de 58 años, fue declarado culpable de todos los cargos y condenado a una sentencia que prácticamente es una cadena perpetua. Sus abogados comentarían a la Corte: «No está arrepentido de su conducta o sus decisiones.[450] Permanece orgulloso de haber podido ayudar a los ciudadanos y residentes de México en sus esfuerzos por traer paz a un país asolado por bandas violentas, secuestros y asesinatos, una lucha que continúa en el presente y que seguirá en el futuro».[451] Emiliano Salinas finalmente cortó su duradera relación con NXIVM.

Un mes más tarde, el 17 de julio, el Chapo fue condenado a cadena perpetua, la cual habrá de purgar en la infame prisión de máxima seguridad de Florence, Colorado. El Chapo, artista del escape, habrá de pasar 23 horas del día en confinamiento solitario dentro de una celda de dos por tres metros en la «Alcatraz de las Rocosas», como le llaman al centro penitenciario más seguro de la nación norteamericana. Irónicamente, el Chapo y el Cártel de Sinaloa habían sido una presencia estabilizadora en la región donde los LeBarón habían prosperado por décadas, y su cadena perpetua sumió a Chihuahua en el caos, ya que varios rivales comenzaron a disputarse el imperio de Sinaloa.

Durante ese verano de 2019, la familia LeBarón enfrentó todavía más escrutinio en México. En agosto, un juicio iniciado por el despojo de unas tierras por parte de los LeBarón a unos pequeños granjeros de Chihuahua terminó a favor de los barzonistas, por lo que las autoridades le ordenaron a Joel hijo restituirlas a sus dueños. Cuando fue evidente para los barzonistas que los LeBarón no tenían la intención de cumplir la sentencia, y que, de hecho, estaban planeando excavar otros 50 pozos, el conflicto entre las partes escaló con rapidez. Ese mes los barzonistas acusaron a la familia de «secar el desierto»[452] y de agotar por completo el pozo del ejido que abastecía a una comunidad de 3 000 personas, y, una vez más, atacaron la propiedad de los LeBarón. Una nota publicada en un periódico mexicano reportó que Julián había «desatado una campaña de desprestigio en contra de los barzonistas de la región para crear un ambiente de animadversión»,[453] a quienes la familia catalogaba de organización socialista (afirmando lo obvio). En este sentido, los LeBarón eran similares a sus homólogos mormones del oeste de Estados Unidos, que también eran de derecha y tenían un arsenal porque estaban enfrascados en conflictos de uso de tierra con el gobierno federal, al que también acusaban de ser socialista.

Joel hijo negó categóricamente haberse beneficiado de que su sobrino Alex hubiera desempeñado un puesto al frente de la Conagua, insinuando que la familia estaba fracturada. «No puedo decirte lo que Alex LeBarón hizo o dejó de hacer en la Conagua»,[454] le dijo a un reportero, refiriéndose a la comisión, «pero yo, Joel LeBarón Soto, y mi familia, ni aquí ni en Galeana tenemos un solo pozo que él nos haya entregado o autorizado. Si otros LeBarón tienen, bueno, pues es su problema. Aquí en Mojina no tenemos de esos pozos».

La violencia de los cárteles y los enfrentamientos por el agua contrastaban con las lonas publicitarias que anunciaban el club de golf que estaba construyendo Eleazar LeBarón Castro, hijo de Joel padre y su tercera esposa, Isabel Castro, y quien había tomado a Miri, la viuda de Benji, como esposa plural. Al igual que el padre de Eleazar, el padre de Miri, Siegfried Widmar, había sido uno de los líderes de la Iglesia del Primogénito y también había figurado en la lista de Ervil LeBaron de condenados a la expiación con sangre. Las lonas publicitarias anunciaban que se estaba construyendo un nuevo fraccionamiento alrededor del club: «lotes en ladera con vista panorámica; lotes con opción a granja; lotes junto a la Casa Club, y lotes con opción de poner puerta privada».[455] Como presidente de la asociación civil The Springs Golf Club, Castro también había anunciado recientemente que, a cambio de agua potable, la asociación sin fines de lucro desarrollaría «el proyecto de construcción de albercas públicas municipales tan anhelado»[456] para Galeana. Algunos sitios web promovían otras empresas de los LeBarón, incluyendo una de Vinos de Galeana, que ofrecía una variedad llamada «Desert Rose» (Rosa del Desierto), Château LeBaron y LeBaron Pecans (Nueces LeBarón).

«La organización religiosa ya no existe»,[457] dijo un miembro de la familia que vivió en la Colonia durante los primeros días de la Iglesia del Primogénito, la época del reinado de terror de Ervil y en la que Joel fue asesinado. «Si alguien está reclamando el liderazgo, o las llaves del Reino, está mintiendo. Ya no queda ninguno de los principios rectores. Ya todos son niños criados de manera local que no saben la historia o las doctrinas. Ahora todo se trata de la economía, no de la religión. La comunidad se enriqueció demasiado rápido y en sus miembros caló muy profundo la idea de la secta de que en verdad son el pueblo elegido de Dios. Las santas Fuentes de Galeana (Springs Galeana) que todos considerábamos sagradas y donde todos fuimos bautizados ya se secaron». Como un recordatorio de lo cerca que está el pasado del presente, este miembro de la familia accedió a la entrevista solo bajo la garantía del anonimato, debido al temor de sufrir represalias violentas.

Incluso la poligamia en sí misma, que era la razón de la existencia de la Colonia, tiene un débil arraigo en las mujeres. «Los hombres pretenden que es doctrinal»,[458] dijo una mujer mayor que fue esposa plural y que logró escapar décadas atrás, «pero, en realidad, solo se "convirtieron por debajo del cinturón", como solíamos decir». Otra mujer miembro de la familia, que había figurado en la lista de condenados a muerte de Ervil y que tenía muchos años de haber dejado la Colonia para criar a sus hijos en Estados Unidos, estuvo de acuerdo con dicha afirmación. «La Colonia es un imán de problemas»,[459] comentó. «Armaron una buena estafa. Muchas de las mujeres no están ahí por su voluntad. Están aterradas».

En el otoño de 2019 las elegantes mansiones de la Colonia LeBarón punteaban los montes mirando desde lo alto, como lo hacía la estructura de la lujosa vivienda que Rhonita LeBarón y Howard Miller estaban construyendo para su joven familia, no lejos de las casas de dos de los adinerados tíos empresarios de Rhonita, Matthew Jensen y Bart Tucker, y de la casa de Shalom, su madre. Desde la parte más elevada del escaparate de Jensen, situado en la cima de la montaña, se podían ver sembradíos maduros de nogal y cultivos cubriendo la tierra en tres direcciones, extendiéndose a lo lejos, hasta el Valle Azul. La cosecha otoñal estaba en su apogeo y pronto sería inaugurada la Feria de la Nuez de la comunidad. Pero antes había una boda programada en la Colonia LeBarón, a la cual se esperaba que asistiera la mayor parte de la comunidad de la Colonia La Mora, situada justo del otro lado de la cordillera de la Sierra Madre.

CAPÍTULO NUEVE

«INOCENCIA HECHA PEDAZOS»

Kendra Lee Miller estaba ocupada organizando su boda el 4 de noviembre cuando se divisó la columna de humo negro. Conforme los detalles de los asesinatos de su cuñada, Rhonita, y otros ocho miembros de su familia política se esclarecían, la joven de 27 años surgió como vocera de la familia en medio de una oleada mediática que se volcó en la remota zona del norte de México. Con la fecha de su boda en puerta para el 11 de noviembre, la futura novia demostró una impresionante entereza en la entrevista que le concedió a Anderson Cooper para la CNN.

En ella describió cómo la familia se estaba preparando para los funerales de las tres madres y seis niños que la semana anterior habían muerto a manos de quienes ella llamó «terroristas y mafiosos del mal».[460] Habló con franqueza de los detalles del ataque perpetrado esa mañana en contra de Rhonita y cuatro de sus siete hijos, sus sobrinos, y de cómo les dispararon y les prendieron fuego. Habló también de la esencia bondadosa de las víctimas y de cuánto les dolía, a ella y a muchos otros, que llevaban 50 años habitando la Colonia La Mora, tener ahora que darle la espalda. «Vamos a tener que dejar nuestros hermosos hogares y nuestras granjas de nuez»,[461] dijo, pero más de 100 miembros de la comunidad habían decidido que no valía la pena quedarse en un lugar donde no había seguridad.

«Luchamos duro para atraer la atención de los medios», le dijo a Cooper, a quien también le reveló que la familia ya había «confirmado» que fueron el blanco del ataque, el cual tenía el objetivo de «agitar las cosas e iniciar una guerra» entre los cárteles de Sinaloa y de Juárez. Trabajando desde sus notas, cerró la entrevista hablando de un tema que, al parecer, era tan importante como cualquier otro para el futuro de la familia: el derecho a portar armas, dada la aparente falta de protección policial y militar. «No sé cuál sea tu postura en este momento sobre el intento de la gente de retirar las armas provenientes de Estados Unidos, pero yo digo: hay que luchar por tener esas armas. Estas cosas que están pasando aquí en México se deben a que las personas no tienen con qué defenderse porque la ley no les permite tener armas».

En otra entrevista con un medio estadounidense, Miller describió a Rhonita como «una mujer que brillaba con luz propia y quería consagrar toda su vida a Dios y su familia».[462] Habló de cómo las oraciones de «miles y miles de personas» de todas partes del mundo le daban fortaleza a su numeroso clan. Tras la entrevista, anunció en sus redes sociales que pronto se convertiría en una esposa plural, un hecho que pocos, fuera de las comunidades LeBarón y LaMora, sabían en ese momento, pues la mayoría de los matrimonios polígamos se mantienen en secreto para la gente fuera del clan, dado que tanto en Estados Unidos como en México se consideran ilegales. Como *Deseret News*, la plataforma de noticias, expresó, el anuncio se sumó a «la confusión en los medios internacionales que trataban de entender en qué punto el atroz crimen relacionado con el narcotráfico se cruzaba con la religión y la peculiar fe de la familia».

Miller era consciente de que el mundo estaba «horrorizado y consternado por los atroces asesinatos», pero también estaba emocionada con su boda, de modo que siguió con sus planes a pesar de todo. Entonces, subió a sus redes sociales más detalles sobre su próximo matrimonio, compartiendo que se convertiría en la segunda esposa de Zack Laub, originario de Stockton, Misuri, y que había creado un registro de bodas en el sitio «The Knot», de Amazon. «Estoy dando este paso con los ojos bien abiertos, a sabiendas de los retos y las bendiciones que implica vivir en un matrimonio polígamo, y los asumo completos»,[463] escribió en Instagram.

Casi desde el momento en que la noticia de los ataques saltó a los medios, el gobierno mexicano afirmó que estos se debieron a que los criminales confundieron a las víctimas. La hipótesis de que las víctimas habían quedado atrapadas en medio de un fuego cruzado entre cárteles rivales habría sido plausible de no ser por los relatos de los testigos presenciales, los niños que sobrevivieron y pudieron contar que vieron que «a sus hermanos los destrozaron a balazos»,[464] como lo describió Kenneth Miller, el suegro de Rhonita, a un reportero estadounidense. Extrañamente, lo sucedido parecía un eco de la Masacre de Mountain Meadows hace 160 años, que pudo haber pasado a la historia como una matanza cometida por indígenas, si no fuera por el relato de un niño de 5 años que sobrevivió y pudo contar a los soldados estadounidenses que, cuando los «indígenas» se limpiaron la pintura roja del rostro, se dio cuenta de que eran hombres blancos. En este último caso, lo que ocurrió en las emboscadas se hubiera quedado en el misterio si no fuera por el testimonio de la mayor de los ocho niños a los que les perdonaron la vida. Kylie, la hija de 14 años de Dawna, recordó: «Mamá nos dijo que nos agacháramos»,[465] pero antes de eso «vimos a tres hombres en la colina», con pasamontañas negros. Su hermano Devin, de 13 años, dijo: «Bajaron a terminar el trabajo», «Luego, cuando vieron a los niños pequeños, les dijeron que salieran del auto y se fueran a casa».

Alex LeBarón le comentó a la CNN que «los atacaron por separado pero al mismo tiempo»,[466] contradiciendo las afirmaciones del gobierno, incluida la cronología oficial de que los tres vehículos sufrieron asaltos independientes y en diferentes horas. Reportes de que hubo más de cien hombres armados en la escena señalaban una operación demasiado sofisticada, en la que probablemente no solo participaron fuerzas del narco sino también militares y policías estatales mexicanos, lo que conduce todavía más a descartar la teoría de que los confundieron, pues de suponer que, al ser fuerzas entrenadas, sin duda pudieron darse cuenta de que eran mujeres y niños. Las hipótesis que ofrecía el gobierno disgustaron a las familias de las víctimas, que decían estar seguras de que fue el Cártel de Juárez quien los atacó de manera intencional debido a su relación con el Cártel de Sinaloa. «Necesitamos saber quiénes fueron y por qué lo hicieron»,[467] dijo Julián LeBarón a un entrevistador.

Tras el asesinato de Benji en 2009, las familias convivían con los dos cárteles, el de Sinaloa y el de Juárez; parecía que todas las partes se habían puesto de acuerdo en que a todos les convenía no atraer la atención a la región. Tanto los residentes de la Colonia La Mora como los de la Colonia LeBarón abrían las ventanas de sus automó-

viles en los puestos de control del Cártel de Sinaloa para saludar.
Según reportó el *Washington Post:* «En las carreras locales de caballos
saludaban a los sicarios con un movimiento de cabeza y compartían
con ellos las granadas que cultivaban».[468] Adam Langford, el expresidente municipal de Bavispe, en donde se ubica La Mora, describió
así las interacciones de las comunidades con los traficantes: «Cuando
los vehículos del cártel se averiaban, el mecánico estadounidense de
La Mora se los reparaba por el mismo precio que a sus vecinos».

Pero, para el verano de 2019, con el Chapo fuera del camino, las
tensiones entre los dos cárteles, o entre los del lado de Sonora y los de
Chihuahua, se habían ido acumulando, como lo expresó Kenneth
Miller hijo, el hermano de 32 años de Kendra. «Los del lado de Chihuahua están tratando de tomar el control porque la ruta que pasa
por acá es importante para el contrabando»,[469] dijo. Aun así, «pensá-
bamos que, como siempre, a los estadounidenses no nos iban a mo-
lestar»,[470] dijo Amber Langford, de 43 años, una familiar de Adam que
era partera y había ayudado a nacer a algunos de los niños asesinados. Y agregó que pensaba: «Nos van a detener en un puesto de control y nos van a preguntar qué llevamos. Diremos que miel y papas,
y nos dejarán ir». Mucha gente de la comunidad incluso consideraba
que el Cártel de Sinaloa fungía como «una especie de fuerza policial
alternativa *(shadow police)*» para ellos. «Lo cierto», dijo Adam Langford, «es que el estado no cumplía la función de mantener el orden
público, lo que sí hacía el cártel». Kenneth Miller dijo que los hombres en los puestos de control a menudo eran respetuosos y se dis-
culpaban cuando los detenían. «Nos decían: "Perdonen, muchachos,
solo estamos vigilando nuestro territorio"». Los residentes asentían
con la cabeza a los hombres armados del cártel, a los que conocían por
sus nombres, pues aceptaban que las bandas de narcotraficantes «eran
tan solo una parte más de la vida cotidiana en Sonora».[471] Un miembro
de la familia se refirió a esto como un «acuerdo entre caballeros»,[472] el
cual prácticamente se traducía así: «No nos metemos con ustedes
si ustedes no se meten con nosotros».[473]

Tras los asesinatos, cientos de familiares viajaron desde Estados
Unidos para asistir a los funerales. Del lado de LeBarón, muchos eran
descendientes de Benjamin Johnson y los colonos de Chihuahua del

siglo XIX; del lado de La Mora, la mayoría descendía de las colonias polígamas estadounidenses del siglo XX. «LeBarón es un término genérico porque todos estamos entrelazados, de ahí que haya mezclas de Langford y Johnson con LeBarón en Chihuahua, Sonora, Baja California y Quintana Roo»,[474] dijo Alex LeBarón. Todos compartieron información acerca de los asesinatos y los rumores sobre los motivos y los perpetradores. Alex lamentó que la prosperidad de las colonias mormonas se hubiera «opacado por el tema del crimen organizado», y defendió el hecho de que los ranchos de los LeBarón destacaran de entre lo que una reportera describía como «el panorama de pobreza» y la falta de infraestructura en los municipios a los que pertenecían. «La gente de aquí se la pasa diciéndonos que nosotros somos ricos, que somos los gringos [...], pero trabajamos duro para tener lo que tenemos», dijo Daniel LeBarón, el sobrino de Alex.

La tarde del 4 de noviembre, Douglas Johnson condujo desde La Mora, a Phoenix, Arizona, después de cruzar la frontera se dirigió al Aeropuerto Sky Harbor a recoger a Howard Miller, el marido de Rhonita. Esa mañana, Howard había estado en su departamento en Dakota del Norte, alistándose para tomar un vuelo al atardecer con destino a Phoenix, donde se había quedado de ver con Rhonita y cuatro de sus siete hijos. Cuando se enteró de que habían encontrado el vehículo de Rhonita baleado y en llamas, y que su esposa y sus hijos no aparecían, se apresuró al aeropuerto y trató, sin éxito, de tomar un vuelo más temprano. Entonces recibió una llamada informándole que su esposa y cuatro de sus hijos estaban muertos. Ya era de noche cuando Howard aterrizó en Phoenix y se encontró con Johnson.

Johnson, un hombre corpulento y barbado de 40 años, describió el regreso a México con Miller como uno de los viajes más solitarios que jamás haya hecho en su vida. Al principio los agentes fronterizos mexicanos no los querían dejar pasar de Arizona a México. Cuando llegaron a un pueblo de Sonora a comprar café, los lugareños no podían creer que se dirigían hacia Bavispe, conduciendo a mitad de la noche al lugar al que se decía que un cártel había hecho una masacre. «Howard no habló en todo el camino»,[475] dijo Johnson. Llegaron a La Mora a las diez de la mañana del martes, y Howard, acompañado por Loretta, su madre, de inmediato fue al sitio donde habían atacado a Rhonita y los niños. Al acercarse a la Chevy Tahoe calcinada, «Howard casi se desmayó. No quería ver». Pero estaba obsesionado con la posibilidad de que su esposa y sus hijos no estuvieran allí, que hubieran sido secuestrados. «¿No hay duda de que nadie salió del auto?»,[476] preguntó. Más tarde, Loretta le dijo a una reportera: «Ahí estaban las cabecitas de mis nietos, reducidas y carbonizadas».

A estas alturas, los residentes de La Mora y LeBarón ya se estaban preparando para los funerales. Amber Langford, la partera de la Colonia La Mora, estaba ayudando a embalsamar los cuerpos mientras los niños y los hombres del rancho construían ataúdes de madera. Aunque a algunos de los cuerpos los llevarían a enterrar a la Colonia Le-Barón, todo esto ocurría en La Mora. César Rodríguez, un fotógrafo mexicano que trabajaba para el periódico español *El País,* llegó a La Mora el martes por la tarde y consiguió que las familias afectadas le permitieran acceder a su intimidad. Más tarde, Rodríguez escribiría: «Estaba en mi casa de Jalisco, al oeste de Guadalajara, cuando, como a las 10 p. m. del 4 de noviembre, vi las noticias».[477] Dijo que se estaba preparando para ir a dormir cuando su editor le pidió que fuera a Sonora. De inmediato tomó un autobús al aeropuerto de Guadalajara y al día siguiente abordó un avión a Hermosillo. Allí se reunió con el reportero Pablo Ferri, con quien alquiló un automóvil para ir juntos a La Mora. Las fotografías de Rodríguez y las notas de Ferri —los primeros y más vívidos recuentos e imágenes de la masacre— se esparcirían por todo el mundo. «Traté de tomar fotos que tuvieran un significado», dijo Rodríguez. En la casa de Rhonita, Ferri estaba sentado en la mesa de la cocina, entrevistando a Adrián, el padre de Rhonita, mientras Rodríguez permanecía sentado en atónito silencio. «Solo estaba sentado al lado de la mesa, sin tomar fotos. En cierto momento, le pregunté a Adrián: "¿Le importaría si solo tomo fotos mientras ustedes hablan?". Y él dijo: "Toma todas las fotos que quieras. Necesitamos que esto se sepa"».

Adrián se levantó y llevó a Rodríguez a la habitación de sus nietas, las que murieron. Rodríguez escribió después lo duro que fue ver todo eso: «Fue tan poderoso; podías ver sus juguetes, podías ver un vestidito de Krystal, que tenía 10 años. Podías ver sus camas; podías ver un cepillo de dientes y pasta dental. Podías ver un letrero que decía HIJAS DEL REY».

«Sobre la mesa corretean latigazos de rabia»,[478] fue la forma en que Ferri describió la escena. «Más que tristeza, rabia. Y ganas de hablar, de contarlo todo, de que todo se sepa [...] que una bebé de pecho estuvo allí, sola en el coche, con su madre muerta tirada en el piso a tres metros de ella, esperando durante horas en este pliegue maldito de la sierra».

Los funerales dieron inicio el jueves 7 de noviembre en La Mora. KJZZ, una estación de Phoenix de NPR (sistema público de radiodifusión estadounidense), reportó: «El día en que La Mora enterró a sus muertos comenzó como muchos otros»,[479] con el quehacer diario de alimentar a las gallinas y ordeñar a las vacas.

Amelia Langford, la madre de Christina, comentó que La Mora siempre había sido un lugar idílico, pero ya no lo era. Los hombres jóvenes del lugar que estaban fabricando afanosamente los ataúdes tallados a mano, mientras aserraban, ensamblaban y lijaban la madera, se lamentaban. Uno dijo: «No quiero ni pensar en que estoy construyendo el ataúd de mi hermana».[480] Cuando terminaron de hacer cada austero féretro de pino —uno para Dawna y otros más pequeños para sus dos hijos, Trevor y Rogan—, los cerraron y los subieron a una camioneta. Para Rhonita y sus bebés gemelos, Titus y Tiana, construyeron un solo féretro más grande.

A los cinco hijos de Dawna Ray Langford que resultaron heridos en el ataque los trasladaron en un helicóptero de la Fuerza Aérea Mexicana a Tucson, Arizona, y de ahí los llevaron a un hospital en Phoenix. Apenas unos días más tarde, los acompañaron de regreso a La Mora para que asistieran a los funerales de su madre, sus hermanos y sus primos.

Los funerales se sucedieron con rapidez, los primeros fueron los de Dawna y sus dos niños, el jueves, en La Mora, los siguientes fueron los de Rhonita y sus cuatro niños, el viernes, y el último fue el de Christina, el sábado, en LeBarón. Sobrepasados por el número de cuerpos, los encargados de los servicios funerarios de La Mora no se daban abasto para embalsamar, por eso los estaba ayudando Amber Langford, lo cual provocó el ajetreo de las honras fúnebres. Joe Darger, de

50 años, el polígamo estadounidense que se considera fue el que inspiró la serie *Big Love* de HBO, dijo: «Solo estamos tratando de reunirnos y estar ahí, y ofrecer nuestro amor y apoyo».[481] Darger tuvo dos hijos que se casaron con miembros de la familia Langford, por eso fue que viajó a México para dar el pésame. Y agregó: «La inocencia está hecha pedazos en estos momentos».[482] Cientos de dolientes se reunieron bajo las carpas blancas instaladas en el rancho y comunidad agrícola de unas cuatrocientas hectáreas. Personal de seguridad mexicano abarrotaba el poblado mientras agentes de la Guardia Nacional patrullaban el área en camionetas. La gobernadora de Sonora llegó en helicóptero.

Jay Ray, en el panegírico que pronunció en el funeral para su hija Dawna, de 43 años, quien fue de las primeras en ser enterradas, dijo: «Los ojos del mundo están puestos en lo que pasó aquí, y hay santos por todo el mundo cuyos corazones han sido tocados»,[483] y a lo anterior agregó: «Dios cuidará de los débiles».[484]

A Dawna, a Trevor de 11 años y a Rogan de 2, los colocaron juntos en una sola tumba. Recordaron a Dawna por su vívida forma de contar historias; a Trevor por su amor a los wafles, y a Rogan por su sonrisa constante. Dawna había crecido en LeBarón, en el seno de una prominente familia mormona fundamentalista que se había asentado ahí en los años cincuenta. El abuelo de Jay Ray había sido uno de los primeros en ser convertidos por Joel LeBarón. Dawna se había mudado a La Mora en 1995, a los 18 años, cuando se casó con David Langford, nativo de La Mora, y allí crio a 13 niños. «Era una esposa y una madre devota»,[485] recordó su hermano, Justin Ray. Le había encantado el pequeño poblado, con su población de tan solo 150 residentes a tiempo completo, y con otros 300 residentes con doble nacionalidad que iban y venían regularmente cruzando la frontera, la mayoría de ellos emparentados entre sí. Una nota en la que alguien la describió, decía: «Dawna adoraba los cipreses que crecían a la orilla de los muros de tabique, las hojas amarillas de los granados burlando el horizonte, las hermosas casas hechas al gusto».

Jay Ray comentó: «Era la favorita de toda la familia». Ryan Langford, uno de los 11 hijos sobrevivientes de Dawna, por su parte, dijo en su discurso de homenaje: «Solo sentí impotencia por mi familia».[486] A su esposo, David, lo estuvo consolando Margaret, su esposa plu-

ral, que se sentó junto a él en la ceremonia. Después del funeral de
Dawna, cuatro generaciones de mujeres se reunieron en su amplia
casa para comer tamales y sopa de pollo. Pero, para Tyler Johnson y
Howard Miller, los esposos de Christina y Rhonita, «La Mora se había
vuelto sombría»,[487] escribió Azam Ahmed, quien asistió al funeral, en
el *New York Times*. «Con los rostros hinchados y los ojos sin vida»,
ambos estaban decididos a llevar a sus seres queridos a la Colonia Le-
Barón para enterrarlos al día siguiente, en lo que se describía como
un «viaje agitado de cinco horas»[488] que tendría que pasar por el lugar
donde ocurrieron los asesinatos. «No sé si algún día regrese aquí»,[489]
dijo Johnson. «No después de todo lo que ha pasado».

Rhonita LeBarón Miller era una figura más central en la familia Le-
Barón que Dawna o Christina, ya que su abuelo paterno era el profeta Joel, y su abuelo materno era William Tucker, el devoto apóstol
de Joel, quien había desertado de la iglesia mormona y, en 1958,
había conducido a un grupo de misioneros de Francia a la Colonia
LeBarón para que se unieran a la iglesia de Joel. El padre de Rhonita,
Adrián, era hijo del profeta martirizado y actualmente se autodenomi-
na presbítero presidente de la Iglesia del Primogénito. Su abuela, Rhonita Tucker Jensen, madre de Shalom, y que aún vive, es una matriarca
formidable de la Colonia LeBarón.

El viernes 8 de noviembre, durante la ceremonia fúnebre de
Rhonita en LeBarón, a los miembros de la familia se les invitó a leer
el himno nacional mexicano, incluyendo las revolucionarias y con-
troversiales estrofas:

> ¡Patria! ¡Patria! Tus hijos te juran
> Exhalar en tus aras su aliento,
> Si el clarín con su bélico acento
> Los convoca a luchar con valor.
>
> ¡Para ti las guirnaldas de oliva!
> ¡Un recuerdo para ellos de gloria!
> ¡Un laurel para ti de victoria!
> ¡Un sepulcro para ellos de honor!

Cuando estaban bajando los ataúdes de Rhonita y sus cuatro hijos a la tumba, su primo Julián pidió a los dolientes que arrojaran flores y un poco de tierra sobre ellos.

En Dakota del Norte la iglesia de los SUD donde Rhonita acudía a rezar, y donde muchos familiares también eran miembros, ofreció una ceremonia fúnebre el mismo día para ella y sus hijos. Más de 150 dolientes se reunieron en el corazón de Williston, en donde viven unos 100 parientes de los clanes LeBarón, Langford, Miller y Johnson, para realizar una vigilia a la luz de las velas.

Aunque Christina Langford Johnson se crio en La Mora, su esposo, Tyler Johnson, tenía profundos lazos familiares en la Colonia LeBarón. El sábado 9 de noviembre por la mañana, el funeral de Christina se llevó a cabo ahí. La comunidad estaba cubierta de niebla mientras más de 300 personas llenaban la iglesia comunitaria de LeBarón. Un reportero que cubría el funeral para Reuters escribió: «LeBarón mostraba sus raíces con algunos edificios tan viejos que parecían sacados del set de una película del lejano Oeste».[490] El lugar está «salpicado de letreros que promueven la vida religiosa, pero también de publicidad de rodeos que promocionan alcohol, dando muestras de secularismo», agregó. En su discurso fúnebre, Amelia elogió a su hija, Christina, diciendo que era como una «mamá gallina»[491] que protege ferozmente a sus seis hijos, como lo demostró al dar su propia vida para salvar la de Faith, su bebé. En el altar, unas flores blancas formaban la palabra MAMI (MOMMY) junto a un corazón hecho con rosas. Amante de la naturaleza, Christina consideraba a México «su paraíso», según explicó su madre.

Muchos miembros de la familia en México y Estados Unidos subieron a sus cuentas de redes sociales la imagen de un listón negro con la leyenda *Oremos por LeBarón-La Mora.*

La masacre también inspiró un logotipo, una balada titulada «Justicia para La Mora»,[492] una cuenta de Instagram, el narcocorrido «LeBarón familia», cuentas de Facebook y Twitter, numerosos *hashtags,* un video de YouTube honrando a los caídos, carteles y playeras con las leyendas LOS NUEVE DE LA MORA y LA MORA FUERTE y una cuenta en la página de recaudación de fondos GoFundMe que rápidamente juntó casi 200 000 dólares para David, el esposo de Dawna.

A una semana de los ataques, docenas de amigos y familiares habían cambiado la imagen de su perfil de Facebook por la ilustración de una mujer cargando a una niña. Kendra, la cuñada de Rhonita, explicó el simbolismo y el significado del gráfico: es una madre «dándoles la espalda a sus enemigos»,[493] atravesada por nueve flechas que representan a las tres madres y seis niños que fueron asesinados. También se pueden ver ocho curitas, las cuales simbolizan a los sobrevivientes, y las banderas de México y Estados Unidos, que denotan la doble nacionalidad de las víctimas: «son un símbolo de la unión de ambos países para terminar con el dominio del cártel».

Hubo poca mención de los LeBarón, pues el contingente de La Mora hizo un esfuerzo conjunto para desasociarse de esa rama más famosa, polémica y poderosa de la familia. «Se está usando un nombre mucho más que otros»,[494] dijo Emily Langford a un reportero, quejándose de que estaba «escuchando el nombre LeBarón por todos lados» cuando, en realidad, todas las víctimas, excepto Rhonita, eran Langford, Miller y Johnson. «No todos son LeBarón».[495] La madre de Dawna escribió en la página de una pariente: «Esta es mi familia tanto como de ellos». Otro pariente Langford remarcaba esa sensación, publicando en Facebook que, aunque los LeBarón son «buenas personas»,[496] La Mora y LeBarón son «comunidades completamente diferentes, con creencias, políticas y culturas diferentes, que además están separadas por 225 kilómetros y un estado».

Mientras lloraban su pérdida, los familiares también reevaluaron sus vidas en México. «Todos nos estamos preguntando»,[497] dijo Adam Langford, «en qué va a terminar esto». Poco convencidos de que las autoridades mexicanas pudieran garantizar su seguridad, la mayoría de los familiares más directos de las mujeres asesinadas consideraron que no les quedaba otra que dejar sus hogares y su país de nacimiento.

Los Miller no. «No encontrarás un lugar más pacífico»,[498] dijo Kenneth Miller, describiendo lo que le pasó a su familia como «una de innumerables masacres». Su esposa Loretta, una de los 56 hijos —28 mujeres y 28 varones— que Verlan LeBaron tuvo con sus diez esposas, estuvo de acuerdo. Dijo que ellos intentaban mantener viva la tradición en La Mora. «Tenemos 14 hijos y 33 nietos, menos los cuatro que murieron en la masacre», le comentó a una reportera.

«Solíamos tener una casa muy llena, pero así nos gustaba. Nos gustaría ver que así sea también en las casas de nuestros hijos». (Como hija de Verlan LeBaron, Loretta era suegra de Rhonita y al mismo tiempo prima de Adrián, su padre).

Los tres recientes viudos le dieron rápido la espalda a México, su lugar de nacimiento. A pocos días de enterrar a Dawna, David Langford encabezó una evacuación familiar masiva desde La Mora hasta Estados Unidos, acompañado de su esposa plural Margaret y los numerosos hijos que tuvo con ambas madres. De acuerdo con lo dicho por uno de sus hermanos, dejó atrás «millones de dólares invertidos en nocedales alrededor de La Mora».[499] Tyler Johnson, junto con los seis hijos que tuvo con Christina, incluida la bebé Faith, dejó la Colonia LeBarón para vivir en Dakota del Norte, donde podría contar con el apoyo de los muchos miembros de la familia LeBarón que ya vivían ahí. Howard Miller regresó a Dakota del Norte, dejando a sus tres hijos sobrevivientes para que crecieran la mitad del tiempo en la Colonia LeBarón, con Adrián y Shalom, los padres de Rhonita, y la otra mitad en La Mora, con Kenneth y Loretta, sus padres.

Impávido, Adrián LeBarón también prometió quedarse en México para vengar el asesinato de su hija. «Se lo debo a Rhonita y a mis nietos, quedarme y luchar. Si para vivir en paz tengo que contar su historia un millón de veces por los siguientes veinte años, lo voy a hacer. Nos están persiguiendo».[500] Adrián dijo que se sentía indignado e impotente, pero que no admitiría que lo corrieran de su hogar. «Si dejo este pueblo, me voy a morir de tristeza en cualquier otra parte del mundo»,[501] le dijo a un reportero. «Prefiero morir aquí defendiendo la libertad y la vida. Ese es mi punto. No hay otro lugar. No hay otra opción». El historiador local John Hatch, descendiente de los colonos mormones originales del norte de México, también insistió en que no tenía intenciones de irse nunca de su hogar ancestral en la Colonia Juárez, Chihuahua. «Siempre me he sentido seguro aquí»,[502] dijo. «Hemos sido muy bendecidos, e incluso hemos oído decir que se les ha dicho a los cárteles: "Oye, no te metas con esa gente [los mormones]. Déjalos en paz"».

Kendra Miller, por el contrario, le dijo al *Deseret News*: «Mi familia dice que ya fue suficiente. No hay nada por lo que valga la pena quedarse aquí».[503] Sin embargo, en una de sus apariciones en los medios, le pidió al mundo ayuda para que su familia pudiera quedarse en La Mora. Refiriéndose a los pobladores cercanos que trabajaban en las granjas y ranchos de los mormones, preguntó: «¿Qué va a pasar con las personas de estos poblados si nos vamos? En lo personal, quiero seguir luchando por esta gente. Quiero aprovechar esta atención mediática para decirles a los cárteles: "Sus días de poder se han acabado. Ustedes están acabados". Eso es lo que queremos. Por eso queremos pedirle ayuda a Estados Unidos».

Numerosos miembros de la familia subieron videos en sus redes sociales acerca del «gran éxodo de La Mora», revelando que muchos estaban abandonando sus hogares en México para reestablecerse de manera permanente en Estados Unidos, renunciando a sus lucrativos huertos, rebaños de ganado y hermosas casas. Algunos decían que planeaban construir una nueva comunidad en algún lugar de Estados Unidos, mientras que otros esperaban incorporarse a las colonias polígamas estadounidenses que alguna vez se llamaron Short Creek Community (Comunidad del Pequeño Arroyo) —o Short «Crick», como lo pronunciaban—, en Arizona, y a las colonias aledañas al otro lado de la frontera, en Hildale, Utah.

«Temen por sus vidas»,[504] dijo Leah Langford, refiriéndose a las personas que viven tiempo completo en La Mora. Habló de un «paraíso perdido». Por más de 70 años habían vivido ahí en «paz y prosperidad absolutas»,[505] con valentía y confianza, dijo otro miembro de la familia Langford. Ahora estaban empacando frenéticamente y La Mora pronto se convertiría en un «pueblo fantasma».[506] Lafe Langford, un sobrino de Kenneth Miller que vive y trabaja en Louisiana, había albergado la esperanza de llevar a sus siete hijos a México para criarlos en La Mora, su comunidad natal, pero ahora ese sueño ya no podría hacerse realidad. «Ya no podré hacerlo», dijo.

Durante el fin de semana del 9 de noviembre, unos 100 miembros de las familias de La Mora huyeron de sus hogares, viajando en una caravana de 18 vehículos. Se dirigieron a Arizona hacia el norte, con tantas pertenencias como pudieron empacar, rezando por que salir en grupo a la luz del día les trajera seguridad, y esperando que la presencia militar, que se quedó desde los funerales, hiciera que los posibles atacantes se abstuvieran de acercarse a ellos.

Y tal como Kendra Miller lo había sugerido, entre todos los que miraban consternados el que tantas personas estuvieran dejando La Mora, estaban los trabajadores que dependían de ellos para su subsistencia, lo que contrastaba notoriamente con los sentimientos de los vecinos de los LeBarón, que deseaban que se fueran de México. El pueblo más cercano a La Mora, San Miguelito, fundado en el siglo XVII por misioneros jesuitas, dependía casi por completo de las familias Langford y Miller. «¿Por qué nuestra familia estaba rodeada por tantos soldados para protegernos cuando a otras personas nadie las protege?»,[507] cuestionó Kenneth Miller a un periodista. Los terratenientes de La Mora eran las únicas fuentes de ingresos para la mayoría de los pobladores, cuyas vidas se habían entremezclado con las suyas durante las décadas que pasaron trabajando en sus granjas y ranchos, y en sus huertos. Las comunidades circundantes temían que, sin ese ingreso, aunque no fuera mucho, caerían en la pobreza extrema. Guadalupe Retana, quien vivía en un poblado cercano y que trabajó para la familia Langford durante muchos años, dijo que las familias de La Mora empleaban a casi todos los habitantes del poblado, a las mujeres como niñeras o empleadas domésticas, y a los hombres como carpinteros o como trabajadores agrícolas, y que ahora, después del éxodo, tendrían que buscar trabajo en algún otro lado. Para las personas de la localidad, por desgracia, mudarse a Estados Unidos no era una opción. «Ellos son ciudadanos americanos (estadounidenses); pueden regresar a Estados Unidos, pero nosotros somos mexicanos, tenemos que lidiar con toda esta situación»,[508] dijo Retana. Una mujer llamada Yanely Ontivelos, madre de un niño pequeño, tenía miedo por el futuro de su familia al no haber ya trabajo en La Mora. «Ellos, gracias a Dios, pueden irse, pero nosotros tenemos que quedarnos; si nadie nos ayuda, estamos perdidos (sic)».

Kendra Miller siguió adelante con su boda, pero después se reubicó en Estados Unidos. Tras la mudanza, grabó una canción titulada «Fire on Fire» (Fuego sobre fuego),[509] cuya mezcla e ingeniería de sonido corrieron a cargo de su reciente esposo. La canción apareció como banda sonora de un video promocional llamado *LeBaron Singout! The Blast Off* (El canto de los LeBarón: El lanzamiento), en el que presentaron a 13 miembros de su familia extensa.

Imagotipo creado en honor de «Los nueve de La Mora».
En noviembre de 2019, se distribuyó ampliamente entre
los dolientes y los miembros de la prensa internacional.

Incluso los observadores que estaban enterados de la violenta historia del clan LeBarón se conmocionaron con el ataque del 4 de noviembre de 2019. Las imágenes de la camioneta quemada de Rhonita en la carretera desierta de una desolada montaña se diseminaron con rapidez por el mundo. La pura brutalidad del acto, y el temple de los pequeños niños heridos que, aterrados, se refugiaron en la helada noche de la Sierra Madre en espera de que los ayudaran, tuvieron cobertura en lugares tan lejanos como Europa y Australia.

El atroz ataque encendió la enquistada cuestión de la violencia en México y el papel que Estados Unidos desempeña en ella. No obstante, al parecer, para el presidente Donald Trump el origen del problema estaba solo en el lado mexicano. Cuando Trump prometió en Twitter que enviaría a la milicia de Estados Unidos, ignoró (o desconocía) el hecho de que las víctimas tenían doble nacionalidad y que sus familias llevaban un siglo, o incluso más, viviendo en México. «Una maravillosa familia y amigos de Utah quedaron atrapados entre dos despiadados cárteles de narcotraficantes que se disparaban entre sí»,[510] tuiteó Trump en las primeras horas de la mañana del 5 de noviembre, cuando ni los motivos ni los hechos se habían aclarado, más aún, cuando ni las autoridades mexicanas habían llegado a la escena.

Unos instantes después, tuiteó de nuevo. «Este es el momento para que México, con la ayuda de Estados Unidos, les haga la GUERRA a los cárteles de narcotraficantes y los borre de la faz de la tierra». Agregó: «¡Nada más esperamos una llamada de su gran nuevo presidente!», refiriéndose a Andrés Manuel López Obrador (AMLO).

López Obrador respondió agradeciendo al presidente estadounidense por «su disposición de apoyarnos»[511] y, más adelante esa tarde, le hizo una llamada telefónica para decirle que México se encargaría de la investigación y «tomaría las medidas necesarias para hacer justicia».[512] Comentó a la prensa que no iba a cambiar su estrategia de seguridad y que no combatiría la violencia con más violencia. El enfoque de AMLO de una política no confrontativa con los cárteles, a la que se refería como de «abrazos, no balazos», estaba, como lo describía su administración, diseñado para evitar una guerra devastadora. Pidió, sin embargo, que Estados Unidos tomara medidas para detener el tráfico de armas a México, ya que los cárteles habían adquirido casi todas sus armas en Estados Unidos. Trump hasta cierto punto tenía razón en que el ataque era el resultado de un problema en política, pero no reconoció que, por lo menos en parte, el origen del problema estaba en el lado estadounidense.

Los LeBarón no estaban convencidos de que López Obrador estuviera comprometido o tuviera la capacidad de investigar y procesar a los involucrados, así que continuaron presionando al gobierno de Estados Unidos para que los ayudara. La comunidad LeBarón llevaba décadas librando batallas territoriales con los cárteles vecinos, pero esta vez «los arteros asesinatos de sus familiares»[513] los llevaron a acercarse al presidente estadounidense. Alex LeBarón le dijo a una revista mexicana que la familia había bajado la guardia con los años, «en buena medida porque nos cansamos de tener miedo». Su sobrino Daniel explicó que estaba ansioso por aceptar la ayuda de Estados Unidos, porque «esto está fuera de control y el gobierno de México ha demostrado que está rebasado en sus capacidades […] ese discurso de la soberanía nacional es ridículo». Kenneth Miller, el suegro de Rhonita, estuvo de acuerdo, y agregó: «No estoy diciendo que quiera que Estados Unidos venga solo a vengar a mi familia, sino que venga a ayudar a todo México».[514]

Orgullosos de su soberanía, y enojados por el torrente de insultos, con frecuencia racistas, proferidos por Trump como candidato y luego como presidente de Estados Unidos, los mexicanos se enfurecieron por la amenaza de una intervención militar estadounidense en su país. A pesar del desaire de López Obrador, Trump y sus congresistas aliados estaban decididos y redoblaron su determinación. Tom Cotton, el senador republicano de Arkansas, sugirió que las tropas estadounidenses «podrían invadir México o tomar alguna especie de medida unilateral»[515] en respuesta a los asesinatos. «Si el gobierno mexicano no puede proteger a los ciudadanos estadounidenses que viven en México, entonces Estados Unidos debería tomar cartas en el asunto», agregó.

Los LeBarón agraviaron todavía más a los mexicanos al presionar a los funcionarios del gobierno estadounidenses, yendo más allá de la petición que dirigieron a la administración de Trump, para que designaran a los cárteles como grupos terroristas para que las fuerzas estadounidenses pudieran emprender acciones militares contra ellos. Con ese fin contactaron de manera directa a los senadores republicanos Rick Scott, de Florida, y Mike Lee, de Utah, mormón este último. Adriana LeBarón Jones, hermana de Rhonita, le dijo a la prensa: «Simplemente estamos hartos»,[516] explicando que hicieron la petición porque estaban frustrados por la forma en que estaba actuando López Obrador. Dijo también que Faith, la bebé de Christina, «pudo haberse muerto por inanición». Luego, refiriéndose a los sobrevivientes y la respuesta tardía de las fuerzas de seguridad mexicanas, agregó: «Esos niños pudieron haberse desangrado hasta morir». La petición consiguió lo que deseaban, atraer la atención de Estados Unidos, y provocó que el 26 de noviembre Trump le dijera a Bill O'Reilly, conductor de Fox News, que no quería revelar los detalles de su plan, «pero [que los cárteles] serían clasificados».[517] De hecho, Trump pregonó que había pasado los últimos noventa días trabajando en eso, lo cual significaba que había empezado más de dos meses antes de que ocurriera la masacre a trabajar en la clasificación de los cárteles como terroristas, y que planeaba ponerlos «en la misma categoría que Al Qaeda, ISIS y Boko Haram».

El que los LeBarón presionaran al gobierno de Estados Unidos para que interviniera disgustó a los mexicanos y atizó el sentimiento antimormón. Según dijo una reportera: «En México muchos consideran que lo que los mormones están haciendo podría llevar a que el suelo mexicano sea invadido por soldados estadounidenses».[518] De acuerdo con lo dicho en un portal de noticias mexicano, los tuits de Trump y la solicitud de los LeBarón «cayeron como una "bomba"»,[519] pues «clasificar a los cárteles mexicanos como terroristas le permitiría al gobierno de Estados Unidos una intervención unilateral, es decir, entrar en el territorio nacional sin pedir permiso». El 10 de diciembre, Trump anunció que, a petición de López Obrador, pospondría la clasificación de los cárteles como terroristas, lo cual hizo que algunos de los miembros LeBarón se pusieran furiosos, no con Trump sino con AMLO. «Le hubiera aplaudido de pie si él hubiera tomado la medida, pero prefirió hacer responsable a Trump»,[520] dijo Adrián LeBarón Soto. «Estoy actuando como Benjamin Franklin cuando fue a Francia a pedir apoyo para que Estados Unidos pudiera enfrentar a los soldados ingleses», comentó el afligido padre de 58 años a un reportero, y agregó: «México está sometido a los cárteles y terroristas. Y necesitamos ayuda». A continuación prometió que seguiría luchando para que los cárteles mexicanos fueran clasificados como organizaciones terroristas extranjeras, y esa semana se reunió en Washington, D. C., con varios legisladores republicanos para solicitarlo en nombre de su familia.

A finales de enero de 2020, Julián LeBarón encabezó una marcha de miembros de la familia LeBarón hacia el Palacio Nacional en la Ciudad de México, exigiendo «verdad, justicia y paz».[521] Javier Sicilia, a cuyo movimiento por la paz Julián se había unido ocho años atrás, después de la muerte de su hermano Benji, «estaba de nuevo en el ruedo» con su anterior compañero de activismo. Sicilia no tenía planeado organizar otra protesta nacional. Pero, como lo señaló, «simplemente no podía tolerar más tantas muertes, en especial lo ocurrido con los LeBarón: un hecho en el que mujeres y niños fueron asesinados de forma tan repugnante y atroz».[522]

Cada manifestante caminó una parte del trayecto con un solo zapato, en honor de McKenzie Langford, la pequeña sobreviviente de 9 años que perdió un zapato mientras intentaba encontrar a su hermano Devin, de 13 años, tras el ataque de noviembre de 2019. Cientos de miembros de la familia extensa de los LeBarón y los Langford participaron en la manifestación. Refiriéndose al motivo de la marcha hacia la capital del país, Julián dijo: «Podemos dedicarnos a culpar y a lamentarnos de lo que hace el gobierno, pero eso nunca solucionará nuestro problema. Tenemos que actuar».[523] A continuación intentaron entregar una carta a López Obrador, pero se decepcionaron cuando llegaron a la plancha del Zócalo y el presidente se rehusó a concederles una audiencia.

Los críticos de los LeBarón se estaban cansando de que la familia mostrara su martirio de forma cada vez más abierta. El periodista Ioan Grillo habló con algunos de los integrantes del grupo, al que él definió como «una pandilla de contramanifestantes», que empujaban a los LeBarón y les gritaban: «Váyanse del país» y «¡Fuera LeBarón!». Al preguntarle a una manifestante la razón por la que se oponía a la exigencia de justicia de una familia que había sido atacada por los cárteles, respondió: «Porque ellos, los LeBarón, despojaron de sus tierras a los indígenas. Y lo que les sucedió fue un ajuste de cuentas».

López Obrador encargó a varios funcionarios de su gabinete de seguridad que estuvieran disponibles para reunirse con Julián, Sicilia y otros miembros de la familia, pero al día siguiente criticó la marcha en su conferencia de prensa. Acusó a los activistas de padecer «amnesia»,[524] diciendo que ahora lloraban «como plañideras», pero habían «callado como momias» frente a la flagrante corrupción de los funcionarios de gobierno de alto nivel de las administraciones anteriores encabezadas por el PRI. El presidente centró la atención específicamente en Genaro García Luna, el exsecretario de Seguridad Pública, quien, de acuerdo con los testimonios en el caso del Chapo, había recibido millones de dólares en sobornos del Cártel de Sinaloa. «Basta de hipocresía»,[525] dijo a los reporteros, culpando de la violencia a sus predecesores, quienes decidieron usar la fuerza militar para enfrentar a los cárteles. Algunos observadores incluso sugirieron que los LeBarón eran conservadores que, por sus lazos históricos y de larga data con el PRI, bajo los cuales habían prosperado desde los años cincuenta hasta entrado el siglo XXI, buscaban minar la administración de López Obrador, quien fundó Morena, el partido en oposición al PRI que lo lanzó a la presidencia en 2018. López Obrador, para muchos, es un presidente demócrata, progresista y de centroizquierda.[526]

A finales de 2019, un residente de una comunidad cercana a la Colonia LeBarón, refiriéndose al cargado ambiente que condujo a los violentos asesinatos de los mormones ese año, me dijo: «Por todas partes hay muchas personas poderosas y fuertemente armadas luchando en forma encarnizada por el control de los recursos. Se están peleando por tierras, por agua y por el control del contrabando y la distribución de rutas hacia Estados Unidos».[527]

Julián creía que el enojo contra los LeBarón se debía a los relativos privilegios de los que gozan, ya que señaló: «Tenemos doble nacionalidad y, por lo tanto, la protección del FBI, y a esto se sumó el enojo y terror que provocaron en algunas personas los tuits de Donald Trump».[528] En febrero de 2020, Julián sufrió un ataque, al cual sobrevivió. En esa ocasión un grupo de 15 hombres armados rodeó su residencia en Casas Grandes, y como su manada de perros pastores belgas de guardia no fue suficiente para protegerlo, se resguardó detrás de un muro de concreto y desde ahí llamó a la policía federal, que estaba apostada en la Colonia LeBarón. Los policías acudieron en su auxilio y lo acompañaron a la frontera con Estados Unidos. Viajó a Seattle y se quedó ahí un par de meses. A la pregunta de un periodista de por qué pensaba que el cártel quería matarlo, respondió: «Por todo. Somos una piedra en su zapato».[529] Según dijeron algunos miembros de la familia, Joel hijo, el padre de Julián, se volvió más paranoico que nunca, tanto que se recluyó en un complejo amurallado protegido por policías y guardaespaldas. De acuerdo con el *Yucatan Times,* aunque Julián siempre lo ha negado: Desde que Benji fue asesinado, en 2009, los LeBarón «están protegidos por una escolta de la policía federal de 50 agentes y 12 unidades armadas».[530]

Adrián anunció que los LeBarón crearían un ejército de «autodefensas voluntarias, al estilo del viejo Oeste, para hacerles frente a los cárteles»[531] porque no confiaban en que el gobierno de México los protegiera. Un familiar LeBarón, quien asegura que la presencia policiaca en la colonia y la floreciente idea de formar un grupo de autodefensa privado está «polarizando a la familia», se preguntó: «¿Por qué están formando un ejército? Si la gente estudiara la historia, en especial la parte de la sangrienta riña entre Ervil y Joel, sabrían que todo indica que está por repetirse».[532] Michael S. Vigil, el exagente de la DEA, también piensa que las cuadrillas van a provocar un desastre. «Crear una autodefensa es echarse la soga al cuello»,[533] dijo Vigil. «Los guardias van a violar derechos humanos y a avanzar de manera paralela a los cárteles, quienes los borrarán del mapa». El llamado de Adrián a las armas se parece mucho a lo que hizo otra poderosa familia mormona, en el sur de Nevada. Su patriarca, Cliven Bundy, proclamó su autonomía frente al gobierno de Estados Unidos y alentó a las autodefensas de derecha a apoyar las protestas de la familia en contra del gobierno.

Adrián otra vez prometió luchar, diciendo: «Los narcotraficantes quieren deshacerse de los gringos. Quieren convertir nuestras comunidades en pueblos fantasma».[534] Pero ahora fue más allá, abogando en las redes sociales y en un foro comunitario para que la Colonia LeBarón se vuelva un autogobierno en México.

«Mataron a la hija equivocada»,[535] le dijo al *Washington Post*. «Y no nos detendremos».

CAPÍTULO DIEZ

«UN EDÉN EN DISCORDIA»[536]

CHARLES BOWDEN, el legendario periodista de las fronteras, dijo alguna vez: «Todos los sucesos en México pasan por tres etapas, primero ocurren, luego se esparcen los rumores y las teorías de lo que pasó, y después viene la etapa final: nunca sucedió». Y así pasó con los asesinatos de Rhonita LeBarón Miller, Christina Langford Johnson, Dawna Ray Langford y seis de sus hijos.

De acuerdo con uno de los primeros relatos periodísticos, cuando, inmediatamente después de que ocurrieron los asesinatos, las autoridades mexicanas anunciaron que la masacre se debía a una confusión por parte de los asesinos, pues, según la teoría inicial, una célula del Cártel de Sinaloa atacó a la caravana de los mormones porque confundió a las mujeres y los niños con miembros del Cártel de Juárez, «La prensa se hizo eco de la versión y parecía que el caso estaba resuelto».[537]

Solo que después empezaron a surgir una serie de versiones contradictorias y comunicados oficiales. Alfonso Durazo, el secretario de Seguridad y Protección Ciudadana de México, presentó una línea de tiempo confusa, colocando el ataque varias horas después de la hora en que ocurrió en realidad. La cronología de Durazo contradecía las afirmaciones de los LeBarón de que las mujeres sí habían sido el objetivo del ataque, y respaldaba las declaraciones del gobierno de que habían quedado atrapadas en un fuego cruzado entre dos cárteles. Entonces, un general mexicano presentó una nueva teoría, era una variación de la primera, con los papales invertidos, según la cual fue el Cartel de Juárez quien atacó a los vehículos de manera deliberada porque creyó que en ellos iban sicarios del Cártel de Sinaloa. Los escenarios se reflejaban como en un espejo. Estas teorías, y otras que se propusieron los primeros días tras el ataque, eran diferentes versiones de una confusión entre cárteles, como si fuera posible que unos matones con experiencia, actuando a plena luz del día, no pudieran darse cuenta de que las personas que iban en las camionetas eran mujeres y niños.

Por supuesto, la familia rechazó esta línea de pensamiento desde el principio, insistiendo en que asesinaron a sus familiares de manera intencional, pues además de que los mormones eran muy conocidos en la zona, los autos en que viajaban las víctimas no tenían vidrios polarizados, así que no era posible que sus atacantes no los vieran con claridad; además, a algunos les dispararon a poca distancia, incluso cuando ya se habían bajado de sus vehículos, y los niños sobrevivientes fueron testigos de que los atacaron deliberadamente.

Dos días después del ataque, Jorge Castañeda, el exsecretario de Relaciones Exteriores de México, encaminó las conjeturas hacia otra dirección que contradecía a las narrativas oficiales cuando le dijo a la CNN que el objetivo principal de la masacre era Rhonita, porque era una activista prominente en los choques de la familia con los cárteles y los barzonistas. Algunos reporteros comenzaron a especular respecto a la posibilidad de que el motivo de los asesinatos tuviera relación con el tráfico de drogas o con los conflictos por el agua que tenía la familia con los ejidos vecinos, o incluso de que los barzonistas y los cárteles hubieran unido fuerzas contra los mormones. De pronto se abandonó la teoría de que los habían confundido y los cárteles dejaron de ser los únicos sospechosos. Si bien los LeBarón recibieron bien las declaraciones de Castañeda de que ellos habían sido el blanco, algunos no estaban de acuerdo con la afirmación de que Rhonita era activista, ya fuera contra los cárteles, ya por los derechos de agua de los LeBarón. Según dijo un familiar: «Lo único de lo que Rhonita era activista era de sus hijos».[538] Otros miembros de la familia no cuestionaron la etiqueta, solo su significado. Adriana LeBarón Jones, una hermana de Rhonita, escribió: «Ella creía que valía la pena luchar por México».[539] Y agregó: «No estamos luchando contra los cárteles, estamos luchando por nuestro derecho a la vida, la libertad, la paz y la prosperidad». Tomando el relevo de Rhonita, Adriana escribió un mensaje de una cuartilla en el que les hacía una petición a las «madres de México»: «Sigamos luchando por tener caminos no secuestrados, libres de crimen y gasolina no manipulada».

«La teoría del momento en la prensa mexicana es que la masacre tiene relación con los conflictos que tiene la familia con El Barzón»,[540] señaló una nota periodística a una semana de los ataques. Esta nota daba cuenta de la «tierra seca y la creciente violencia» al exponer el prolongado conflicto de los LeBarón con sus vecinos. «Al parecer, ambas partes han actuado con violencia». Ahora era Joaquín Solorio, el vocero de El Barzón, quien estaba indignado porque consideraran que los agricultores estaban involucrados en semejantes actos horrendos. «Las procuradurías me involucraron en especulaciones y señalamientos sobre el caso LeBarón, así que exijo que el caso sea esclarecido cuanto antes»,[541] dijo Solorio a un sitio de noticias mexicano. El líder todavía estaba llorando a su hermano y a su cuñada, quienes habían sido asesinados por su activismo y aún no se esclarecía quiénes eran los autores. «Yo también soy víctima», dijo. «Me molestan estos señalamientos y especulaciones, es a las autoridades a quienes les corresponde determinar a quién le corresponde la responsabilidad. El asesinato de mujeres y niños es reprochable». Jeremy Kryt, un periodista que cubre para el *Daily Beast* las guerras de México y Colombia contra el narcotráfico, citaba fuentes del cártel que le dijeron que el ataque fue intencional, sugiriendo que su finalidad era expulsar de México a todos los LeBarón, y que el plan había sido aprobado desde el más alto nivel de la organización criminal. «¿Niños? ¿Pequeños bebés? Al respecto escribió: Los mexicanos no matan un montón de niños blancos sin un motivo».[542]

Lo que no estaba a discusión, y en lo que todas las partes estaban de acuerdo, era que la incómoda paz de décadas que los mormones compartían con el Cártel de Sinaloa había comenzado a fracturarse en los meses previos a la masacre. La expansión del tráfico de drogas y, por lo tanto, de la violencia —a lo largo de la región y otros estados de México— fue uno de los factores para que las fricciones escalaran. Pero la razón principal fue la eliminación del Chapo de la escena, tras su captura en 2016. Los Chapitos, sus tres hijos narcotraficantes, enfrentaron competencia en la región de parte de capos que para el

Chapo mismo podrían no haber representado un desafío, como Nemesio Oseguera-Cervantes, jefe del imponente y despiadado Cártel Jalisco Nueva Generación (CJNG). Según Michael S. Vigil, el Mencho, como llaman a Oseguera-Cervantes, construyó un mini-Estado en México, con ejército privado y fuerza paramilitar equipada con ametralladoras, lanzamisiles y una flotilla de vehículos blindados, y es «mucho más inteligente, salvaje, violento, artero y poderoso que el Chapo».[543] Con sus 1.70 metros de estatura, sus 55 años y 68 kilogramos de peso, el dueño de miles de millones es tan disciplinado y tan imprudente como era el Chapo, y «más letal que una víbora de cascabel».[544] La guerra que libraba contra el Cártel de Sinaloa, con el que había roto relaciones hacía muchos años, estaba marcada por una brutalidad escalofriante incluso para la violencia del narco en México, que incluía decapitaciones, gente colgada a plena vista y asesinatos de mujeres embarazadas. El Departamento de Justicia de Estados Unidos catalogó al CJNG como «una de las cinco organizaciones criminales trasnacionales más peligrosas del mundo, responsable del tráfico de muchas toneladas de cocaína, metanfetaminas y heroína con fentanilo hacia el interior de Estados Unidos, así como de la violencia y muchas muertes en México», y la incluyó en su lista de los criminales más buscados con una recompensa de 10 millones de dólares por su captura.

En los meses previos a la masacre, el Cártel de Sinaloa exigió, por primera vez, que las familias de La Mora dejaran de comprar gasolina en Chihuahua, la cual era más barata pero estaba bajo el control del Cártel de Juárez. «Los hombres que manejaban los puestos de control ya no eran los que conocíamos»,[545] externaron miembros de la familia de La Mora. «Parecían más nerviosos, a veces apuntaban con armas a los peatones. Se esparció el rumor de que la guerra entre los grupos criminales por el territorio de estados de Sonora y Chihuahua, colindantes entre sí, se estaba intensificando». Julián LeBarón le dijo a la CNN que un grupo criminal que se dedica a robar gasolina había amenazado a su familia. «Nuestra familia tiene una mezcla interesante de misticismo, sueños predictivos y revelaciones»,[546] dijo otro miembro de la familia LeBarón, «y tuvimos un montón de premoniciones antes del ataque». Los LeBarón, como muchos en La

Mora, las habían tenido, comenzaron a preguntarse si ya era hora de levantar todo e irse a Estados Unidos. Empezaron a tomar más precauciones, incluyendo viajar en convoy y portar armas. Adrián, el padre de Rhonita, desde el inicio buscó culpar de los asesinatos al Cártel de Juárez, el cual, según afirmaba, había ordenado a una de sus facciones, llamada La Línea, «llevar a cabo el ataque fatal como una estrategia para bloquear la ruta de tráfico de drogas del Cártel de Sinaloa hacia Estados Unidos».[547]

Dicha especulación fue descartada por Michael S. Vigil, quien señaló que el Cártel de Juárez «no es más que un caballo con una pierna».[548] El «rey de la cocaína» y el que controla el «tráfico de drogas y precursores de estas desde Sudamérica es el Cártel de Sinaloa. Para ellos el Cártel de Juárez y La Línea no son una amenaza», dijo, explicando que el Chapo había tratado de estructurar el Cártel de Sinaloa casi como un matriarcado, con más mujeres en posiciones de liderazgo que cualquier otra organización de narcotraficantes en el mundo, una configuración matricentrista que ahora estaba siendo cuestionada desde el interior por los tres Chapitos.

En 2007, cuando el Chapo se casó con Emma Coronel Aispuro, una reina de belleza de 18 años nacida en Estados Unidos, la incorporó en su organización como su compañera y confidente. El capo internacional, 33 años mayor que ella, había sufrido tremendos abusos a manos de su padre cuando era niño. Según Vigil, «Su padre le pegaba a su madre y sus hermanas, y él mismo también recibía brutales golpizas cuando trataba de protegerlas. La única que lo protegía era su abuela; así que, cuando obtuvo su propio poder, lo compartió con las mujeres de su entorno». Como resultado, Emma Coronel, con quien el Chapo tiene dos hijas gemelas, conoce las operaciones internas del cártel, incluidas las rutas de contrabando y, en especial, a todos los funcionarios de los gobiernos de Estados Unidos y México que el cártel ha sobornado. Si alguien quisiera desafiar al Cártel de Sinaloa, necesitaría tomar en cuenta su conocimiento y participación después del encarcelamiento del Chapo y su asociación con el actual jefe del cártel, Ismael *el Mayo* Zambada, que figura en la lista de los más buscados del FBI, y con los Chapitos, a quienes ha conocido durante toda su vida adulta. En febrero de 2021, Coronel, de 31 años, fue arrestada en Washington, D. C. De cara a una posible condena de por vida, se declaró culpable en Estados Unidos de los cargos federales por tráfico de drogas y lavado de dinero y, en noviembre de 2021, recibió la risible sentencia de tres años de prisión. La «princesa del narco ha estado en el narcotráfico desde que era una niñita», dijo Vigil. «Como madre de dos niñas de 9 años, tuvo suficientes motivos para hacer un trato con los agentes de investigación. Su cooperación podría terminar con el narcoimperio de 11 000 millones de dólares del Cártel de Sinaloa». Además, dejó de ser leal al Mayo Zambada luego de que dos de sus hijos declararan en contra del Chapo. Se espera que la evidencia que podría brindarles a los fiscales estadounidenses acerca de Zambada, así como la información respecto a Genaro García Luna y César Duarte Jáquez, funcionarios mexicanos de alto nivel encarcelados en Estados Unidos por narcotráfico y corrupción, respectivamente, tenga un impacto dramático en los cárteles mexicanos.

El único rival de peso del Cártel de Sinaloa es el Mencho, quien ha hecho grandes avances dentro de su territorio, incluyendo Chihuahua y Sonora. Aunque el Cártel Jalisco Nueva Generación es más violento, el de Sinaloa es más poderoso. Los Chapitos son dueños de la mayoría de los laboratorios de fentanilo, y el tráfico de cocaína es su negocio principal. Iván Guzmán, quien es considerado el Chapito más inteligente y presunto heredero de los dominios del Chapo, ha sido señalado por el gobierno de Estados Unidos como contrabandista de cocaína, heroína, metanfetaminas y mariguana mediante el uso de camiones, barcos y túneles. El suyo es un imperio global, con químicos importados de Asia y cocaína importada de Sudamérica. En comparación con él, el Cártel de Juárez y La Línea son jugadores menores. La ruta de contrabando hacia Arizona, a la que hace referencia Adrián LeBarón, es irrelevante frente a los que se están disputando el Cártel de Sinaloa y el CJNG, es decir, los puertos de entrada del océano Pacífico, las rutas terrestres y los túneles de Baja California que pasan por Tijuana hasta San Diego.

Además de combatir al Mencho, los Chapitos están alineados contra Zambada, su rival interno, que es considerado «el Carlo Gambino de México», y quien pretende que sea uno de sus propios hijos el que se quede con el cártel. Denominado «el capo más poderoso del corredor Sonora-Chihuahua»,[549] Zambada «supuestamente estaba furioso por la masacre de los LeBarón». Después del ataque del cártel contra las fuerzas federales, durante el intento fallido de captura de Ovidio Guzmán, uno de los Chapitos, ocurrido tan solo dos semanas antes, optó por ordenar que no «agitaran las aguas», ya que ese operativo mediocre había atraído mucha atención policial y mediática a la zona. Si, como informó Jeremy Kryt, Zambada intentaba mantener un perfil bajo, el tiroteo contra «un montón de niños rubios» y su amplia difusión en la prensa tuvo el efecto contrario.

Un informante de la DEA que conocía con precisión las fuerzas que intervinieron en la masacre, me dijo: «¿Por qué cree que había tantas personas disparando?».[550] La explicación es que se trataba de algo «bastante personal. Es una cuestión muy complicada y oscura, en la que intervienen elementos tanto históricos como actuales. Los mormones embalsaron el agua, robaron sus tierras, y eso no es todo, también están en un pleito de sangre y uno de dinero. Alguien tenía información real del interior de la comunidad mormona acerca de los movimientos de las mujeres. No fue accidental que ninguno de sus maridos las acompañara».

Lo que estaba claro, al menos para algunos agentes federales antidrogas de Estados Unidos, es que los asesinos perdieron el control. «Algunos de los que dispararon no sabían que iba a haber niños», dijo un agente, explicando por qué uno de los hombres armados, el que conducía la camioneta roja que se acercó a la camioneta acribillada de Dawna, se sorprendió al ver a los niños y les dijo: «bájense y váyanse corriendo a su casa». La masacre, intencional y no, desató posteriores balaceras entre los sicarios, las cuales continuaron a lo largo de la tarde; muchos de ellos «estaban enfadados, eufóricos y llevaban ametralladoras».

Agentes federales antidrogas de Estados Unidos pusieron en duda la teoría de Adrián LeBarón, según la cual los cárteles rivales estaban atrayendo intencionalmente la atención a la zona, pues hacer eso sería contraproducente para los intereses de todos ellos. El ataque bien pudo ser «una *vendetta* contra la familia, que estaba invadiendo su territorio. Ya les habían advertido y no tomaron en serio las advertencias, así que les enviaron un grupo de matones»,[551] explicó Vigil. «El Cártel de Sinaloa por lo general manda el mensaje de que si no pueden llegar a ti, llegarán a tu familia, y eso te dolerá más», dijo Vigil. El hecho de que el cártel enviara a dos equipos de emboscada con más de cien sicarios a disparar, cuando la cantidad que suele enviar es de 20 a 30, fue «un exceso», y es una prueba más de que actuaron con intención. «Sabían exactamente a quién le estaban disparando»,[552] señaló el informante de la DEA, descartando por completo la teoría de que los confundieron con alguien más. «Usaron un maldito lanzacohetes antitanque portátil RPG-7».

Adrián LeBarón seguía convencido de que no fue el Cártel de Sinaloa, sino el Cártel de Juárez y La Línea quienes asesinaron a su hija y a cuatro de sus nietos. Cuando Adrián vio que la administración de López Obrador, aunque alardeaba de estar trabajando a fondo en las investigaciones de los crímenes, en realidad casi no mostraba avances, decidió tomar medidas por su cuenta para hacer que los responsables rindieran cuentas. En un movimiento bastante inusual y sin precedentes, juntó a 24 miembros de la familia para presentar una demanda civil ante la Corte federal de Estados Unidos contra el Cártel de Juárez, acusándolo de cometer actos de terrorismo internacional. Los principales demandantes del caso eran Howard Miller, esposo de Rhonita, y Tyler Johnson, esposo de Christina. Además de Adrián y Shalom LeBarón, los padres de Rhonita, el grupo de querellantes incluía también a otros miembros de las familias LeBarón, Johnson, Miller y Langford que eran parientes de las víctimas.

La demanda, que se presentó el 31 de julio de 2020 en Dakota del Norte, le imputaba al cártel siete acusaciones, incluyendo actos de terrorismo internacional, agresión con lesiones, homicidio culposo y daño emocional infligido por negligencia y/o de manera deliberada, y pedía una indemnización por daños y perjuicios. Considerada la primera demanda de ese estilo interpuesta en Estados Unidos contra un cártel mexicano, la denuncia exigía compensación para las familias fundamentada en la Ley Antiterrorista de Estados Unidos, por el monto que estableciera el juicio. La Ley Antiterrorista permite que cualquier ciudadano estadounidense pida una indemnización por daños y perjuicios dentro de Estados Unidos si fuere víctima de actos terroristas fuera del país, y todos los demandantes o tenían doble nacionalidad o eran estadounidenses. Michael Elsner, el abogado representante de la familia, radicado en Carolina del Sur, mencionó que el objetivo de la demanda era que el cártel se hiciera responsable de sus actos pagando una compensación económica. Elsner, miembro del despacho de abogados Motley Rice, una de las agencias de litigio más grandes del país, se destaca por dedicarse a casos con implicaciones internacionales. Representó a víctimas de los bombardeos suicidas de Hamas cuando presentaron una demanda contra un banco jordano que financiaba al grupo terrorista, así como a ciudadanos estadounidenses en un litigio contra Libia por la colocación de una bomba, en 1988, en el vuelo 103 de Pan Am y que explotó sobre el territorio de Escocia.

La demanda aseguraba que, durante la última semana de octubre de 2019, 100 hombres del Cártel de Juárez fueron a un rancho de Chihuahua en Buenaventura, una comunidad cercana a la Colonia LeBarón que es propiedad de un jefe de La Línea, y que ahí se dividieron en dos grupos para perpetrar en Sonora un ataque preconcebido, diseñado para arrebatarle territorio al Cártel de Sinaloa. A la semana siguiente, vestidos de civil y equipados con armas automáticas, los dos grupos habían establecido zonas de preparación a unos 13 kilómetros, en las montañas cercanas a La Mora. Según lo dicho por Elsner, la investigación del equipo legal, que en parte se basó en lo que les dijo un «informante confidencial» que era miembro del Cártel de Juárez, reveló que los equipos de sicarios rastrearon con intención los vehículos de Rhonita, Christina y Dawna. Desde sus puestos de avanzada en las cumbres, divisaron con binoculares cuando los automóviles de las mujeres se acercaban; en el caso de Rhonita, los sicarios videograbaron todo el ataque a la camioneta, acompañando las imágenes con una narración escalofriante. La camioneta, que en la demanda se dice por error que era una Suburban negra en vez de una Chevy Tahoe azul, la que Rhonita tuvo que pedir prestada a su suegra como dan cuenta todos los relatos anteriores, fue tiroteada durante diez minutos, con repetidos disparos de armas automáticas y ametralladoras alimentadas por cinta. El video mostraba a los atacantes acercándose al vehículo mientras seguía la balacera.

El litigio más que nada fue un acto simbólico, con poca probabilidad de éxito. Sin embargo, tuvo un efecto inmediato: impulsó la narrativa de que el motivo detrás de los asesinatos fue que los LeBarón eran «críticos vociferantes y públicos del Cártel de Juárez»,[553] que organizaban marchas en contra de los cárteles, en tanto que presentaba a los miembros de la familia como «símbolos de la resistencia mormona al cártel». También sirvió para que el Cártel de Sinaloa, otras organizaciones de narcotraficantes, el Ejército mexicano, los mismos LeBarón y otros enemigos de la familia dejaran de enfocarse en Adrián LeBarón y los otros 24 demandantes.

Conforme la investigación del gobierno de México se iba alargando interminablemente, Adrián LeBarón comenzó a centrarse, casi hasta la obsesión, en Rafael Caro Quintero como el autor intelectual detrás de la masacre en la que murió Rhonita. El infame capo es uno de los criminales más buscados por Estados Unidos, y quien en 1985 había empezado a purgar, en México, una sentencia de 44 años de prisión por el asesinato de Enrique *Kiki* Camarena, un agente de la DEA, condena que fue suspendida porque en 2013 obtuvo su liberación anticipada gracias a un tecnicismo legal. Se presume que Caro Quintero, con quien los hijos homicidas de Ervil LeBaron, incluida Jacqueline *Tarsa* LeBaron, la sospechosa de asesinato, se asociaron en los años ochenta, encontró refugio en el Cártel de Sinaloa. Radicado en su natal Sonora, Caro Quintero se escondió para evitar ser aprehendido por oficiales estadounidenses, quienes estaban furiosos por su liberación. El FBI aún ofrece una recompensa de 20 millones de dólares por información que lleve a capturarlo por los cargos de secuestro y asesinato de un agente federal de Estados Unidos. De acuerdo con Adrián, Caro Quintero hacía poco que había cambiado de bando, dejando el Cártel de Sinaloa para formar una alianza con La Línea. Adrián afirmó que fue Caro Quintero quien se reunió con los líderes de La Línea en el municipio de Buenaventura un mes antes de la masacre. Ese era el panorama expuesto en la demanda, pero ahora Adrián identificaba a Caro Quintero como la figura clave en la reunión que se llevó a cabo cerca de La Mojina, el extenso rancho de la familia LeBarón, y en donde se planeó la serie coordinada de ataques.

Michael S. Vigil se burló de este escenario diciendo: «Caro Quintero no está al mando de nada»,[554] y se refirió a él como «un viejo fantasma que no ha sido capo desde los años ochenta». Es una «vieja gloria de la marihuana que probablemente no le importa ni al Cártel de Juárez», comentó Vigil, señalando que la marihuana ya no es el gran cultivo comercial, y que la evolución de los cárteles lo ha dejado atrás. «Caro Quintero está prófugo y lo último que quiere es que lo atrapen y lo regresen a Estados Unidos para enfrentar cargos, porque nunca saldría».

Los asesinatos devastaron a La Mora y la Colonia LeBarón, pero al parecer también abrieron nuevas oportunidades. En noviembre de 2019, unos días después de la masacre, los LeBarón, dueños del rancho La Mojina, comenzaron a construir una red de postes de luz para abastecer de electricidad las bombas de los nueve pozos perforados que la Conagua había declarado ilegales.

Los barzonistas estaban indignados por lo que ellos veían como un descarado robo de agua, pero decidieron no movilizarse para «respetar el duelo de la familia».[555] Sin embargo, como los LeBarón continuaron trabajando en conectar los pozos, sus vecinos terminaron por perder la paciencia. Cinco meses después de los ataques, el 19 de abril de 2020, algunos de sus vecinos se dirigieron al rancho a protestar para detener la construcción de los nuevos postes de luz «y los LeBarón los recibieron a balazos», hiriendo a dos de los manifestantes, según reportó la revista *Proceso*. Un familiar que ha sido testigo del conflicto por décadas, dijo: «Después de todos los años que llevaban los campesinos sintiéndose abusados y violentados, no se necesitaba mucho más para convencer a la gente de las granjas vecinas de ir tras los LeBarón».[556]

Como respuesta a la balacera, algunos barzonistas decidieron armarse para defenderse de «esos depredadores»[557] que han estado extendiendo el área de sus plantaciones de nogal y violando las leyes ambientales. «La familia ha utilizado su condición de víctimas para construir en el predio La Mojina una línea de conducción con la finalidad de electrificar más pozos que se encuentran en la ilegalidad», se quejaron miembros del ejido Constitución, exigiéndole al gobierno federal su intervención. Finalmente llegó la policía del estado de Chihuahua y la Guardia Nacional para ayudar a establecer y mantener la paz.

Aun así, los barzonistas dijeron: «Vamos a continuar en resistencia permanente», y el 21 de abril bloquearon un tramo de la autopista cerca del rancho La Mojina para plantear sus exigencias. A su vez, los mismos LeBarón contactaron al gobierno de México para pedirle que detuviera el conflicto e invitaron a las autoridades federales al rancho para realizar una inspección en la propiedad.

El 28 de mayo de 2020 el delegado federal del estado de Chihuahua, atendido por Joel LeBarón Soto y más de 50 miembros de la familia, pasó cinco horas recorriendo el rancho. «Ninguna autoridad estatal nos ha escuchado […] y la cosa es muy sencilla, necesitamos imparcialidad»,[558] le comentó Joel hijo al delegado. Tras mencionar que Javier Corral, el gobernador de Chihuahua, era «un inepto», exigió que el caso LeBarón fuera retirado del que llamó «estado corrupto» de Chihuahua, y que se reasignara a los tribunales de la Ciudad de México. «El gobierno del estado es nuestro enemigo declarado y no confiamos en él», dijo.

Varios de los hijos de Joel el chico le dijeron al delegado federal que, para poder adquirir una porción del rancho La Mojina y recoger los frutos de su legado familiar, habían tenido que trabajar 10 años en Estados Unidos, solo para ver cómo los barzonistas «destruyen las cosas cada vez que se les ocurre». Acompañado por un exagente de la policía federal de México, su guardaespaldas personal, Joel hijo contó con detalle cómo los agricultores le dispararon a la familia durante la más reciente confrontación. Otros miembros de la familia comentaron que eran «objeto de odio», asegurando que los agricultores les decían que regresaran por donde habían venido, es decir, a Estados Unidos. A lo que Julián señaló: «Pero nosotros nacimos aquí en México. Somos más mexicanos que el gobernador Javier Corral, porque él nació en El Paso, Texas».

Por su parte, el gobernador Corral, a quien los LeBarón acusaban de corrupto e incompetente, estaba ocupado dirigiendo una campaña anticorrupción, recuperando para el estado de Chihuahua los cientos de millones de pesos en propiedades de los que se había apropiado César Duarte, el exgobernador. La Operación Justicia dirigida por Corral se había desplegado no solo para recuperar los recursos públicos desviados que las administraciones anteriores se habían robado, sino también para llevar ante la justicia a aquellos que habían saqueado el erario para fines personales. Duarte, para ese entonces, ya había sido arrestado en Estados Unidos y estaba en una cárcel de Miami, luchando para no ser extraditado a Chihuahua. La administración de Corral recuperó ranchos enormes que sumaban miles de hectáreas, así como miles de cabezas de ganado vacuno de las razas angus, brangus y *charolais,* y de ganado equino de distintas razas, predios para la agricultura hidropónica, fincas urbanas, *penthouses* en condominio y múltiples vehículos, todo ello para restituirlo «al pueblo de Chihuahua». La Fiscalía Anticorrupción del estado presentó 86 denuncias penales contra funcionarios públicos y ciudadanos privados; asimismo, Corral anunció que, cuando el caso se resolviera, se devolvería a la «población más necesitada»[559] de Chihuahua alrededor de 1 800 millones de pesos.

Por esa misma época, el fiscal general de Chihuahua reabrió un caso de hacía cinco años, anunciando que se daría una recompensa de 150 mil pesos a quien proporcionara información de siete trabajadores de la construcción mexicanos que desaparecieron de la Colonia LeBarón en 2015. Los hombres, en un rango de edad que iba de los 17 a los 57 años, habían sido subcontratados por la Iniciativa Mérida, financiada por el gobierno de Estados Unidos, para instalar un sistema de telecomunicaciones encriptada, y el cual había sido encargado como resultado de la alianza de inteligencia y seguridad entre Estados Unidos y México para combatir el tráfico de drogas, el crimen organizado trasnacional y el lavado de dinero. Los técnicos comenzaron a trabajar en la propiedad de los LeBarón el 22 de agosto de 2015, y durante la siguiente semana estuvieron en constante comunicación con sus familiares, a quienes les comentaron que los habían amenazado de muerte. El 29 de agosto de 2015 se les notificó por teléfono que podían recoger sus pagos en una tienda de la Colonia LeBarón; después se dirigieron a depositar sus cheques de pago a un banco cercano a Buenaventura, en donde se les vio por última vez. Conocidos como «los siete de Galeana», en conjunto dejaron solos a más de diez hijos. La madre de uno de los desaparecidos le dijo a *Proceso* que detrás del caso «Hay mucho dinero de por medio»,[560] y, de acuerdo con el fiscal general, al menos tres de los trabajadores fueron identificados como miembros del Cártel de Juárez.

El 4 de noviembre de 2020, en el primer aniversario de la masacre de su familia, Adrián LeBarón dio una extensa entrevista a un periódico británico, el conservador *Daily Mail*. Crítico acérrimo, todavía, de la forma en que el gobierno de México manejaba el caso, Adrián dijo que el presidente López Obrador le había prometido que haría un anuncio importante en las próximas semanas. También afirmó que estaba enterado de que había 12 sospechosos arrestados por vínculos con el crimen organizado, pero que solo uno de ellos estaba relacionado con los asesinatos de su familia.

«En México, si no le das seguimiento a una investigación, esta se muere»,[561] comentó Adrián. Declaró que su propósito en la vida era encontrar justicia para su hija, sus nietos y las demás víctimas que perdieron la vida en esa fatídica mañana de otoño. «¿Saben por qué no hicieron la autopsia de mi hija, nietos y familia?»,[562] preguntaría después Adrián en Twitter, cuestionando la afirmación del gobierno de que los peritos se tardaron en llegar a las escenas del ataque, dando tiempo a la familia para que removiera los cuerpos para enterrarlos, porque no tenían suficiente gasolina para ir. Adrián reveló: «Nos llevamos los restos para que no se los comieran los coyotes, allí solo quedaron cenizas, mezcladas con llanto y dolor». Insinuó, además, que los agentes se aprovecharon de eso para argumentar que sin cuerpos ni ADN como evidencia no podían presentar cargos por homicidio.

Adrián le comentó al *Daily Mail* que ahora él y Shalom estaban criando a tres de sus 99 nietos (Tristan, de 9 años; Amaryllis, de 6, y Zack, de 4), ya que Howard Miller, su yerno, se los dejó encargados porque él tenía que regresar solo a Dakota del Norte, en donde se volvería a casar a 14 meses de los asesinatos. El viudo de Rhonita «ahora vive en el extranjero y no desea volver a México»,[563] informaron funcionarios públicos a los medios mexicanos. «Se va para allá a trabajar»,[564] aclaró Adrián a Reuters. «No hay que confundir a alguien que busca su sustento con alguien que huye. Su corazón y su alma permanecen en La Mora». Adrián dijo que lo más difícil para él y Shalom «es que los niños todavía despiertan en las noches sobresaltados y que el más grande tiene pesadillas, pues eso significa que todavía está mal. Siempre deja su cama y se mete a la de alguien más, sobre todo a la de su abuela. Así que no ha sido fácil. Extrañan a su mamá».[565] Kenneth y Loretta Miller le contaron a un documentalista de televisión que también ellos participaban en la crianza de los niños Miller.

Dos semanas después del primer aniversario, la administración de López Obrador anunció que había detenido a más de 30 personas por numerosos cargos relacionados con la masacre, muchos más de los que Adrián había informado antes, incluyendo a un hombre que aseguraba ser el «autor intelectual». Ese hombre no era Rafael Caro Quintero, sino Roberto González Montes, un expolicía apodado el Mudo o el 32, que se había vuelto narcotraficante y quien se presumía era el jefe de plaza de La Línea, quien se encargaba de la región occidental de Chihuahua. Junto con González Montes, y cerca de la ciudad de Nuevo Casas Grandes donde vivía Julián, fueron arrestados otros dos hombres. Julián se refirió a González Montes como el «mandamás del cártel, el sicario mayor del Cártel de Juárez».[566] Tras el arresto de este, Adrián tuiteó que la familia LeBarón ahora está «un paso más cerca de saber quiénes fueron en verdad los asesinos de mis hijos».[567] Reconoció de manera pública el trabajo realizado por el gobierno de México para aprehenderlo, pero cuestionó la afirmación de su sobrino Julián sobre que González Montes era el mandamás.

Adrián siguió presionando a los organismos policiales para que arrestaran a Caro Quintero como el verdadero culpable, aun cuando nadie había confirmado su participación. «Yo quiero verle la cara a González Montes y preguntarle qué paso, hacer que suelte la sopa para que nuestra alma ya pueda estar tranquila»,[568] dijo Adrián a un periódico mexicano. «No sabemos qué pasó, no sabemos la verdad […], ese es uno de nuestros objetivos más grandes: saber, ¿quién ordenó hacer esta masacre? ¿Fue un capo más grande?, o a lo mejor va a decir que fue el mismo diablo quien lo mandó». Adrián le contó al *Diario de Chihuahua*, un periódico regional, que un juez mexicano que supervisaba los cargos en contra de los asesinos le confió que Caro Quintero había tenido una desavenencia con los Chapitos, por lo que había desertado de su antiguo cártel, el de Sinaloa, y había unido fuerzas con La Línea para planear los ataques.

El gobierno de México terminó pidiendo la intervención del FBI para coadyuvar en el análisis de balística de los ataques, ya que casi todas las municiones habían sido fabricadas en Estados Unidos por la empresa Remington Arms. A los agentes se les ordenó seguir protocolos estrictos que les impedían identificarse como agentes de inteligencia estadounidenses, estar armados o consumir cualquier alimento local durante su investigación. Así que, de acuerdo con un artículo, durante varios días volaron en helicóptero desde Estados Unidos a La Mora «llevando con ellos maletas de comida y agua».[569] Recabaron evidencia y entrevistaron testigos; pero a más de un año de la masacre la escena del crimen fue de poca utilidad. A la fecha de esta redacción, los resultados del FBI no se han abierto al público.

Más adelante, en enero de 2021, las autoridades mexicanas anunciaron que el número de sospechosos identificados relacionados con los homicidios había aumentado a 40, y que 17 de esas personas presuntamente habían sido detenidas, en específico, por haber participado en los ataques. Entre ellos había un conocido de la Colonia LeBarón, un tal Fidencio G., alias «el Jano», quien, de acuerdo con el gobierno, había guiado a los sicarios el 4 de noviembre. López Obrador les dijo, a Adrián y a otros miembros de la familia, que Jano había confesado que él fue quien dio la orden de quemar el vehículo de Rhonita, y de que grabaran el video de celular que se había vuelto viral justo unos días después del ataque. El hombre de 35 años era oriundo del municipio de Janos, Chihuahua, el pueblo de Pancho Villa, y según afirmó Adrián, conocía a Rhonita personalmente. Agregó que le mostraron el video cinco veces, en una ocasión en presencia del presidente. Una docena de miembros de la familia, tanto de La Mora como de la Colonia LeBarón, estuvieron presentes en la oficina del fiscal, recuerda Adrián, y ellos «nos enseñaron el video en cámara lenta, y nos lo explicaron».[570]

Adrián describió que en el video se ve a Jano, pero primero «se ve» que los hombres armados comienzan a disparar hasta que están cerca de la camioneta de Rhonita. Entonces «Se oye un balazo y a Jano que grita: "Quémenla"». Sin Jano no habría caso, reconoció Adrián. «Él es el primer cabrón que se entregó. [...] Jano es el que más conocía a la familia Langford». Él les contó a las autoridades mexicanas que muchos de los sicarios no eran de la zona, ni siquiera de la región. Explicó con detalle que eran como 100 personas, «gente bien preparada que aparentemente procedía de otros lugares». Jano confesó que los llevó por los senderos alternos que serpentean por los valles, mesetas y faldas de la Sierra Madre. Les dijo a los investigadores que después de la masacre se desataron enfrentamientos entre los sicarios, lo que resultó en más muertes, aunque la policía no reportó haber encontrado más víctimas.

Mientras tanto, el presidente López Obrador alababa la exhaustiva investigación dirigida por la Fiscalía General de la República (FGR), la cual, según afirmaba la oficina de AMLO, incluía 582 entrevistas con testigos y una muy variada colección de evidencias. El 17 de diciembre de 2020 el presidente mexicano había viajado a Bavispe, Sonora, para develar un monumento en memoria de los asesinados. «Este memorial va a significar un homenaje permanente a las víctimas»,[571] dijo López Obrador en la ceremonia. El monumento, instalado en La Mora, incluía las efigies de las tres mujeres y los seis niños abrazándose con afecto, y el árbol de la vida, que tiene una relevancia simbólica en el *Libro de Mormón,* y el cual representa «el amor de Dios que se derrama ampliamente en el corazón de los hijos de los hombres».[572] En lo alto del monolito se aprecia la estatua del ángel Moroni, un simbolismo religioso que a muchos mexicanos les parece que está fuera de lugar en una instalación de gobierno secular. Al pie del monumento hay una placa en la que están escritos los nombres de los muertos, a quienes se hace referencia como VÍCTIMAS DE LA VIOLENCIA DE LOS CÁRTELES.[573] También está escrito un texto que dice: QUE SU SANGRE DERRAMADA CLAME JUSTICIA A NUESTRO DIOS. QUE SE RECUERDE LA INOCENCIA DE CADA ALMA SILENCIADA. QUE SE RECUERDE LA ANGUSTIA DE LOS NIÑOS QUE ATESTIGUARON EL ASESINATO DE SU MADRE Y HERMANOS.

Ese frío día de diciembre, la ceremonia puso de relieve el rompimiento, posterior a la masacre, entre las familias de La Mora y de la Colonia LeBarón. En el monumento no aparecía por ningún lado el apellido LeBarón, y a ningún miembro de esa familia se le pidió tomar la palabra.

Los inicios de 2021 no solo trajeron otros arrestos por parte del gobierno de México, con ellos también vino la renovación de la violencia dentro del mundo de los LeBarón. Esta vez la violencia ocurrió a casi 1 600 kilómetros de la Colonia LeBarón, en la costa del Pacífico, donde la cruenta guerra religiosa de la familia había comenzado hacía casi cincuenta años con el asesinato del profeta Joel.

Ubicada dentro del municipio costero de San Quintín, la Colonia Los Molinos, una propiedad de 3 440 hectáreas que la Iglesia del Primogénito, de Joel LeBaron, había adquirido en 1965, se convirtió de nuevo en un campo de batalla cuando Ervil y Verlan LeBaron, los descendientes y seguidores de Joel, revivieron viejas rencillas por el control de las tierras y el agua. En 1974, Los Molinos había sido escenario de un ataque al estilo paramilitar contra los joelitas, el cual fue orquestado por ervilistas y dejó dos personas muertas y 13 heridas. Localizado a 290 kilómetros al sur de la frontera de Tijuana con California, la línea de playa de la propiedad era el emplazamiento donde Ervil proyectaba la construcción de un complejo turístico y deportivo, y el sitio donde planeó atracar los botes que utilizaba para tirar los cuerpos de sus víctimas de la expiación de sangre que merecían lo que él llamaba *zapatos de cemento*.

En los años previos a su muerte, el profeta Joel había estado solicitando al gobierno de México la creación de un ejido que protegiera Los Molinos a perpetuidad como una comunidad de pequeñas granjas para los miembros de su iglesia y sus vecinos mexicanos, aquellos «lamanitas» que Joel había convertido a su versión de fe. Sin embargo, Joel cometió la imprudencia de pedirle a Ervil que se encargara de hacer lo necesario mientras esperaba que el gobierno aprobara el ejido, pues su hermano, en lugar de comprar las tierras y escriturarlas a nombre de la iglesia, las escrituró a su nombre. Y entonces comenzó a seducir a inversionistas estadounidenses para que participaran en su proyecto de construcción de un hotel y un casino de lujo. Su plan no contemplaba regresar ninguna porción de tierra a los lamanitas. «Eso era representativo de su postura racista y su creencia en el supremacismo blanco»,[574] refirió uno de sus familiares que vivía en Los Molinos en aquella época. «Creía que una persona era de "raza" más pura cuanto más blanca fuera su piel y más azules sus ojos». La doctrina llama a los mormones a «dulcificar a los lamanitas deleitables como la rosa», dijo el familiar. «Teníamos la misión de engrandecer a la gente indígena de México. En vez de eso, Ervil se la pasaba haciendo tratos sucios y afectándolos».

El 18 de agosto de 1972, Ervil perdió los títulos de propiedad del terreno y sus sueños de volverse rico con el desarrollo de una villa se desvanecieron. Ese día el gobierno de México anunció, luego de que Joel insistiera durante varios años con su solicitud, que Los Molinos pasarían a ser un ejido comunal, que sería administrado por la Iglesia del Primogénito y que no podría ser vendida para intereses privados. El ejido, que fue rebautizado con el nombre de Zarahemla, como se llamaba una antigua ciudad mencionada en el *Libro de Mormón,* sería gobernado por miembros de la iglesia de Joel. La designación hizo que Ervil explotara de rabia, y un par de días más tarde dos de sus devotos, obedeciendo sus órdenes, le dispararon fatalmente a Joel, lo que desencadenó una serie de casi cincuenta asesinatos por expiación con sangre perpetrados por hijos y esposas de Ervil, y varios otros de sus discípulos.

Adrián LeBarón, el tercer hijo que tuvo Joel padre con Magdalena Soto, su primera esposa, tenía profundas raíces en el ejido Zarahemla. Tras el asesinato de su padre en Ensenada (a 183 kilómetros al norte de Zarahemla), cuando Adrián tenía 11 años, se mudó de la Colonia LeBarón para pasar su adolescencia en la comunidad de Zarahemla, donde se casó por primera vez y donde nacieron algunos de sus 99 nietos. Sus colegas ejidatarios incluían a sus tías y tíos, hermanos y hermanas, y a muchos primos y joelitas devotos, como DeWayne Hafen. Para 2021, San Quintín se había vuelto un popular destino turístico y el más grande productor de tomate del mundo. Una vez más, sin embargo, las visiones de complejos turísticos y residencias vacacionales llevaron a ciertas facciones dentro de la familia LeBarón a irritarse porque las restricciones del ejido limitaban su desarrollo comercial.

El problema que se presentó a principios de 2021 tenía sus raíces en ciertos hechos ocurridos en 2014. Hafen, que era uno de los primeros en ser convertidos por Joel padre y que se había ordenado en el sacerdocio patriarcal de la iglesia de Joel, había sido miembro del ejido desde su creación en 1972. En 2014, Carlos, el hijo de Hafen, que había incursionado en la política y perdido las elecciones a presidente municipal de Ensenada, capital de Baja California, regresó a la granja que su padre tenía en el ejido para reclamar la propiedad. Carlos había nacido y crecido en el ejido Zarahemla, y a su regreso solicitó a los miembros del ejido, una comunidad de casi 70 santos descendientes del profeta Joel, que le prestaran 20 hectáreas adicionales para su cultivo de fresa. Dado su parentesco, la comunidad accedió a su petición y de inmediato comenzó a cultivar los campos del ejido que le concedieron. Sin embargo, para el año 2021 había agraviado a los otros ejidatarios porque se extendió sin autorización más allá de la parcela que le asignaron, adentrándose poco a poco en los 15.5 kilómetros de paseo marítimo que posee el ejido, y también porque perforó siete pozos de agua y los registró a su nombre.

En enero de 2021, Julián LeBarón le dijo a un reportero que Carlos Hafen quería «apropiarse de terrenos que pertenecen a más de 200 familias».[575] Ese mes, Adrián LeBarón, acompañado de una de sus cuatro esposas y otros treinta familiares, se manifestó frente a un tribunal de Baja California para exigir la evicción de Hafen. «Carlos Hafen es uno de nosotros, es nuestro hijo, hijo del pueblo»,[576] comentó Adrián a la prensa, a la vez que descartó el reclamo que Hafen hacía del terreno, insinuando que estaba mentalmente inestable, y declaró que el predio les pertenecía a los LeBarón desde 1965.

Adrián acusó a Hafen de invadir las tierras en dirección al océano Pacífico para construir un centro turístico junto al mar. «Está muy bonito», dijo Adrián. «Te subes al cerrito y está la playa, está poderoso el lugar». También mencionó que cientos de trabajadores de Hafen recién habían intentado tomar el ejido por la fuerza con machetes y otras armas, y habían quemado seis casas que pertenecían a los LeBarón y sus vecinos. Chelsea Zárate, una de las ejidatarias, en un video de 44 minutos de duración que subió a Facebook y en el que se veía a unas 40 personas blandiendo picos, narró: «Ellos vinieron a nuestras tierras, las tierras que nos pertenecen, diciendo que el dueño es Carlos».

La fértil tierra y los siete pozos de agua dulce han vuelto al ejido «un edén en discordia», decía un artículo que *Milenio* publicó en enero de 2021. «Ellos quieren toda esta agua», señaló Fidel Bautista, uno de los campesinos que trabajan para Hafen, refiriéndose a los LeBarón. Bautista le comentó al reportero que llevaba 12 años trabajando la tierra de los Hafen, sembrando coles de Bruselas, tomates, tomatillos, fresas y sandías. Contó que cuando Emmanuel, su hijo de 20 años, estaba manejando un tractor en uno de los campos, lo rodearon veinte vehículos conducidos por ejidatarios de los LeBarón, quienes lo agredieron. Señaló, además, que uno de ellos portaba un arma de fuego y que otro llevaba un tubo de metal con el que lo golpeó en la cabeza.

Adrián acusó a Hafen de criminal y sicario, le reclamó a la Guardia Nacional por no brindar seguridad a los LeBarón. Luego, denunció a Hafen por haber amenazado su vida y le exigió al presidente López Obrador que arreglara la situación. «Lo que está haciendo Hafen es ilegal, y no nos vamos a salir, pero pondremos barricadas, y si insisten llevaremos el problema a nivel internacional»,[577] advirtió Adrián, refiriéndose al ejido Zarahemla como una propiedad sagrada, fundada por su padre, el profeta Joel, a quien la divinidad había guiado a esa tierra prometida.

«Esta historia ha sido escrita muchas veces»,[578] dijo Adrián respecto al más reciente conflicto agrario que los LeBarón estaban enfrentando por la invasión de sus predios.

«Estamos siendo perseguidos», afirmó.

SORORIDAD

«HASTA AHORITA solo me queda el monumento en recuerdo de mi hija»,[579] escribió Adrián LeBarón en Twitter el 25 de mayo de 2021. Lamentándose de que no había visto más que «migajas de justicia», Adrián después tuiteó que estaba celebrando su cumpleaños número 60, además del reciente nacimiento de su centésima quinta nieta. Desde la masacre de Rhonita y cuatro de sus nietos en noviembre de 2019, el poco conocido polígamo se había vuelto una celebridad menor, alcanzando los 45 000 seguidores en Twitter y superando la cuenta de Julián, su famoso sobrino activista.

Una semana antes, Abel Murrieta, el abogado de Adrián, había sido asesinado a plena luz del día en Sonora. Candidato a presidente municipal de Cajeme, el 13 de mayo el político de 58 años estaba distribuyendo propaganda electoral en un mitin en Ciudad Obregón cuando 13 hombres armados lo rodearon y le dispararon al menos 10 veces, dos de ellas en la cabeza. Como era el exfiscal general de Sonora, había sido designado como representante legal de las familias LeBarón, Langford, Miller y Johnson. «Mataron a mi licenciado, el que me ayudó a vincular a proceso a los asesinos de mi hija [...]. AHORA SÍ ESTOY DE LUTO»,[580] escribió Adrián en su cuenta de Twitter. Los LeBarón de inmediato relacionaron su asesinato con los ataques, comentándole a la prensa que Murrieta sabía más que cualquiera sobre el caso. Después de expresar: «Todos aquí estamos llorando su muerte»,[581] Adrián reveló que él y Murrieta se iban a reunir el 14 de mayo en Tijuana para discutir nuevas evidencias del caso. Y agregó: «Me tenía que decir algo, y tenía que ser en persona, no por teléfono».

El 6 de junio de 2021, el día de las elecciones intermedias en México, que fue, como se predijo, un referendo para la presidencia de

López Obrador, Adrián tuiteó sus inalterables consideraciones acerca de la estrategia del presidente respecto a los cárteles. «Yo no quiero abrazos para los sicarios que acribillaron a mi hija y nietos, tampoco quiero balazos, lo que exijo es justicia para mi familia».[582] Que Adrián culpara a La Línea por el asesinato de Murrieta y señalara al excapo Rafael Caro Quintero como el hombre detrás del crimen no era de sorprender.

Poco antes de la muerte de Murrieta, él y Adrián se habían reunido con autoridades de la Subprocuraduría Especializada en Investigación de Delincuencia Organizada (Seido) para revisar los avances del caso de 2019. Aunque se han identificado al menos 100 personas como partícipes en el bestial ataque, solo cinco han sido detenidas por los asesinatos, incluidos Roberto González Montes y dos de sus guardaespaldas. Dichas detenciones fueron resultado de los esfuerzos del FBI, no de las agencias policiales mexicanas, según Adrián, quien dijo que él estaba trabajando de cerca con el FBI. Los agentes de la Seido habían prometido tenerlo al tanto de los avances en las investigaciones, pero el FBI estuvo muy por delante, dijo. Adrián agregó que le informaron que Caro Quintero y otros más no serían vinculados a proceso porque no se habían encontrado «suficientes pruebas en esa telaraña».[583]

Ni la familia LeBarón ni la agencia de inteligencia estadounidense consideraban que el caso estuviera resuelto, ni que algún día se le fueran a fincar responsabilidades a quien sea que haya ordenado el asesinato. «López Obrador no quiere una confrontación con los cárteles y no tiene intenciones de limpiar la corrupción»,[584] señaló Michael S. Vigil. «Cuando el gobierno en México está bajo presión, hacen unos arrestos y ya está. Crean la falsa ilusión de que el caso está resuelto para que el público deje de presionar sobre el asunto. Espera y ve si alguien es llevado a juicio, recibe una sentencia y purga un castigo en prisión. Los gobernadores y la policía de Chihuahua y Sonora son corruptos desde arriba hasta abajo, y eso no va a terminar con estas detenciones».

Si bien los patriarcas de la Colonia LeBarón se resignaron a que la justicia les rehuyera, su impotencia solo puso de relieve la fuerza de las mujeres de la colonia. Los hombres viajaban entre Chihuahua y Sonora; San Quintín y Tijuana, y la Ciudad de México y Washington D. C., reuniéndose con funcionarios de gobierno de alto perfil en ambos lados de la frontera y abonando a sus propias carreras políticas y de negocios al mismo tiempo que buscaban justicia. Sus esposas, madres e hijas, por su parte, aunque sacudidas por la tragedia y el trabajo, seguían, como siempre, «defendiendo la fortaleza».[585] Como me dijo más de una, fue gracias a esta «sororidad» que pudieron sobrellevar sus rutinas diarias, ya que esta les daba, a ellas y a sus cientos de hijos, una sensación de seguridad. «Es la fuerza de las mujeres lo que mantiene unida a la Colonia»,[586] sostuvo una de las viudas LeBarón, «no los hombres con sus autodefensas, sus pandillas, sus bravuconadas y sus marchas de protesta». En efecto, igual que el Cártel de Sinaloa del Chapo, la Colonia LeBarón parecía estar evolucionando poco a poco hacia el matriarcado. «Los hombres nunca han estado presentes»,[587] me explicó la nieta de un polígamo. «Solo que ahora las mujeres no pierden el tiempo esperando su regreso. Ellas manejan sus propias empresas y forjan sus propias alianzas».

La viuda de edad avanzada de un polígamo dijo que, con el paso de las décadas, muchas cosas fueron cambiando y «los estándares y formas de ser evolucionaron, aunque de manera distinta para diferentes familias».[588] También señaló que «El rigor y observancia de la doctrina ya no es pareja». Las nuevas generaciones de mujeres se han levantado dentro de la comunidad para preservar las tradiciones de sus antepasados fundamentalistas. «Nosotras creemos que el Dios de hoy es igual que el de ayer, y que así será por siempre»,[589] comentó otra viuda. «Así que, si esa [la poligamia] forma de vida estaba bien en tiempos anteriores, ¿por qué ahora habría de ser diferente?».

Al escuchar a las mujeres de la Colonia LeBarón no pude evitar pensar en Jean Rio Baker, mi tatarabuela, y en Nicolena Bertelsen Baker, mi bisabuela, y en el papel que les tocó desempeñar en una cultura polígama. Más o menos dos siglos atrás, una de ellas vino a Sion, viajando primero en un velero y después en una caravana de carretas, mientras que la otra caminó arduamente con un grupo que transportaba sus pertenencias en carretillas. Al final de sus largas y turbulentas vidas, las dos se decepcionaron de su iglesia. Aun así, ninguna perdió su fe en Dios.

AGRADECIMIENTOS

En noviembre de 2019, desde el momento en que me enteré, a través de la CNN, de la masacre de Rhonita, Christina, Dawna y sus hijos, supe que sería el tema de mi siguiente libro. Como una veterana periodista de investigación, y como autora, he escrito extensamente acerca del crimen organizado, mujeres asesinadas, cárteles de la droga, historia de Occidente, poligamia y mormones. Como reportera, el descarado ataque perpetrado a plena luz del día contra el polémico clan LeBarón llamó mi atención al instante. Pero como descendiente de mormones pioneros y polígamos, de inmediato tuve un impulso personal por develar lo que había pasado.

Tuve la corazonada de que la historia ilustraría muchos de los conflictos que se propagaban por las fronteras del oeste de Estados Unidos, donde nací y crecí, y donde vivo: drogadicción, violencia entre cárteles, explotación de mujeres y luchas por el agua. Enmarcada en una larga y controvertida historia de poligamia y extremismo religioso, la masacre, sin lugar a dudas, también exponía el mundo contemporáneo del mormonismo en México.

Aunado a mi interés innato y subjetivo por el fundamentalismo mormón, mi formación, en la década de 1970, con el columnista Jack Anderson de Washington D. C., me enseñó un panorama único de la Colonia LeBarón. Poco antes de comenzar a trabajar como reportera para Anderson, el investigador de escándalos mormones, reconocido a nivel internacional, había dado una primicia sensacional: los artículos exclusivos en los que se hablaba del asesinato de Joel LeBaron a manos de los secuaces homicidas de Ervil LeBarón. Anderson, quien le puso a Ervil el mote de «el Manson Mormón», había estado desde la década de 1940 cubriendo el tema de los «cul-

239

tos polígamos», como él los llamaba. Habiendo empezado como periodista novato en Salt Lake City, Anderson obtuvo la «primera gran exclusiva» de su carrera de investigación infiltrándose en la clandestinidad polígama de Utah.

En la actualidad, México es uno de los países más letales para ejercer el periodismo, por lo que les estoy muy agradecida a los muchos reporteros y escritores que día con día arriesgan su vida investigando las fuentes de los insondables ríos de sangre y corrupción.

Este libro se sustenta con más de una docena de entrevistas con fuentes primarias, la mayoría de las cuales prefirieron permanecer anónimas. Entre ellas hay mujeres de la Colonia LeBarón y de La Mora, así como mujeres y hombres que tuvieron que dejar sus hogares en Chihuahua y Sonora para residir de manera permanente en Estados Unidos. Su solicitud de anonimato es entendible, pues se debe al temor de que sus familias vuelvan a enfrentar la violencia que ya han padecido en el pasado y en el presente. Estoy profundamente conmovida por la generosidad que me han mostrado al compartir conmigo sus historias pese al miedo de sufrir represalias, tanto físicas como emocionales. El secretismo ha sido el cimiento de la experiencia polígama a ambos lados de la frontera por más de un siglo. La práctica sigue siendo ilegal en México y en Estados Unidos, y el silencio y la discreción necesarios para sobrevivir se han ido transmitiendo por numerosas generaciones. Que tantas personas hayan confiado en mí y en que las voy a proteger, al mismo tiempo que comparto con el mundo sus más íntimas verdades, es una lección de humildad. Si bien sus historias son diferentes, su motivación es compartida: traer luz a un lugar oscuro con la esperanza de que, de alguna manera, esto se traduzca en algún tipo de salvación.

Tuve también la extraordinaria fortuna de ganarme la confianza de algunos agentes de inteligencia experimentados, informados y dedicados, quienes, igual que los periodistas en México, realizan su trabajo en una zona de guerra. Quiero agradecer especialmente a Michael S. Vigil, el agente de la DEA retirado que tiene un entendimiento enciclopédico y generacional del tráfico de drogas en México, por haber respondido mis interminables preguntas sin escatimar la información.

De nueva cuenta, estoy profundamente agradecida con mi querido amigo Don Lamm, ya que sin su colaboración este libro no existiría. Él reconoció la conjugación única entre tema y autor, utilizó su destreza literaria para darle forma a la historia y la condujo con habilidad al impecable corporativo editorial Liveright. Y no hay defensora más feroz para un autor que Gloria Loomis, mi agente y amiga por casi 30 años. Le agradezco infinitamente por mantener mi carrera a flote, sobre todo cuando, como madre soltera de tres hijos, tuve que luchar por sacarlos adelante trabajando tiempo completo como escritora independiente. La legendaria Watkins/Loomis Agency (Agencia Watkins-Loomis) de Gloria, y Julia Masnik a bordo, son el equipo con el que sueña cualquier escritor. Dan Gerstle es el editor que había estado esperando todos estos años. Su intelecto y visión me pusieron a prueba. Dan puso atención en cada detalle, matiz y tono, ayudando a alumbrar el libro que ambos sabíamos que estaba ahí. El equipo de profesionales Norton fue impresionante en todo momento.

Como siempre, nada de esto existiría sin mi familia. Sara Denton, mi madre, me dio mi primer cuaderno Mead Composition cuando yo tenía 8 años. Le pegó papel tapiz a la cubierta para que pareciera una sobrecubierta de verdad y me dijo que ese sería el primer libro de muchos que escribiría, lo que me hizo empezar a escribir y me impulsó a continuar haciéndolo. Este es el libro que más desearía que mi padre, Ralph Denton, hubiera visto en vida. Él fue el primero que me mostró el sitio de la Masacre de Mountain Meadows cuando era una niña, y quien me contó cómo los pecados de los padres que participaron en ella persiguieron a sus hijos por generaciones. Más de un siglo después de que su abuela danesa caminara a «Sion» empujando una carretilla, lo seguía persiguiendo lo ignominioso del lugar de su descanso final. En una sección de un cementerio de Richfield, Utah, lejos de los obeliscos que marcan las tumbas de los polígamos prominentes y sus primeras esposas, había una que parecía una fosa común. Ahí, entre lápidas derruidas y rodeadas por malas hierbas, había una, sencilla y con una leyenda apenas legible que decía: Nicolena Bertelsen Baker, 1845-1905. Mis hijos, Ralph, Grant y Carson Samuel, han sido mi inspiración en cada etapa del camino. Filósofos todos, se acercan a la vida con curiosidad, humor, coraje y gentileza;

y siempre con un sentido de aventura que me proporciona interminables momentos de diversión indirecta.

Dejé lo mejor para el final, expresar a John L. Smith, mi marido,
mi más profundo amor, aprecio y agradecimiento por sostener el
cielo para mí, todos y cada uno de los días.

SALLY DENTON
18 de julio de 2021

NOTAS

[1] Las citas en este párrafo son de la BBC World News. «In the Line of Fire», reportaje de Ana Gabriela Rojas. 23 de marzo de 2020. https://www.facebook.com/amber.compton.589/videos/4138812756132719/UzpfSTU0MTI4ODYzMzox-MDE1NzEzMjc5NzgzMzYzNA/?fref=search&eid=ARA3kmVLcJfU9C2I-IWp-e1S6pcLvtyfo67AcEuXo5PVc0bRabE1CctU2lq3PFpKmPM7kj1Bb10fX-iysl.

[2] "Sabían, antes de disparar, que eran mujeres": La historia detrás de la masacre de los LeBarón en la narcofrontera de Sonora y Chihuahua». *Infobae*. 6 de noviembre de 2019.

[3] Doug Kari. «How an American Mom Died at the Hands of a Mexican Cartel». *Las Vegas Review-Journal*. 20 de diciembre de 2019.

[4] Entrevista de la autora a una tía de Rhonita LeBarón Miller.

[5] Azam Ahmed. «After Mormon Family's Terror in Mexico, a Message Emerges: No One Is Safe». *New York Times*. 7 de noviembre de 2019.

[6] Las citas en este párrafo son de la BBC World News.

[7] Las citas en este párrafo son de Ioan Grillo. «9 American Mormons Died in a Brutal Ambush in Mexico. This Is the Untold Story of the Hunt for Justice by Those Left Behind». Insider.com. 7 mayo de 2020.

[8] Nate Carlisle. «I Do Not Feel Safe Here». *Salt Lake Tribune*. 7 de noviembre de 2019.

[9] Las citas en este párrafo son de Anderson Cooper. «Sister-in-law of Mexico Victim Describes Scene of Massacre». *Full Circle*. CNN, 6 de noviembre de 2019.

[10] Las citas en este párrafo son de la BBC World News.

[11] Las citas en este párrafo son de Kari. *Las Vegas Review-Journal*.

[12] Kevin Sieff. «How Mexico's Cartel Wars Shattered American Mormons' Wary Peace». *Washington Post*. 7 de noviembre de 2019. [*N. de los T.* Hay una versión en español. Para consultar las versiones en español el lector debe remitirse al apartado de «Obras citadas»].

[13] *Lara Logan Investigates*. Fox News. 31 de enero de 2021.

[14] Las citas en este párrafo son de Kari. *Las Vegas Review-Journal*.

[15] Ahmed. «After Mormon Family's Terror».

[16] Ahmed. «After Mormon Family's Terror».

[17] Mark Stevenson. «At Least 9 U.S. Citizens Killed in Cartel Attack in North Mexico». Associated Press, 5 de noviembre de 2019. [Hay versión en español].

[18] Grillo. «9 American Mormons».

[19] Kari. *Las Vegas Review-Journal*.

[20] Las citas en este párrafo son de Simon Romero, Elizabeth Dias, Julie Turkewitz y Mike Baker. «"Innocence Is Shattered": A Storied Mormon Family Reels After Mexico Murders». *New York Times*. 7 de noviembre de 2019.

[21] Dan Browning. «Williston Family Members Slain in Mexico Were Preparing for Wedding». Star Tribune [Mineápolis]. 6 de noviembre de 2019.

[22] Las citas en este párrafo son de David Agren. «How an Isolated Group of Mormons Got Caught Up in Mexico's Cartel Wars». *The Guardian*. 8 de noviembre de 2019.

[23] NBC News. «Family Member of Mexico Ambush Victims Reacts: "How Is This Even Real?"». 7 de noviembre de 2019.

[24] Fox News. 6 de noviembre de 2019.

[25] Las citas en este párrafo son de Ahmed. «After Mormon Family's Terror».

[26] Las citas en este párrafo son de la ABC News. *World News Tonight with David Muir*. «American Father Speaks Out for the 1st Time Since Deadly Mexican Ambush». 10 y 11 de noviembre de 2019.

[27] CNN. *New Day*. 6 de noviembre de 2019.

[28] Matt Rivers. «Mexico Family Ambush: LeBaron Family Interview». *YouTube*, subido por ABC4Utah, 7 de noviembre de 2019.

[29] Ahmed. «After Mormon Family's Terror».

[30] Kari. *Las Vegas Review-Journal*.

[31] Grillo. «9 American Mormons».

[32] BBC World News. «In the Line of Fire».

[33] Anderson Cooper. *Full Circle*. CNN.

[34] Las citas en este párrafo son de Grillo. «9 American Mormons».

[35] Lauren Edmonds. «Mormon Father Whose Daughter and Four Grandkids Were Massacred in Mexico Wants to Set Up "Wild West-Style Militias" to Take On the Cartels Because He Doesn't Trust the Government». *Daily Mail*. 21 de diciembre de 2019.

[36] Nate Carlisle. «Video of Killings of US Citizens in Mexico Shows Gunmen Poised to Torch SUV, Says Relative». *Salt Lake Tribune*. 22 de noviembre de 2019.

[37] Grillo. «9 American Mormons».

[38] «Attackers Not Confused: They Knew They Were Killing Women, Children: LeBarón». *Mexico News Daily*. 6 de noviembre de 2019.

[39] Isabel Vincent. «Defiant Patriarch Wants to Start Militias to Fight Mexican Cartels After Mormon Family Massacre». *New York Post*. 21 de diciembre de 2019.

[40] Carlisle. «Video of Killings».

[41] «Howard Miller *et al.* vs. Juárez Cartel, La Línea, Vicente Carrillo Fuentes Organization and CFO». Tribunal de distrito de Estados Unidos, de Dakota del Norte. Caso: 1:20: cv-00132-DMT-CRH. Denuncia presentada el 23 de julio de 2020.

[42] Nancy Dillon. «Funerals Begin as Mormon Families Grapple with "Unimaginable" Grief Following Mexico Cartel Massacre». Daily News [Nueva York]. 7 de noviembre de 2019.

[43] Lizbeth Diaz. «Killed American Family May Have Been "Bait" in Mexican Cartel Fight: Relatives». Reuters, 6 de noviembre de 2019. [Hay versión en español].

[44] Las citas en este párrafo son de Kate Linthicum. «For Mexico Ambush Victims, There Was No Safety in Numbers». *Los Angeles Times*. 6 de noviembre de 2019.

[45] Liliana Padilla. «No tenemos más lugar en el mundo que Galeana y Bavispe». *Milenio*. 16 de noviembre de 2019.

[46] Kari. *Las Vegas Review-Journal*.

[47] Las citas en este párrafo son de Padilla. «No tenemos más lugar».

[48] Las citas en este párrafo son de Gaby del Valle. «Everyone Has a Different Theory About Why the Mormon Family Was Massacred in Mexico». VICE News, 7 de noviembre de 2019.

[49] Las citas en este párrafo son de William Booth. «Ambushed by a Drug War». *Washington Post*. 23 de julio de 2009.

[50] Lauren Fruen. «Life in the LeBaron Mormon Stronghold». *Daily Mail*. 5 de noviembre de 2019.

[51] Las citas en este párrafo son de Ricardo Castillo. «Who Slaughtered the Innocent Mormon Family?». *Pulse News Mexico*. 11 de noviembre de 2019.

[52] Will Bagley. *Blood of the Prophets: Brigham Young and the Massacre at Mountain Meadows*. Norman: University of Oklahoma Press, 2002, p. 51.

[53] Entrevista de la autora a un miembro de la familia Langford.

[54] Dorothy Allred Solomon. *Predators, Prey, and Other Kinfolk: Growing Up in Polygamy*. Nueva York: W. W. Norton, 2003, p. 11.

[55] YouTube: «Langford Family Member Talks About What People Got Wrong About Her Family». Entrevista a Emily Langford.

[56] Las citas en este párrafo son de Sydnee Gonzalez. «Church Releases Statement Following Shooting in Mexico». *Daily Universe*. 5 de noviembre de 2019.

[57] Las citas en este párrafo son de las declaraciones que la iglesia de los sud

dio a la cnn: https://www.cnn.com/us/live-news/mormon-attack-us-mexico-border/h_cc168168ad550cbe0beafbb1baa8cea0.

58 Las citas en este párrafo son de YouTube: «Langford Family member».

59 Jeremy Turley. «Williston Vigil Remembers Family Killed in Mexico». Forum News Service, 8 de noviembre de 2019.

60 *Lara Logan Investigates*.

61 Grillo. «9 American Mormons».

62 Linthicum. «For Mexico Ambush Victims». *Los Angeles Times*.

63 Carlisle. «Video of Killings».

64 Will Grant. «How a US Mormon Family Ended Up Dead». bbc News. 8 de noviembre de 2019.

65 Las citas en este párrafo son de Anderson Cooper. *Full Circle*. cnn.

66 Las citas en este párrafo son de *La Opción de Chihuahua*. Entrevista a Joel LeBarón Soto. 7 de noviembre de 2019.

67 René Delgado. «Señala LeBarón a jefe de policía por masacre». *Reforma*. 5 de junio de 2020.

68 Las citas en este párrafo son de Donald J. Trump [@realDonaldTrump]. «A wonderful family and friends from Utah got caught between two vicious drug cartels […]» [Una maravillosa familia y amigos de Utah quedaron atrapados entre dos despiadados carteles…]. *Twitter*. 5 de noviembre de 2019.

69 León Krauze. «This Family Suffered a Brutal Attack in Mexico. Now It Has a Message for Washington». *Washington Post*. 12 de diciembre de 2019.

70 Angel Daily. «Massacre to US Citizens Was Due to Water Disputes and Sex Cult with the LeBarons and Not Cartels». Medium.com, 7 de noviembre de 2019.

71 «Women Killed in Mexican Cartel Murders Had Alleged Ties to Nxivm Sex Cult». *Mazatlan Post*. 9 de noviembre de 2019.

72 Las citas en este párrafo son de Ben Bradlee Jr. y Dale Van Atta. *Prophet of Blood: The Untold Story of Ervil LeBaron and the Lambs of God*. Nueva York: G. P. Putnam's Sons, 1981, p. 350.

73 Las citas en este párrafo son de James Coates. *In Mormon Circles: Gentiles, Jack Mormons, and Latter-Day Saints*. Reading, Massachusetts: Addison-Wesley, 1991, p. 7.

74 Fawn M. Brodie. *No Man Knows My History: The Life of Joseph Smith the Mormon Prophet*. Nueva York: Alfred A. Knopf, 1990, p. 62.

75 Brodie, p. 82.

76 Brodie, p. 101.

77 Brodie, p. 63.

78 Las citas en este párrafo son de Verlan M. LeBaron. *The LeBaron Story: The Saga of a Modern Cain and Abel.* Lubbock, Texas: Keels & Co., 1981, pp. 3-4.

79 Brodie, p. 106.

80 Joseph Smith, citado en Brodie, p. 88.

81 Las citas en este párrafo son de Benjamin Franklin Johnson. *My Life's Review: Autobiography of Benjamin Franklin Johnson.* Independence, Missouri: Zion's Printing & Publishing, 1947.

82 Las citas en este párrafo son de Coates. *In Mormon Circles*, pp. 27-28.

83 Las citas en este párrafo son de Brodie, p. 235.

84 Las citas en este párrafo son de Brodie, pp. 255-56.

85 https://www.beautifulnauvoo.com/nauvoo-during-the-mormon-period-(1839-1846).html, y https://earlyamericanists.com/2016/08/17/the-mormon-political-convention-1844/.

86 Brodie, p. 356.

87 Coates. *In Mormon Circles*, p. 40.

88 E. Dale LeBaron. *Benjamin Franklin Johnson: Friend to the Prophets.* Provo, Utah: Grandin Book Company, 1997, pp. 180 y ss.

89 Las citas en este párrafo son de Brodie, p. 356.

90 Las citas en este párrafo son de Johnson. *My Life's Review: Autobiography of Benjamin Franklin Johnson.* Independence, Missouri: Zion's Printing & Publishing, 1947.

91 Coates, p. 45.

92 Brodie, p. 476.

93 E. Dale LeBaron, p. 226.

94 Brodie, p. 476.

95 E. Dale LeBaron, pp. 180 y ss.

96 Jaimee Rose. «Cousin Up a Storm». *Washington Post.* 7 de agosto de 2005.

97 Las citas en este párrafo son de E. Dale LeBaron, pp. 180 y ss.

98 Hyrum L. Andrus y Helen Mae Andrus. *They Knew the Prophet.* Salt Lake City: Bookcraft, 1974, p. 91.

99 Brodie, p. 300.

100 Las citas en este párrafo son de Joseph Smith hijo, *Doctrina y convenios de la iglesia de Jesucristo de los santos de los últimos días.* Salt Lake City: La Iglesia de Jesucristo de los Santos de los Últimos Días, 2013, sección 85, 7. En línea. https://www.churchofjesuschrist.org/study/scriptures/dc-testament/title-page?lang=spa.

[101] Brodie, pp. 378-79.

[102] Las citas en este párrafo son de E. Dale LeBaron, pp. 180 y ss.

[103] John D. Lee. *Writings of John D. Lee*. Edición de Samuel Nyal Henrie. Tucson: Hats Off Books, 2001, p. 142.

[104] Las citas en este párrafo son de Bagley, p. 18.

[105] M. R. Werner. *Brigham Young*. Nueva York: Harcourt, Brace, 1929, p. 13.

[106] Bagley, p. 19.

[107] Lee, p. 147.

[108] T. B. H. Stenhouse. *The Rocky Mountain Saints: A Full and Complete History of the Mormons, From the First Vision of Joseph Smith to the Last Courtship of Brigham Young*. Londres: Ward, Lock, and Tyler, 1871, p. 205.

[109] Susan Black y Larry C. Porter (eds.). *Lion of the Lord: Essays on the Life and Service of Brigham Young*. Salt Lake City: Deseret Book Company, 1995, p. ix.

[110] Wallace Turner. *The Mormon Establishment: How Does This Uniquely American Religion Rule the Lives of Two and a Half Million Americans Today?* Boston: Houghton Mifflin, 1966, p. 1.

[111] Marc Reisner. *Cadillac Desert: The American West and Its Disappearing Water*. Nueva York: Viking, 1986, p. 2.

[112] Véase https://www.tuko.co.ke/365971-15-richest-churches-world-2020.html?utm_source=Salt+Lake+Tribune&utm_campaign=ceab255ba1-mormonland070920&utm_medium=email&utm_term=0_dc2415ff28-ceab-255ba1-44959501&mc_cid=ceab255ba1&mc_eid=028292255c.

[113] Las citas en este párrafo son de David L. Bigler, *Forgotten Kingdom: The Mormon Theocracy in the American West, 1847-1896*. Logan: Utah State University Press, 1998, pp. 45-46.

[114] Las citas en este párrafo son de Mark Twain. Pasando fatigas: *Un hilarante viaje a través de la fiebre del oro*. Traducción de Juan G. Larraya. Madrid: Interfolio, 2010, p. 425.

[115] E. Dale LeBaron, pp. 180 y ss.

[116] Brigham Young, citado en Coates, p. 1.

[117] Stanley P. Hirshson. *The Lion of the Lord*. Nueva York: Alfred A. Knopf, 1969, p. 111.

[118] https://www.courier-journal.com/story/news/history/river-city-retro/2014/07/08/zachary-taylor-death-solved/12363933/.

[119] J. W. Gunnison. *The Mormons, or Latter-Day Saints, in the Valley of The Great Salt Lake: A History of Their Rise and Progress, Peculiar Doctrines, Present*

Condition, and Prospects, derived from Personal Observation during a Residence Among Them. Filadelfia: Lippincott, Grambo & Co., 1852, pp. 157-59.

[120] Gunnison. The Mormons, p. 29.

[121] Comunicación por correo entre la autora y Benjamin E. Park. 8 de marzo de 2021.

[122] Scott Anderson. *The 4 O'Clock Murders: The True Story of a Mormon Family's Vengeance.* Nueva York: Bantam Doubleday Dell, 1993, p. 43.

[123] Sandra Tanner. «Joseph Smith's "White Horse" Prophecy». Salt Lake City: Utah Lighthouse Ministry. Publicación s. f. en http://www.utlm.org/onlineresources/whitehorseprophecy.htm.

[124] Anderson. *The 4 O'Clock Murders*, p. 45.

[125] Charlotte K. LeBaron. *Maud's Story: With Entire Sections in Her Own Words.* Bloomington, Indiana: Author House, 2014.

[126] Las citas en este párrafo son de Bradlee y Van Atta, p. 38.

[127] Canción tradicional mormona, en *Music of the Mormons*, 1978, p. 26.

[128] Susan Ray Schmidt. *His Favorite Wife: Trapped in Polygamy, A True Story of Violent Fanaticism.* Twin Falls, Idaho: Kassidy Lane Publishing, 2006. Texto de la cubierta.

[129] Irene Spencer. *Shattered Dreams: My Life as a Polygamist's Wife.* S.l.: Gold-Donn Opportunities Publishing, 2019, p. 347.

[130] Entrevista de la autora a una esposa plural LeBarón.

[131] Las citas en este párrafo son de Spencer. *Shattered Dreams*, p. 347.

[132] Las citas en este párrafo son de Solomon. *Predators, Prey, and Other Kinfolk*, p. 54.

[133] Las citas en este párrafo son de la entrevista de la autora a una esposa plural LeBarón.

[134] Las citas en este párrafo son de Anna LeBaron con Leslie Wilson. *The Polygamist's Daughter.* Carol Stream, Illinois: Tyndale House Publishers, 2017, pp. ix-x.

[135] Las citas en este párrafo son de Ruth Wariner. *The Sound of Gravel.* Nueva York: Flatiron Books, 2015, p. 11.

[136] Las citas en este párrafo son de la entrevista de la autora a la hija de un polígamo de la Colonia LeBarón.

[137] Las citas en este párrafo son de Bradlee y Van Atta, pp. 75-76.

[138] Las citas en este párrafo son de Rena Chynoweth. *The Blood Covenant.* Fort Worth: Eakin Press, 1990, p. 25.

[139] Mohamed Madi y Ana Gabriela Rojas. «Mexico Ambush: Mormon Fam-

ilies Waiting for Justice a Year on from Massacre». BBC News, 11 de noviembre de 2020.

[140] Taylor, p. 19. Para la biografía de John Taylor, véase https://history.churchofjesuschrist.org/chd/individual/john-taylor-1808?lang=eng.

[141] William George Baker le dijo esto a su hija, Hazel Baker Denton. Archivo de la autora.

[142] Brodie en Frederick Hawkins Piercy. *Route from Liverpool to Great Salt Lake Valley*. Edición de Fawn Brodie. Cambridge: Belknap Press/Harvard University Press, 1962, p. xiv. En documentos personales de Jean Rio Baker se afirma que John Taylor bautizó a la familia Baker; por su parte, Jeffery Johnson, uno de sus descendientes y estudioso de la historia mormona, cuestiona esa afirmación.

[143] https://eom.byu.edu/index.php/Signs_of_the_Times.

[144] Las citas en este párrafo son del diario de Jean Rio. Véase Denton. *Faith and Betrayal*, p. 43.

[145] Las citas en este párrafo corresponden a los recuerdos de Nicolena Bertelsen contados a su hija, Hazel Baker Denton. Archivo de la autora.

[146] Las citas en este párrafo son de «The Morning and the Evening Star». Recuerdos de Louise Baker Pearce. Manuscrito privado de la familia.

[147] Las citas en este párrafo corresponden a los recuerdos personales de la familia. Archivo de la autora.

[148] Las citas en este párrafo son de «Portrait of a Danish Family», en *Daughters of the Utah Pioneers*, lecciones para marzo y abril, 1981, p. 303.

[149] Las citas en este párrafo corresponden a los recuerdos de los descendientes. Archivo de la autora.

[150] Recuerdo de Ruth Henrietta Baker Seegmiller (hija de Nicolena Bertelsen), y registro de la reunión familiar Baker de 1951. Archivo de la autora.

[151] Hazel Baker Denton, registro de la reunión familiar de los Baker en 1951. Archivo de la autora.

[152] John A. Wills. «The Twin Relics of Barbarism». *Historical Society of Southern California, Los Angeles*, vol. 1, núm 5, 1890, pp. 40-44. *JSTOR*, www.jstor.org/stable/41167826. Consultado el 13 de marzo de 2021.

[153] Las citas en este párrafo son de Josiah F. Gibbs. *The Mountain Meadows Massacre*. Salt Lake City: Salt Lake City Tribune Publishing Company, 1910, pp. 8 y ss.

[154] Brigham Young, citado en *Deseret News*, 1 de octubre de 1856.

[155] Las citas en este párrafo son de la entrevista de la autora a Barbara Baker, descendiente de los Baker.

[156] Las citas en este párrafo son del diario de Jean Rio. Archivo de la autora.

[157] Las citas en este párrafo son de Hal Schindler. «Brigham Young's Favorite Wife». *Salt Lake Tribune*. 30 de julio de 1995.

[158] Memorias de Sarah Baker. *Higbee History and Stories*. Biblioteca Gerald R. Sherratt, Universidad del Sur de Utah, Cedar City. Véase también Bagley. *Blood of the Prophets*, p. 123.

[159] T. B. H. Stenhouse. *Rocky Mountain Saints*, p. 234.

[160] Sallie Baker, citada en 1940. Recuperado de *Higbee History and Stories*. Special Collections, Biblioteca Gerald R. Sherratt, Universidad del Sur de Utah, Cedar City (incluye una sinopsis de la entrevista con la sobreviviente de la masacre, Sallie Baker Mitchell, de 58 años, en septiembre de 1940).

[161] Bagley, p. 100.

[162] Juanita Brooks. *The Mountain Meadows Massacre*. Norman: University of Oklahoma Press, 1962, p. 84.

[163] http://www.1857ironcountymilitia.com/index.php?title=A_Basic_Account.

[164] William Wise. *Massacre at Mountain Meadows: An American Legend and a Monumental Crime*. Nueva York: Thomas Y. Crowell, 1976, p. 211.

[165] https://www.mtn-meadows-assoc.com/bakermitchell1940transcription.htm.

[166] Entrevista a Albert Hamblin en: Cámara de Representantes de Estados Unidos. *Mountain Meadow Massacre. Special Report of the Mountain Meadow Massacre by J. H. Carleton, Brevet Major, United States Army, Captain, First Dragoons*. Doc. 605. Cong. 57o, 1a sesión, 1859.

[167] Juanita Brooks. *The Mountain Meadows Massacre*, p. 86.

[168] John D. Lee. *Mormonism Unveiled, or Life and Confession of John D. Lee*. Albuquerque: Fierra Blanca Publications, 2001, p. 251.

[169] Mark Twain, p. 428.

[170] Bagley, p. 154.

[171] Bradlee y Van Atta, p. 34.

[172] Juanita Brooks. *John Doyle Lee: Zealot, Pioneer Builder, Scapegoat*. Logan: Utah State University Press, 1992, p. 296.

[173] *Salt Lake Daily Tribune*, 14 de noviembre de 1874.

[174] *Salt Lake Daily Tribune*, 19 de julio de 1875.

[175] Bagley , p. 121.

[176] Las citas en este párrafo son de *Salt Lake Daily Tribune*, cuyos corresponsales en la escena reportaron la ejecución de Lee. Los artículos se encuentran reimpresos en Robert Kent Fielding. *The Unsolicited Chronicler: An Account of the Gun-*

nison Massacre, Its Causes and Consequences, Utah Territory, 1847-1859. Brookline, Massachusetts: Paradigm Publications, 1993, pp. 261 y ss.

[177] *New York Herald*, 21 de marzo de 1876, reimpreso en el *San Francisco Chronicle, Salt Lake Daily Tribune,* y *Pioche Record* [Nevada].

[178] Bagley , p. 319.

[179] Las citas en este párrafo son de Bagley , pp. 348-49.

[180] Stenhouse, p. 447.

[181] Bigler. *Forgotten Kingdom*, p. 131.

[182] Polly Aird en *Nevada Historical Society Quarterly*, otoño 2001, p. 197.

[183] Diario de Jean Rio. Archivo de la autora.

[184] Testamento de Jean Rio, 6 jun. 1882. Archivo de la autora.

[185] Las citas en este párrafo corresponden a los recuerdos de los descendientes de William Baker. Archivo de la autora.

[186] Thomas Cottam Romney. *The Mormon Colonies in Mexico*. Salt Lake City: University of Utah Press, 1938, p. 3.

[187] Las citas en este párrafo son de Romney, pp. 39 y ss.

[188] Bagley. *Blood of the Prophets*, pp. 324-25.

[189] Jon Krakauer. *Por mandato del Cielo: Un caso de fe violenta en el corazón de Estados Unidos*. Traducción de Carlos D. Schroeder. Buenos Aires: Emecé Editores, 2005, p. 252.

[190] Verlan M. LeBaron. *The LeBaron Story*, p. 12.

[191] Taylor, citado en Krakauer, p. 252.

[192] Las citas en este párrafo son de Verlan M. LeBaron, p. 13.

[193] Las citas en este párrafo son de «The Mormons in Mexico». *New York Times*. 29 jun. 1885.

[194] Las citas en este párrafo son de Lynn Smith. «The Mormon Enclave in Mexico: Descendants of Pioneers Gather to Celebrate Centenary». *Los Angeles Times*. 18 de agosto de 1985.

[195] Verlan M. LeBaron, p. 14.

[196] Jaimee Rose.

[197] Verlan M. LeBaron, p. 14.

[198] Las citas en este párrafo son de Wilford Woodruff, citado en Verlan M. LeBaron, pp. 16-17.

[199] Verlan M. LeBaron, pp. 33-34.

[200] Verlan M. LeBaron, p. 3.

[201] Grillo. «9 American Mormons». Hay 44 000 descendientes de Benjamin

Franklin Johnson en la base de datos familiar de B. F. Johnson, de acuerdo con Jaimee Rose. «Cousin Up a Storm». *Washington Post*. 7 de agosto de 2005.

[202] Las citas en este párrafo son de Jaimee Rose.

[203] Verlan M. LeBaron, p. 25.

[204] Antonio Trevisan Teixeira. «Was Ross LeBaron a Mormon Fundamentalist?». Ross LeBaron, the Holy Order and the Church of the Firstborn. Holyorder.org.

[205] Scott Anderson, p. 439.

[206] Recuerdos de Nicolena Bertelsen contados a su hija Hazel Baker Denton. Archivo de la autora.

[207] Las citas en este párrafo son de las cartas que William George Baker le escribió a Nicolena Bertelsen en 1890. Archivo de la autora.

[208] Romney, p. 147.

[209] Romney, p. 218.

[210] Las citas en este párrafo son de Lynn Smith. «The Mormon Enclave in Mexico».

[211] Romney, p. 182.

[212] Romney, p. 200.

[213] Romney, p. 148.

[214] Romney, p. 221.

[215] Las citas en este párrafo son de Verlan M. LeBaron, p. 41.

[216] Bradlee y Van Atta, p. 36.

[217] Verlan M. LeBaron, p. 42.

[218] Scott Anderson, p. 50.

[219] Romney, p. 250.

[220] Romney, pp. 256-57.

[221] Scott Anderson, p. 55.

[222] Bradlee y Van Atta, p. 40.

[223] Entrevista de la autora a un miembro de la familia LeBarón.

[224] Verlan M. LeBaron, p. 53.

[225] Scott Anderson, pp. 58-59.

[226] Janet Bennion. *Desert Patriarchy: Mormon and Mennonite Communities in the Chihuahua Valley*. Tucson: University of Arizona Press, 2004, pp. 123-24.

[227] Verlan M. LeBaron, p. 109.

[228] Entrevista de la autora a un miembro de la familia.

[229] Las citas en este párrafo son de Solomon. *Predators, Prey, and Other Kinfolk*, p. 167.

[230] Entrevista de la autora a un miembro de la familia LeBarón.

[231] Irene Spencer. *Cult Insanity: A Memoir of Polygamy, Prophets, and Blood Atonement*. Nueva York: Center Street, 2009, p. 9.

[232] Spencer, p. 10.

[233] Bennion, p. 128.

[234] Spencer. Cult Insanity, p. 8.

[235] Entrevista de la autora a un miembro de la Iglesia del Primogénito.

[236] Las citas en este párrafo son de Janet Bennion. *Desert Patriarchy*, p. 127.

[237] Entrevista de la autora a un miembro de la familia LeBarón.

[238] Entrevista confidencial de la autora a un miembro de la familia Tucker.

[239] Bradlee y Van Atta , p. 64.

[240] Bradlee y Van Atta, p. 68.

[241] Las citas en este párrafo son de Irene Spencer. *Cult Insanity*, p. 77.

[242] Bradlee y Van Atta, p. 77.

[243] Entrevista de la autora a una fuente confidencial.

[244] Libro de Mormón, 2 Nefi 30:6. La fraseología original en inglés de «white and delightsome people» (gente blanca y deleitable) se conservó en el *Libro de Mormón* hasta que fue reemplazada por el término «pure» (pura) en la edición de 1840, aparentemente por instrucciones del mismo Joseph Smith.

[245] Las citas en este párrafo son de Romney, p. 265.

[246] Bradlee y Van Atta, p. 83.

[247] Leroy Hatch, citado en Bradlee y Van Atta, p. 85.

[248] Richard Grant. *God's Middle Finger: Into the Lawless Heart of the Sierra Madre*. Nueva York: Free Press, 2008, p. 55.

[249] Bennion, p. 128.

[250] Verlan M. LeBaron, p. 183.

[251] Verlan M. LeBaron, p. 190.

[252] Verlan M. LeBaron, p. 184.

[253] Las citas en este párrafo son de Verlan M. LeBaron, p. 195.

[254] Las citas en este párrafo son de una entrevista a DeWayne Hafen: https://holyorder.org/2018/08/14/dewayne-hafen-interview-to-dale-von-atta-1978/.

[255] Las citas en este párrafo son de Verlan M. LeBaron, p. 186.

[256] Solomon. Predators, Prey, and Other Kinfolk, p. 237.

[257] Las citas en este párrafo corresponden a DeWayne Hafen. Entrevistado por Dale Van Atta en 1978, p. 3. https://holyorderorg.files.wordpress.com/2018/08/dewaynehafen-mss-2258-box-2-interview-to-van-atta-in-los-molinos-1978.pdf.

[258] Las citas en este párrafo son de Bradlee y Van Atta, p. 130.

[259] Scott Anderson, p. 108.

[260] Las citas en este párrafo son de Spencer. *Cult Insanity*, pp. 81-82.

[261] Las citas en este párrafo son de la entrevista de la autora a un miembro de la familia Jensen.

[262] Spencer. *Cult Insanity*, p. 199.

[263] Ruth Wariner. *The Sound of Gravel*, pp. 16-17.

[264] Verlan M. LeBaron, p. 205.

[265] Entrevista de la autora a un miembro de la familia LeBarón.

[266] Las citas en este párrafo son de Verlan M. LeBaron, pp. 208-9.

[267] Las citas en este párrafo son de Bradlee y Van Atta, pp. 137-38.

[268] Bradlee y Van Atta, p. 140.

[269] Verlan M. LeBaron, p. 212.

[270] Scott Anderson, p. 155.

[271] Verlan M. LeBaron, p. 219.

[272] Bradlee y Van Atta, p. 143.

[273] Bradlee y Van Atta, p. 144.

[274] Entrevista de la autora a un familiar de Ervil LeBarón.

[275] Spencer. Cult Insanity, p. 227.

[276] Entrevista de la autora a un familiar de Ervil LeBarón.

[277] Verlan M. LeBaron, p. vii.

[278] Bradlee y Van Atta, p. 145.

[279] Verlan M. LeBaron, p. 265.

[280] Scott Anderson, p. 453.

[281] Las citas en este párrafo son de Verlan M. LeBaron, p. 271.

[282] Jack Anderson con Daryl Gibson. *Peace, War, and Politics: An Eyewitness Account*. Nueva York: Forge Books, 1999, p. 31.

[283] Solomon. *Predators, Prey, and Other Kinfolk*, p. 277.

[284] Solomon, p. 168.

[285] Solomon, p. 277.

[286] Solomon, p. 280.

[287] Lou Cannon. «Violent Death Shadows Polygamist Sect». *Washington Post*. 8 de agosto de 1977.

[288] Las citas en este párrafo son de «The Nation: A Deadly Messenger of God». *Time*. 29 de agosto de 1977.

[289] Bradlee y Van Atta, p. 322.

[290] Jack Anderson, p. 31.

[291] Las citas en este párrafo son de Spencer. *Cult Insanity*, p. 289.

[292] Spencer, p. 324.

[293] Spencer, p. 327.

[294] Shane Smith. *The Mexican Mormon War*. VICE News, 26 de septiembre de 2012.

[295] Verlan M. LeBaron, p. 297.

[296] Verlan M. LeBaron, p. 301. Varios recuentos colocan la muerte de Verlan de uno a dos días después de la muerte de Ervil.

[297] Chynoweth. *The Blood Covenant*, p. 340.

[298] Solomon. *Predators, Prey, and Other Kinfolk*, p. 280.

[299] Scott Anderson, p. 328.

[300] https://archives.fbi.gov/archives/houston/press-releases/2011/jacqueline-lebaron-sentenced-to-prison.

[301] Las citas en este párrafo son de Chynoweth, p. 346.

[302] Confesión de Heber LeBarón: http://www.people.vcu.edu/~dbromley/undergraduate/spiritualCommunity/ChurchOfTheLambOfGodReadingsLink.html.

[303] Scott Anderson, p. 329.

[304] Scott Anderson, p. 331.

[305] «Jacqueline LeBaron Sentenced to Prison». FBI. 8 sep. 2011. https://archives.fbi.gov/archives/houston/pressreleases/2011/jacqueline-lebaron-sentenced-to-prison.

[306] Spencer. *Cult Insanity*, p. 328.

[307] Scott Anderson, p. 336.

[308] Garry Abrams. «A Family's Legacy of Death: Ervil LeBaron Said God Told Him to Kill Anyone Who Strayed from His Polygamist Cult. A Tenacious Salt Lake Investigator Tracked the LeBarons for 15 Years. Now, an Anonymous Tip May Have Helped Him Close a Case That Claimed as Many as 30 Lives». *Los Angeles Times*. 20 de septiembre de 1992.

[309] Entrevista de la autora a un miembro de la familia LeBarón.

[310] Anna LeBaron, p. 11.

[311] Abrams. «A Family's Legacy of Death».

[312] Las citas en este párrafo son de *My Name is William Heber LeBaron, Federal Prisoner Number 22254-077*. http://www.people.vcu.edu/~dbromley/undergraduate/spiritualCommunity/ChurchOfTheLambOfGodReadingsLink.html.

[313] https://www.foxnews.com/story/most-wanted-murder-suspect-jacqueline-tarsa-lebaron.

314 Las citas en este párrafo son de Mike Tolson. «Cult Leader's Daughter Faces Trial in 4 Deaths Father Ordered». *Houston Chronicle*. 14 de mayo de 2010.

315 Ben Winslow. «FBI Arrests Fugitive Mormon Fundamentalist Wanted for Murders Ordered by Her Violent Cult Leader Father». Fox News. 13 de mayo de 2010.

316 Entrevista de la autora a Michael S. Vigil.

317 John Hollenhorst. «Retired Prosecutor Speaks Candidly About High-Profile Cases». *Deseret News*. 3 de febrero de 2014.

318 Bradlee y Van Atta, p. 51.

319 Las citas en este párrafo son de la entrevista de la autora a un miembro de la familia LeBarón.

320 Lou Cannon. «Violent Death Shadows Polygamist Sect».

321 Las citas en este párrafo son de Janet Bennion. *Desert Patriarchy*, p. 59.

322 Entrevista de la autora a Michael S. Vigil. Para más información sobre la captura del Chapo, véase History.com, Editores. «Infamous Drug Lord "El Chapo" Is Captured by Mexican Authorities». A&E Television Networks. *History*, https://www.history.com/this-day-in-history/el-chapo-drug-lord-captured-by-authorities-in-mexico.

323 Entrevista de la autora a Michael S. Vigil.

324 Shane Smith. *The Mexican Mormon War*.

325 Las citas en este párrafo son de Bennion, p. 5.

326 Bennion, p. 7. Informe de marketing de LeBaron Pecans: https://www.lebaronpecans.com/about.

327 Bennion, p. 7. Informe de marketing de LeBaron Pecans: https://www.lebaronpecans.com/about.

328 Las citas en este párrafo son de Booth. «Ambushed by a Drug War».

329 Shane Smith. *The Mexican Mormon War*.

330 Entrevista de la autora a un miembro de la familia LeBarón.

331 Michael Freedman. «The World's Strangest Executive Coach: Keith Raniere's Rich and Famous Clients Pay Thousands of Dollars, Bow and Call Him "Vanguard"». *Forbes*. Octubre de 2003. [Hay reproducción en español].

332 Las citas en este párrafo son de «Government's Sentencing Memorandum as to Defendant Keith Raniere». Distrito Este de Nueva York, 18 sep. 2020. https://wnyt.com/wnytimages/Keith-Raniere-sentencing-memorandum.pdf.

333 Las citas en este párrafo son de Freedman. «The World's Strangest Executive Coach».

[334] Las citas en este párrafo son del tráiler de *Encender el corazón*.

[335] Las citas en este párrafo son del memorando de sentencia de los abogados de Keith Raniere, presentado en el Distrito Este de Nueva York el 18 de septiembre de 2020.

[336] Tráiler de *Encender el corazón*.

[337] Lolita Bosch. *México: 45 voces contra la barbarie*. México: Océano (El dedo en la llaga), 2014. Para detalles sobre los pagos de rescate que hizo la familia LeBarón, véase KVIA ABC-7. «Mexican Soldiers Arrest Suspect in Deadly LeBaron Kidnappings». 25 de abril de 2010; Berenice Gaytán. «Inicia proceso oral vs. "halcón" en plagio de LeBarón». *El Diario MX*. 17 de enero de 2013.

[338] Las citas en este párrafo son del memorando de sentencia de los abogados de Keith Raniere, presentado en el Distrito Este de Nueva York el 18 de septiembre de 2020.

[339] Carta de Wayne LeBarón al juez encargado del caso penal de Raniere. Memorando de sentencia.

[340] Las citas en este párrafo son de Elisabeth Malkin. «Side Effect of Mexico's Drug War: Fear and Death in a Mormon Town in Mexico». *New York Times*. 26 de julio de 2009.

[341] Shane Smith. *The Mexican Mormon War*.

[342] Dudley Althaus. «Defying Mexican Gangs Costs Mormons Their Lives». *Houston Chronicle*. 10 de julio de 2009.

[343] Sitio web de Salinas para Inlak-ech: https://medium.com/@esalinas1819/emiliano-salinas-mission-for-a-non-violent-mexico-e95a5760aac4.

[344] Freedman. «The World's Strangest Executive Coach».

[345] Material promocional de Mark Vicente para su película *Encender el corazón*.

[346] León Krauze. «"¿Qué carajos hice?": la historia de la película de ESP en México». *Letras Libres*. 24 de octubre de 2017.

[347] Las citas en este párrafo son del tráiler de *Encender el corazón*.

[348] Las citas en este párrafo son del memorando de sentencia de los abogados de Keith Raniere, presentado en el Distrito Este de Nueva York el 18 de septiembre de 2020.

[349] Las citas en este párrafo son del tráiler de *Encender el corazón*.

[350] Althaus. «Defying Mexican Gangs».

[351] Booth. «Ambushed by a Drug War».

[352] Shane Smith. *The Mexican Mormon War*.

[353] Las citas en este párrafo son de Arturo Ilizaliturri. «Colonia LeBaron: 10

Years of Harassment». Newsbeezer.com, 6 de noviembre de 2019. https://news-beezer.com/mexicoeng/colonia-lebaron-10-years-of-harassment/. [Hay versión en español].

[354] Las citas en este párrafo son de Booth. «Ambushed by a Drug War».

[355] Las citas en este párrafo son de Rebecca Janzen. *Liminal Sovereignty: Mennonites and Mormons in Mexican Culture.* Albany, Nueva York: SUNY Press, 2018, p. 121.

[356] Javier Ortega Urquidi. *Los Güeros del Norte.* Chihuahua: Instituto Chihuahuense de Cultura, 1 de junio de 2016, Edición para Kindle.

[357] Las citas en este párrafo son de Brooke Adams y María Villasenor. «Two with Polygamous Roots Gunned Down in Mexico». *Salt Lake Tribune.* 8 de julio de 2009.

[358] Tráiler de *Encender el corazón.*

[359] Althaus. «Defying Mexican Gangs».

[360] Malkin. «Side Effect of Mexico's Drug War».

[361] Las citas en este párrafo son del tráiler de *Encender el corazón.*

[362] Booth. «Ambushed by a Drug War».

[363] Las citas en este párrafo son del tráiler de *Encender el corazón.*

[364] Las citas en este párrafo son de León Krauze. «The Brutal Murder of the Mormon Family in Mexico Was Almost Inevitable». *Slate.* 6 de noviembre de 2019.

[365] Krauze. «"¿Qué carajos hice?"».

[366] www.MarkVicente.com.

[367] Shane Smith. *The Mexican Mormon War.*

[368] Las citas en este párrafo son de John Burnett. «Law-Abiding Mexicans Taking Up Illegal Guns». NPR, 28 de enero de 2012.

[369] Las citas en este párrafo son de Shane Smith.

[370] Las citas en este párrafo son de John Burnett.

[371] Las citas en este párrafo son de Ioan Grillo. «9 American Mormons».

[372] Shane Smith.

[373] Las citas en este párrafo son de Will Grant. «How a US Mormon Family Ended Up Dead».

[374] Tráiler de *Encender el corazón.*

[375] Sarah Berman. *Don't Call It a Cult: The Shocking Story of Keith Raniere and the Women of NXIVM.* Lebanon, Nuevo Hampshire: Steerforth Press, 2021, p. 164.

[376] Vanessa Job. «¿Quién es Julián LeBarón?». *Milenio.* 5 de noviembre de 2019.

377 Las citas en este párrafo son de Jessica Loudis. «Fall of the House of NXIVM». *London Review of Books*. 25 jun. 2019.

378 Catherine Oxenberg. *Captive: A Mother's Crusade to Save Her Daughter from the Terrifying Cult NXIVM*. Nueva York: Gallery Books, 2018, p. 262.

379 Will Yakowicz. «From Heiress to Felon: How Clare Bronfman Wound Up in "Cult-Like" Group Nxivm». *Dark Capital*, en Forbes. 31 mayo 2019.

380 Julián LeBarón. «Julian LeBaron: A Petition to the Mexican People». *Dallas Morning News*. 16 de abril de 2010.

381 Tráiler de *Encender el corazón*.

382 Las citas en este párrafo son de Tim Padgett. «Why I Protest: Javier Sicilia of Mexico». *Time*. 14 de diciembre de 2011. [Hay reproducción en español].

383 Las citas en este párrafo son de León Krauze. «What Did NXIVM Want in Mexico?». *Slate*. 23 de mayo de 2019.

384 https://www.youtube.com/watch?v=kktr4ssaC_Y&ab_channel=TED-Ed.

385 Julio Hernández López. «Astillero: El joven gurú Salinas; Emiliano junto a Sicilia; LeBarón, el aliado de ESO; Entretela del voto nulo». *La Jornada*. 23 de abril de 2012.

386 Rocío Muñoz Ledo y Juan Omar Fierro. «El movimiento de Emiliano Salinas recaudó 9.5 mdp para promover al líder de la NXIVM». *Aristegui Noticias*. 16 de julio de 2018.

387 Las citas en este párrafo son de «Julián LeBarón anuncia su separación del Movimiento por la Paz». *Proceso*. 24 de febrero de 2012.

388 http://www.angelicafoundation.org/activism.html.

389 Vanessa Job. «¿Quién es Julián LeBarón?».

390 Avances y promocionales de *Encender el corazón*. https://www.facebook.com/watch/encenderelcorazon/.

391 Shane Smith. *The Mexican Mormon War*.

392 Freedman. «The World's Strangest Executive Coach».

393 Las citas en este párrafo son de Scott Johnson y Rebecca Sun. «Her Darkest Role: Actress Allison Mack's Descent from "Smallville" to Sex Cult». *Hollywood Reporter*. 16 de mayo de 2018.

394 Nicole Hong y Sean Piccoli. «Keith Raniere, Leader of NXIVM Sex Cult, Is Sentenced to 120 Years in Prison». *New York Times*. 27 de noviembre de 2020. [Hay versión en español].

395 James M. Odato y Jennifer Gish. «In Raniere's Shadows». *Times Union* [Albany, Nueva York]. 22 de febrero de 2012.

[396] Solomon. *Predators, Prey, and Other Kinfolk*, p. 12.

[397] Spencer. *Shattered Dreams*, p. 7.

[398] Las citas en este párrafo son de Spencer. *Cult Insanity*, p. 140.

[399] Verlan M. LeBaron, p. 97.

[400] Bradlee y Van Atta, p. 31. Los libros que se han escrito sobre poligamia y la Colonia LeBarón incluyen: *Predators, Prey, and Other Kinfolk: Growing Up in Polygamy (Daughter of the Saints)*, por Dorothy Allred Solomon, hija de Rulon Allred; *The Sound of Gravel*, por Ruth Wariner, hija de Joel LeBaron padre; *The Polygamist's Daughter*, por Anna LeBaron (con Leslie Wilson), hija de Ervil LeBaron; *Cult Insanity: A Memoir of Polygamy, Prophets, and Blood Atonement*, y *Shattered Dreams: My Life as a Polygamist's Wife*, ambos por Irene Spencer, segunda esposa de Verlan LeBaron; *His Favorite Wife: Trapped in Polygamy*, por Susan Ray Schmidt, sexta esposa de Verlan LeBaron, y *The Blood Covenant: The True Story of the Ervil LeBaron Family and Its Rampage of Terror and Murder*, por Rena Chynoweth («la exseñora de Ervil LeBaron», con Dean M. Shapiro).

[401] Las citas en este párrafo son de la entrevista de la autora a un miembro de la familia Miller.

402 Las citas en este párrafo son de Andrea Moore-Emmett. *God's Brothel*. San Francisco: Pince-Nez Press, 2014, p. 17.

[403] Las citas en este párrafo son de la entrevista de la autora a un miembro de la familia LeBarón.

[404] Entrevista de la autora a un miembro de la familia LeBarón.

[405] Los detalles de la creación de dos, por parte de Raniere, como un paralelo de la Colonia LeBarón se sustentan en entrevistas confidenciales que mantuvo la autora con mujeres de la Colonia LeBarón.

[406] Sarah Berman. *Don't Call It a Cult*, p. 14.

[407] Barry Meier. «Inside a Secretive Group Where Women Are Branded». *New York Times*. 17 de octubre de 2017. [Hay versión en español].

[408] Para detalles acerca de Rainbow Cultural Gardens y las adolescentes LeBarón, véanse los testimonios en el juicio de Raniere y la sentencia. El programa Rainbow Cultural Gardens fue un fracaso, y luego que se presentaron cargos en contra de Raniere en 2018 por tráfico sexual, se acusó a las escuelas de experimentar con niños que no pudieron aprender a hablar ningún idioma y al final solo balbuceaban.

[409] Sarah Berman, p. 34.

[410] Berman, p. 156.

[411] Declaración de Mark Vicente en el juicio de Keith Raniere.

[412] Las citas en este párrafo son de Robert Gavin. «Mexican Slaughter Victims Were from NXIVM Recruiting Ground». *Times Union* [Albany, Nueva York]. 8 de noviembre de 2019.

[413] Las citas en este párrafo corresponden a una publicación de Mark Vicente en Facebook en noviembre de 2019.

[414] *Encender el corazón*, IMDb, https://www.imdb.com/title/tt1843953/full-credits.

[415] Mark Vicente en el estreno de la película.

[416] León Krauze. «"¿Qué carajos hice?"».

[417] Mark Vicente en el estreno de la película.

[418] Las citas en este párrafo son de Krauze. «"¿Qué carajos hice?"».

[419] *Encender el corazón*, IMDb.

[420] Las citas en este párrafo son de Krauze. «"¿Qué carajos hice?"».

[421] Las citas en este párrafo son de León Krauze. «What Did NXIVM Want in Mexico?». *Slate*. 23 de mayo de 2019.

[422] Publicado en el sitio web de Emiliano Salinas el 18 de octubre de 2017: "El pasado 18 de octubre, el diario *The New York Times* publicó una historia que vincula, sin fundamento alguno, a *Executive Success Programs* (ESP), empresa que dirijo, en su capítulo México, con hechos presuntamente ocurridos en fecha reciente en Estados Unidos. No obstante, mi nombre no aparece en el citado artículo, ni hay vínculo con lo que yo hago en México, no faltaron quienes, en redes sociales, y aprovechando la resonancia en mi país de mi apellido paterno, me trataron de vincular personal y directamente, confundiendo con ello a la opinión pública". Más tarde, el sitio web fue suspendido: http://www.emilianosalinas.mx/cgi-sys/suspendedpage.cgi. [Actualmente puede consultarse la versión archivada del sitio en http://web.archive.org/web/20171022063709/http://www.emiliano-salinas.mx/].

[423] Krauze. «What Did NXIVM Want in Mexico?».

[424] Krauze. «"¿Qué carajos hice?"».

[425] Las citas en este párrafo son de «Government's Sentencing Memorandum as to Defendant Keith Raniere».

[426] Aunque a veces esta frase «water flows uphill to money» (el agua fluye cuesta arriba, hacia el dinero) se le atribuye a Mark Twain, lo cierto es que fue Marc Reiser quien la dijo en *Cadillac Desert*, su profético estudio sobre las políticas del agua y el desarrollo inmobiliario en el Oeste de Estados Unidos, después de lo cual se popularizó.

[427] Rebecca Janzen. «Mormons in Mexico: A Brief History of Polygamy, Cartel Violence, and Faith». *The Conversation*. 6 de noviembre de 2019. [Hay versión en español].

[428] https://ldsearthstewardship.org/learn/resource-library/content/60-purity-of-water-air-and-land.

[429] Janzen. «Mormons in Mexico».

[430] Las citas en este y los siguientes dos párrafos son de Patricia Mayorga. «Bloquean vía para exigir solución de fondo al conflicto Barzón-LeBarón». *Proceso*. 21 de abril de 2020.

[431] Angel Daily.

[432] *Jack's Newswatch*. «It's All About the Water». 11 de noviembre de 2019.

[433] *teleSurHD*. «Water Wars: Ranchers Clash Over Scarce Resources in Mexico». 2 de mayo de 2018.

[434] https://mexiconewsdaily.com/news/dispute-over-water-fuelled-attack-on-lebaron-family/.

[435] Mayorga. «Bloquean la vía».

[436] Frank McLynn. *Villa and Zapata: A History of the Mexican Revolution*. Nueva York: Carroll & Graf, 2001, p. 66.

437 Rubén Villalpando. «Protege Corral a saqueadores de acuíferos, aseguran barzonistas». *La Jornada*. 22 de mayo de 2018.

[438] *teleSurHD*.

[439] Las citas en este párrafo son de Jesús Estrada. «Solapan autoridades depredación ilegal de acuíferos en Chihuahua». *La Jornada*. 9 de mayo de 2018.

[440] David Piñón, «LeBarón-Barzón, seis décadas de disputas por acuíferos». *El Sol de México*. Consultado el 30 de diciembre de 2020.

[441] Las citas en este párrafo son de Jeremy Kryt. «A New Twist in the Horrific Massacre of American Moms and Kids in Mexico». *Daily Beast*. 11 de noviembre de 2019.

[442] Patricia Mayorga. «Barzonistas denuncian que la familia LeBarón puso precio a sus cabezas». *Proceso*. 21 de mayo de 2018.

[443] Kryt. Véase también Ivette Lira. «Padre e hijo fueron asesinados por cuidar el agua de Chihuahua. Activistas exigen frenar ataques». *Ocmal*. 25 de junio de 2018.

[444] Lira.

[445] Alan Feuer. «El Chapo Found Guilty on All Counts; Faces Life in Prison». *New York Times*. 12 de febrero de 2019. [Hay versión en español].

[446] Las citas en este párrafo son de Alan Feuer. «The Prosecution Rests Its Case, and El Chapo Decides Not to Testify». *New York Times*. 28 de enero de 2019. [Hay versión en español].

[447] Feuer. «El Chapo Found Guilty».

[448] Ryan Devereaux. «Prosecution of Top Mexican Security Official Exposes the Façade of the Drug War». *The Intercept*. 26 de enero de 2020.

[449] Comunicado del Departamento de Justicia de Estados Unidos: https://www.justice.gov/usao-edny/pr/jury-finds-nxivm-leader-keith-raniere-guilty-all-counts.

[450] Carla Correa. «A Timeline of the NXIVM Sex Cult Case». *New York Times*. 27 de noviembre de 2020.

[451] Memorando de sentencia de la defensa de Raniere.

[452] Patricia Mayorga. «Lucha por el agua enfrenta a ejidatarios con la familia Lebarón en Chihuahua». *Proceso*. 30 de abril de 2018.

[453] Mayorga. «Barzonistas denuncian».

[454] *Akronoticias.com*, «LeBarons Request Intervention of the Federal Government in the Conflict Between Barzonistas and La Mojina Ranch». 29 de mayo de 2020.

[455] https://www.facebook.com/The-Springs-Golf-Club-922960524449560/photos/929532327125713.

[456] https://www.compartetusideas.mx/wordpress/2016/08/07/se-construiran-albercas-publicas-municipales-en-galeana/.

[457] Las citas en este párrafo son de la entrevista de la autora a un miembro de la familia LeBarón.

[458] Entrevista de la autora a un miembro de la familia LeBarón.

[459] Las citas en este párrafo son de la entrevista de la autora a un miembro de la familia LeBarón.

[460] Tadd Walch. «She Planned for Marriage on Monday. Instead She Buried Her Family in Mexico». *Deseret News*. 7 de noviembre de 2019.

[461] Las citas en este párrafo son de Anderson Cooper. *Full Circle*. CNN.

[462] Las citas en este párrafo son de Tadd Walch.

[463] Nancy Dillon y Larry McShane. «Mormons Mourn Last of Nine Massacre Victims in Mexico, Head for Safer Pastures in US Under Renewed Spotlight». *Daily News*. 9 de noviembre de 2019

[464] *Lara Logan Investigates*.

[465] Las citas en este párrafo son de *Lara Logan Investigates*.

[466] Alex LeBarón en CNN. 5 de noviembre de 2019.

[467] «Sabían, antes de disparar». *Infobae*.

[468] Las citas en este párrafo son de Kevin Sieff, «How Mexico's Cartel Wars Shattered American Mormons' Wary Peace».

[469] David Agren. «How an Isolated Group of Mormons».

[470] Las citas en este párrafo son de Sieff.

[471] Jose Luis Gonzalez. «Faith in Mexico Shaken for "True Believer" Mormon Communities». Reuters, 6 de noviembre de 2019. [Hay versión en español].

[472] Entrevista de la autora a un miembro de la familia Miller.

[473] Sieff.

[474] Las citas en este párrafo son de Melissa del Pozo. «El crimen organizado ensangrentó el paraíso mormón». *Proceso*. 13 de noviembre de 2019.

[475] Las citas en este párrafo son de Pablo Ferri. «El viaje al horror de la familia LeBarón». *El País*. 7 de noviembre de 2019.

[476] Las citas en este párrafo son de *Lara Logan Investigates*.

[477] Las citas en este párrafo son de César Rodríguez. «"I Tried to Take Photos That Meant Something": After the Cartel Ambush in Mexico». *Time*. 9 de noviembre de 2019.

[478] Ferri.

[479] Kendal Blust y Murphy Woodhouse. «After La Mora Bids Loved Ones Farewell, Grieving Community's Future Unclear». KJZZ Radio, 14 de noviembre de 2019.

[480] Rodríguez.

[481] Nancy Dillon. «Funerals Begin as Mormon Families Grapple».

[482] Romero, Dias, Turkewitz y Baker, *New York Times*.

[483] Peter Orsi. «Mexico Farm Town Buries 3 of 9 Americans Slain». Associated Press. 7 de noviembre de 2019.

[484] Grillo. «9 American Mormons».

[485] Las citas en este párrafo son de Azam Ahmed. «After Mormon Family's Terror».

[486] Sieff.

[487] Las citas en este párrafo son de Ahmed. «After Mormon Family's Terror».

[488] Peter Orsi. «Last Victim of Mexico Ambush Killings to Be Laid to Rest». Associated Press, 9 de noviembre de 2019.

[489] Ahmed. «After Mormon Family's Terror».

[490] Lizbeth Diaz. «After Burying Last Victims, Some in Mexico's Breakaway Mormon Community Head North». Reuters, 9 de noviembre de 2019.

[491] Las citas en este párrafo son de Orsi. «Last Victim».

[492] https://www.facebook.com/amber.compton.589/videos/41388127561327
19/UzpfSTU0MTI4ODYzMzoxMDE1NzEzMjc5NzgzMzYzNA/?fref=-
search&__tn__=,d,P-R&eid=ARA3kmVLcJfU9C2IIWp-e1S6pcLvtyfo67AcEu-
Xo5PVc0bRabE1CctU2lq3PFpKmPM7kj1Bb10fXiysl.

[493] Kendra Lee Miller [@kendraleemiller92]. Ilustración con la descripción
«1. A mother with her back against her enemies [...]». *Instagram,* 13 de noviembre
de 2019; véase en https://www.picuki.com/media/2176729256753670707.

[494] Miembro de la familia Langford en «Langford Family Member Talks About
What People Got Wrong About Her Family». *YouTube.* Entrevista a Emily Langford.

[495] Karen Woolley en la página de Facebook de Adriana Jones.

[496] Las citas en este párrafo corresponden a la publicación de un miembro de
la familia Langford en Facebook el 19 de noviembre de 2019.

[497] Sieff.

[498] Las citas en este párrafo son de *Lara Logan Investigates.*

[499] Nate Carlisle. «Families Plan to Move Out of Mormon Community in
Mexico, But for Some It Won't Be Easy to Leave». *Salt Lake Tribune.* 9 de noviembre de 2019.

[500] Lauren Edmonds. *Daily Mail.*

[501] Blust y Woodhouse.

[502] José Luis González.

[503] Las citas en este párrafo son de Tadd Walch.

[504] Las citas en este párrafo son de Nancy Dillon y Larry McShane. «Mormons
Mourn Last of Nine».

[505] José Luis González.

[506] Las citas en este párrafo son de Lizbeth Diaz. «After Burying Last Victims».

[507] Ahmed. «After Mormon Family's Terror».

[508] Las citas en este párrafo son de Diaz. «After Burying Last Victims».

[509] http://www.elchalanradiospot.com/Lebaron-Singoff-The-Kick-Off.html.

[510] Las citas en este párrafo son de Donald J. Trump [@realDonaldTrump].
«A wonderful family and friends from Utah got caught between two vicious drug
cartels [...]». *Twitter.* 5 de noviembre de 2019.

[511] Presidente Andrés Manuel López Obrador [@lopezobrador_]. «A través
del presidente Trump, envié [...]». *Twitter.* 5 de noviembre de 2019.

[512] Lorena Ríos. «Mexican President Declines Trump's Help After Mormon Family
Killed in Attack». Bloomberg, 5 de noviembre de 2019; https://www.cnn.com/us/live-
news/mormon-attack-us-mexico-border/h_cc168168ad550cbe0beafbb1baa8cea0.

[513] Las citas en este párrafo son de Del Pozo.

[514] Sieff.

[515] Christina Zhao. «Republican Senator Says U.S. "May Have to Take Matters into Our Own Hands" Regarding Mexico Drug Cartel Violence». *Newsweek*. 6 de noviembre de 2019.

[516] Las citas en este párrafo son de Grillo. «9 American Mormons».

[517] Las citas en este párrafo son de Alex Ward en Vox.com, citado en *The Week*, 13 de diciembre de 2019.

[518] Rojas para la BBC World News.

[519] Las citas en este párrafo son de Sugeyry Romina Gándara. «Alex LeBarón, ex diputado priista en la era de César Duarte, levanta polvo por pedirle ayuda a Trump». Sinembargo.mx, 27 de noviembre de 2019.

[520] Las citas en este párrafo son de Krauze. «This Family Suffered».

[521] Las citas en este párrafo son de Grillo. «9 American Mormons».

[522] David Agren. «The Mormons Standing Up to Mexico's Drug Cartels: "We Have to Overcome Our Fears"». *The Guardian*. 23 de enero de 2020.

[523] Las citas en este párrafo son de Grillo. «9 American Mormons».

[524] Las citas en este párrafo son de Sandy Fitzgerald. «Mexican President Refuses Meeting with Peace March Organizers». *Newsmax*, 27 de enero de 2020.

[525] Dave Graham. «Mexican Leader Blasts Critics After Supporters Hector Grieving Family». Reuters, 27 de enero de 2020.

[526] Entrevista de la autora a una fuente confidencial.

[527] Entrevista de la autora a una fuente confidencial.

[528] «Get Out of the Country». *The Guardian*, 27 de enero de 2020.

[529] Grillo. «9 American Mormons».

[530] *Yucatan Times*. «The LeBaron Family in Mexico… a History of Conflict». 5 de noviembre de 2019.

[531] Lauren Edmonds.

[532] Entrevista de la autora a un miembro de la familia LeBarón.

[533] Entrevista de la autora a Michael S. Vigil. El llamado a las armas de Adrián sería «un error terrible», señaló John L. Smith, esposo de la autora, y autor del libro *Saints, Sinners, and Sovereign Citizens* (2021), acerca de la batalla en curso por controlar tierras federales en el Oeste. De acuerdo con Smith, «Es cierto que el movimiento paramilitar de ultraderecha de Estados Unidos está fuertemente armado y cada vez es más violento». Y agregó: «Pero, aunque en 2014, durante un encontronazo con agentes de la Administración Territorial de Estados Unidos en su rancho,

cerca de Bunkerville, los Bundy se beneficiaron de la presencia intimidatoria de los grupos paramilitares Oath Keepers y 3 Percenters, esos comandos de utilería no serían rival para un camión cargado de sicarios experimentados de México».

[534] Isabel Vincent. «Defiant Patriarch».

[535] Krauze. «This Family Suffered». Sitios web y redes sociales de la masacre: https://www.instagram.com/lamorafamilymassacre/?hl=en; https://www.gofundme.com/f/langford-and-miller-family-tragedy;https://www.facebook.com/lamorafamilymassacre/; @lamorafamilymassacre: https://www.youtube.com/watch?v=dAP6x4AMns0&feature=share&fbclid=IwAR3XHsyuXfjzA1FfsM22uBbb-MxBUrO-uYtcj-kD82QfqoyTesH__tNk0_I; https://www.facebook.com/photo.php?fbid=10162343897900316&set=a.10150235701950316&type=3&theater, y http://www.elchalanradiospot.com/Lebaron-Singoff-The-Kick-Off.html.

[536] Richard Grant. *God's Middle Finger*, p. 34.

[537] Jeremy Kryt. «A New Twist in the Horrific Massacre».

[538] Gaby del Valle. «Everyone Has a Different Theory».

[539] Las citas en este párrafo corresponden a la petición de Adriana Jones.

[540] Las citas en este párrafo son de Kryt.

[541] Gardenia Mendoza. «Organización de campesinos, sospechosa de la masacre de familia de mormones LeBarón en México». *La Opinión*. 7 de noviembre de 2019.

[542] Kryt.

[543] Entrevista de la autora a Michael S. Vigil.

[544] Tariq Tahir. «Cartel Kingpin El Mencho Who Is Even More Savage than El Chapo May NEVER Be Captured, Says Legendary Narco Cop». *Irish Sun*. 19 de febrero de 2021.

[545] Las citas en este párrafo son de Kevin Sieff «How Mexico's Cartel Wars Shattered».

[546] Entrevista de la autora a un miembro de la familia LeBarón.

[547] Adry Torres. «Mormon Father Relives the Morning His Daughter and Four of His Grandchildren Were Brutally Executed Along with Four Others in Mexico – and Says the Family Is Still Awaiting Justice». DailyMail.com, 4 de noviembre de 2020.

[548] Las citas en este párrafo son de la entrevista de la autora a Michael S. Vigil.

[549] Las citas en este párrafo son de Kryt.

[550] Las citas en este párrafo son de la entrevista de la autora a una fuente confidencial.

[551] Las citas en este párrafo son de la entrevista de la autora a Michael S. Vigil.

[552] Entrevista de la autora a una fuente confidencial.

[553] Las citas en este párrafo son de «Howard Miller et al. vs. Juárez Cartel, La Línea, Vicente Carrillo Fuentes Organization and CFO». Tribunal de Distrito de Estados Unidos, de Dakota del Norte. Caso: 1:20:cv-00132-DMT-CRH. Denuncia presentada el 23 de julio de 2020.

[554] Las citas en este párrafo son de la entrevista de la autora a Michael S. Vigil.

[555] Las citas en este párrafo son de Mayorga. «Bloquean vía».

[556] Entrevista de la autora a un miembro de la familia LeBarón.

[557] Las citas en este párrafo son de Mayorga. «Bloquean vía».

[558] Las citas en este párrafo son de *Akronoticias.com*. Las Noticias de Chihuahua, 2 de mayo de 2020.

[559] *Akronoticias.com*. «Chihuahua Removes Mega Ranch from Former Governor to Hand It Over to the People». 3 de febrero de 2021.

[560] Patricia Mayorga. «"Así tiemble la tierra, yo seguiré buscando a mi hijo": madre de desaparecido en Chihuahua». *Proceso*. 4 de diciembre de 2015.

[561] Adry Torres. «Mormon Father Relives the Morning».

[562] Adrián LeBarón. «¿Saben por qué no hicieron la autopsia de mi hija, nietos y familia? […]». *Twitter*. 4 de febrero de 2021. https://twitter.com/AdrianLebaron/status/1357329485398499336.

[563] «Familia LeBarón acusó a Rosario Piedra de escarnio y revictimización tras rechazo de CNDH». *Infobae*. 1 de julio de 2021. https://www.infobae.com/america/mexico/2021/07/02/familia-lebaron-acuso-a-rosario-piedra-de-escarnio-y-revictimizacion-tras-rechazo-de-cndh/.

[564] Lizbeth Diaz. «After Burying Last Victims».

[565] Torres. «Mormon Father Relives the Morning».

[566] David Agren. «Mexican Cartel Boss Arrested Over Mormon Massacre in Which Nine Died». *The Guardian*. 24 de noviembre de 2020.

[567] Adrián LeBarón [@AdrianLebaron]. «Ya sé cómo se llama el 32 […]». *Twitter*. 24 de noviembre de 2020.

[568] *El Diario de Juárez*, Redacción. «Ven a Caro Quintero tras masacre LeBarón». *El Diario MX*. 25 de noviembre de 2020.

[569] Grillo. «9 American Mormons».

[570] Las citas en este párrafo son de Hérika Martinez Prado. « Conocido de los LeBarón dirigió a sicarios: Fidencio G. tomó el video y fue el que gritó que quemaran la camioneta». *El Diario de Chihuahua*. 20 de enero de 2021.

571 https://mexiconewsdaily.com/news/memorial-to-victims-of-lebaron-family-massacre-unveiled-in-sonora/.

572 *The Book of Mormon*, 1 Nephi 11:22– 23.

573 https://mexiconewsdaily.com/news/memorial-to-victims-of-lebaron-family-massacre-unveiled-in-sonora/.

574 Las citas en este párrafo son de la entrevista de la autora a un familiar cercano de Ervil LeBarón.

575 *Animal Político*, Redacción. «Familia LeBarón denuncia quema de sus terrenos y agresiones por conflicto territorial en BC». 31 de diciembre de 2020.

576 Las citas en este párrafo son de Vanessa Job y Kenia Hernandez. «Comunidad fundada por los LeBarón se enfrenta con ex candidato del PRD por tierra». *Milenio*. 19 de enero de 2021.

577 Antonio Heras. «Invasión de predios y quema de casas en San Quintín, denuncia LeBarón». *La Jornada Baja California*. 2 de enero de 2021.

578 Las citas en este párrafo son de César Martínez, «Levantan denuncias por invasión en Baja California». *San Diego Union-Tribune en Español*. 4 de enero de 2021.

579 Las citas en este párrafo son de Adrián LeBarón [@AdrianLebaron]. «Masacre LeBarón: ¿migajas de justicia? […]». *Twitter*. 25 mayo 2021.

580 *Saxon*. «They Kill the Lawyer of the Massacre of Mormons Who Was Running for Mayor in Mexico». 14 de mayo de 2021. [Hay versión en español].

581 Las citas en este párrafo son de Carmen Morán Breña. «Asesinado Abel Murrieta, candidato electoral y abogado de la masacrada familia LeBarón». *El País*. 13 de mayo de 2021.

582 Adrián LeBarón [@AdrianLebaron]. «@lopezobrador_ abrazos no balazos. […]». *Twitter*. 31 de mayo de 2021.

583 Prado. «Conocido de los LeBaron dirigió a sicarios».

584 Las citas en este párrafo son de la entrevista de la autora a Michael S. Vigil.

585 Entrevista de la autora a una nieta de la Colonia LeBarón.

586 Entrevista de la autora a una viuda de la Colonia LeBarón.

587 Entrevista de la autora a una nieta de la Colonia LeBarón.

588 Entrevista de la autora a una viuda de la Colonia LeBarón.

589 BBC World News. «In the Line of Fire», reportaje de Ana Gabriela Rojas. 23 de marzo de 2020

OBRAS CITADAS

Libros

Anderson, Jack con Daryl Gibson. *Peace, War, and Politics: An Eyewitness Account.* Nueva York: Forge Books, 1999.

Anderson, Scott. *The 4 O'Clock Murders: The True Story of a Mormon Family's Vengeance.* Nueva York: Bantam Doubleday Dell, 1993.

Andrus, Hyrum Leslie y Helen Mae Andrus. *They Knew the Prophet.* Salt Lake City: Bookcraft, 1974.

Bagley, Will. *Blood of the Prophets: Brigham Young and the Massacre at Mountain Meadows.* Norman: University of Oklahoma Press, 2002.

Beith, Malcolm. *El último narco: La captura del Chapo.* Traducción de Roxana Loraine Erdman Lango. Barcelona: Ediciones B, 2014.

Bennion, Janet. *Desert Patriarchy: Mormon and Mennonite Communities in the Chihuahua Valley.* Tucson: University of Arizona Press, 2004.

Berman, Sarah. *Don't Call It a Cult: The Shocking Story of Keith Raniere and the Women of NXIVM.* Lebanon, Nuevo Hampshire: Steerforth Press, 2021.

Bigler, David L. *Forgotten Kingdom: The Mormon Theocracy in the American West, 1847-1896.* Logan: Utah State University Press, 1998.

Black, Robert Rey. *The New and Everlasting Covenant.* 2ª. ed. Bloomington, Indiana: Author House, 2006.

Black, Susan Easton y Larry C. Porter (eds.). *Lion of the Lord: Essays on the Life and Service of Brigham Young.* Salt Lake City: Deseret Book Company, 1995.

BOSCH, Lolita. *México: 45 voces contra la barbarie*. México. Océano (El dedo en la llaga), 2014.

BRADLEE, Ben, Jr. y Dale Van Atta. *Prophet of Blood: The Untold Story of Ervil LeBaron and the Lambs of God*. Nueva York: G. P. Putnam's Sons, 1981.

BRODIE, Fawn M. *No Man Knows My History: The Life of Joseph Smith the Mormon Prophet*. Nueva York: Alfred A. Knopf, 1990.

BROOKS, Juanita. *The Mountain Meadows Massacre*. Norman: University of Oklahoma Press, 1962.

_____. *John Doyle Lee: Zealot, Pioneer Builder, Scapegoat*. Logan: Utah State University Press, 1992.

CHYNOWETH, Rena con Dean Shapiro. *The Blood Covenant: The True Story of the Ervil LeBaron Family and Its Rampage of Terror and Murder*. Fort Worth: Eakin Press, 1990.

COATES, James. *In Mormon Circles: Gentiles, Jack Mormons, and Latter Day Saints*. Reading, Massachusetts: Addison Wesley Publishing, 1991.

CORCHADO, Alfredo. *Medianoche en México: El descenso de un periodista a las tinieblas de su país*. Traducción de Juan Elías Tovar Cross. México. Random House Mondadori (Debate), 2013, eBook.

DEL BOSQUE, Melissa. *Líneas de sangre: La historia verdadera sobre el cártel, el FBI y la batalla por una dinastía de carreras de caballos*. Estados Unidos: HarperCollins Español, 2019.

DENTON, Sally. *American Massacre: The Tragedy at Mountain Meadows, September 1857*. Nueva York: Alfred A. Knopf, 2003.

_____. *Faith and Betrayal: A Pioneer Woman's Passage in the American West*. Nueva York: Alfred A. Knopf, 2005.

_____ y Roger Morris. *The Money and the Power: The Making of Las Vegas and Its Hold on America*. Nueva York: Alfred A. Knopf, 2001.

DEVOTO, Bernard. *The Year of Decision, 1846*. Nueva York: Truman Talley Books, 1942.

EBERSHOFF, David. *The 19th Wife*. Nueva York: Random House, 2008.

EMBRY, Jessie. *Mormon Polygamous Families: Life in the Principle*. Salt Lake City: University of Utah Press, 1987.

FIELDING, Robert Kent. *The Unsolicited Chronicler: An Account of the Gunnison Massacre, Its Causes and Consequences, Utah Territory, 1847-1859.* Brookline, Massachusetts: Paradigm Publications, 1993.

_____ (ed.). *The Tribune Reports of the Trials of John D. Lee for the Massacre at Mountain Meadows.* Higganum, Connecticut: Kent's Books, 2000.

FREEMAN, Judith. *The Latter Days: A Memoir.* Nueva York: Anchor, 2016.

GIBBS, Josiah F. *The Mountain Meadows Massacre.* Salt Lake City: Salt Lake City Tribune Publishing Company, 1910.

GILMORE, Mikal. *Disparo al corazón.* Traducción de Antonio Padilla. Madrid: Turner, 2004.

GRANT, Richard. *God's Middle Finger: Into the Lawless Heart of the Sierra Madre.* Nueva York: Free Press, 2008.

GRILLO, Ioan. *El narco: En el corazón de la insurgencia criminal mexicana.* Traducción de Antonio-Prometeo Moya. Barcelona: Tendencias, 2012.

GUNNISON, J. W. *The Mormons, or Latter-Day Saints, in the Valley of The Great Salt Lake: A History of Their Rise and Progress, Peculiar Doctrines, Present Condition, and Prospects, derived from Personal Observation during a Residence Among Them.* Filadelfia: Lippincott, Grambo & Co., 1852.

HAFEN, Lyman. *Far from Cactus Flat: The 20th Century Story of a Harsh Land, a Proud Family, and a Lost Son.* St. George, Utah: Arizona Strip Interpretive Association, 2006.

HARLINE, Paula Kelly. *The Polygamous Wives Writing Club.* Oxford: Oxford University Press, 2014.

HENRIE, Samuel Nyal (ed.). *Writings of John D. Lee.* Tucson: Hats Off Books, 2001.

HERNÁNDEZ, Anabel. *Los señores del narco.* México. Grijalbo, 2010.

HIRSHSON, Stanley P. *The Lion of the Lord.* Nueva York: Alfred A. Knopf, 1969.

JANZEN, Rebecca. *Liminal Sovereignty: Mennonites and Mormons in Mexican Culture.* Albany, Nueva York: SUNY Press, 2018.

JOHNSON, Benjamin Franklin. *My Life's Review: Autobiography of Benjamin Franklin Johnson.* Independence, Misuri: Zion's Printing & Publishing, 1947.

KAMSTRA, Jerry. *Hierba: Aventuras de un contrabandista de marihuana.* México: Grijalbo, 1976.

KRAKAUER, Jon. *Por mandato del Cielo: Un caso de fe violenta en el corazón de Estados Unidos.* Traducción de Carlos D. Schroeder. Buenos Aires: Emecé Editores, 2005.

LAIR, Jim. *The Mountain Meadows Massacre: An Outlander's View.* Marceline, Misuri: Walworth Publishing, 1986.

LEBARON, Anna con Leslie Wilson. *The Polygamist's Daughter.* Carol Stream, Illinois: Tyndale House Publishers, 2017.

LEBARON, Charlotte K. *Maud's Story: With Entire Sections in Her Own Words.* Bloomington, Indiana: Author House, 2014.

LEBARON, E. Dale. *Benjamin Franklin Johnson: Friend to the Prophets.* Provo, Utah: Grandin Book Company, Benjamin F. Johnson Family Organization, 1997.

LEBARON, Verlan M. *The LeBaron Story: The Saga of a Modern Cain and Abel.* Lubbock, Texas: Keels & Co., 1981.

LEE, John D. *Mormonism Unveiled, or The Life and Confession of John D. Lee.* Albuquerque: Fierra Blanca Publications, 2001.

_____. *Writings of John D. Lee.* Edición de Samuel Nyal Henrie. Tucson: Hats Off Books, 2001.

MCBRIDE, Spencer W. *Joseph Smith for President: The Prophet, the Assassins, and the Fight for American Religious Freedom.* Nueva York: Oxford University Press, 2021.

MCLYNN, Frank. *Villa and Zapata: A History of the Mexican Revolution.* Nueva York: Carroll & Graf, 2001.

MILLS, James. *The Underground Empire: Where Crime and Governments Embrace.* Nueva York: Dell Publishing, 1986.

MOLLOY, Molly y Charles Bowden (eds.). *Sicario: Autobiografía de un asesino a sueldo.* Traducción de Jordi Soler. México. Grijalbo, 2012.

MOODY, Michael D. *Mitt, Set Our People Free! A 7th Generation Mormon's Plea for Truth.* Bloomington, Indiana: iUniverse, Inc., 2008.

MOORE-EMMETT, Andrea. *God's Brothel.* San Francisco: Pince-Nez Press, 2014.

ORTEGA URQUIDI, Javier. *Los Güeros del Norte.* Chihuahua: Instituto Chihuahuense de Cultura, 1 de junio de 2016. Edición para Kindle.

OXENBERG, Catherine. *Captive: A Mother's Crusade to Save Her Daughter from the Terrifying Cult NXIVM.* Nueva York: Gallery Books, 2018.

PARK, Benjamin E. *Kingdom of Nauvoo: The Rise and Fall of a Religious Empire on the American Frontier.* Nueva York: Liveright, 2020.

PETERSON, Levi. *Juanita Brooks: Mormon Woman Historian.* Salt Lake City: University of Utah Press, 1988.

PIERCY, Frederick Hawkins. *Route from Liverpool to Great Salt Lake Valley.* Edición de Fawn Brodie. Cambridge: Belknap Press/Harvard University Press, 1962.

QUINN, D. Michael. *The Mormon Hierarchy: Origins of Power.* Salt Lake City: Signature Books, 1994.

REISNER, Marc. *Cadillac Desert: The American West and Its Disappearing Water.* Nueva York: Viking, 1986.

RODRÍGUEZ, Teresa. *Las hijas de Juárez: Un auténtico relato de asesinatos en serie al sur de la frontera.* Traducción de Vicente Echerri. Nueva York: Atria Books, 2007.

ROMNEY, Thomas Cottam. *The Mormon Colonies in Mexico.* Salt Lake City: University of Utah Press, 1938.

SÁNCHEZ-MORENO, María McFarland. *Aquí no ha habido muertos: Una historia de asesinato y negación en Colombia.* Colombia: Planeta, 2018.

SCHMIDT, Susan Ray. *His Favorite Wife: Trapped in Polygamy, A True Story of Violent Fanaticism.* Twin Falls, Idaho: Kassidy Lane Publishing, 2006.

SHIPPS, Jan. *Sojourner in the Promised Land: Forty Years Among the Mormons.* Champaign: University of Illinois Press, 2000.

SMITH, John L. *Saints, Sinners, and Sovereign Citizens: The Endless War Over the West's Public Lands.* Reno: University of Nevada Press, 2021.

SMITH, Joseph F., Jr., y Richard C. Evans. *Blood Atonement and the Origin of Plural Marriage: A Discussion.* Salt Lake City: Deseret News Press, 1905.

SOLOMON, Dorothy Allred. *Predators, Prey, and Other Kinfolk: Growing Up in Polygamy.* Nueva York: W. W. Norton, 2003. Reimpreso como *Daughter of the Saints: Growing up in Polygamy,* 2004.

_____. *The Sisterhood: Inside the Lives of Mormon Women.* Nueva York: Palgrave Macmillan, 2007.

SPENCER, Irene. *Cult Insanity: A Memoir of Polygamy, Prophets, and Blood Atonement.* Nueva York: Center Street, 2009.

_____. *Shattered Dreams: My Life as a Polygamist's Wife.* S.l.: Gold-Donn Opportunities Publishing, 2019.

STENHOUSE, T. B. H. *The Rocky Mountain Saints: A Full and Complete History of the Mormons, From the First Vision of Joseph Smith to the Last Courtship of Brigham Young.* Londres: Ward, Lock, and Tyler, 1871.

TAYLOR, Samuel W. *The Last Pioneer: John Taylor, a Mormon Prophet.* Salt Lake City: Signature Books, 1976.

TRAVEN, B. *El tesoro de la Sierra Madre.* Traducción de Esperanza López Mateos. Barcelona: Acantilado, 2009.

TURNER, Wallace. *The Mormon Establishment: How Does This Uniquely American Religion Rule the Lives of Two and a Half Million Americans Today?* Boston: Houghton Mifflin, 1966.

TWAIN, Mark. *Pasando fatigas: Un hilarante viaje a través de la fiebre del oro.* Traducción de Juan G. Larraya. Madrid: Interfolio, 2010.

VAN WAGONER, Richard S. *Mormon Polygamy: A History.* Salt Lake City: Signature Books, 1989.

WARD, Kenric F. *Saints in Babylon: Mormons and Las Vegas.* Bloomington, Indiana: 1stBooks Library, 2002.

WARINER, Ruth. *The Sound of Gravel.* Nueva York: Flatiron Books, 2015.

WASSERMAN, Mark. *Persistent Oligarchs: Elites and Politics in Chihuahua, Mexico. 1910-1940.* Durham (Carolina del Norte)/ Londres: Duke University Press, 1993.

WERNER, M. R. *Brigham Young*. Nueva York: Harcourt, Brace, 1929.

WILEY, Peter y Robert Gottlieb. *Empires in the Sun: The Rise of the New American West*. Tucson: University of Arizona Press, 1982.

WISE, William. *Massacre at Mountain Meadows: An American Legend and a Monumental Crime*. Nueva York: Thomas Y. Crowell, 1976.

YOUNG, Ann Eliza. *Wife No. 19: The Story of a Life in Bondage, Being a Complete Exposé of Mormonism, and Revealing the Sorrow, Sacrifices and Sufferings of Women in Polygamy. By Ann Eliza Young, Brigham Young's Apostate Wife*. Hartford, Connecticut: Dustin, Gilman and Co., 1875.

ARTÍCULOS Y TEXTOS PERIODÍSTICOS

ABRAMS, Garry. «A Family's Legacy of Death: Ervil LeBaron Said God Told Him to Kill Anyone Who Strayed from His Polygamist Cult. A Tenacious Salt Lake Investigator Tracked the LeBarons for 15 Years. Now, an Anonymous Tip May Have Helped Him Close a Case That Claimed as Many as 30 Lives». *Los Angeles Times*. 20 de septiembre de 1992.

ADAMS, Brooke y María Villaseñor. «Two with Polygamous Roots Gunned Down in Mexico». *Salt Lake Tribune*. 8 de julio de 2009.

AGREN, David. «How an Isolated Group of Mormons Got Caught Up in Mexico's Cartel Wars». *The Guardian*. 8 de noviembre de 2019.

_____. «The Mormons Standing Up to Mexico's Drug Cartels: "We Have to Overcome Our Fears"». *The Guardian*. 23 de enero de 2020.

_____. «Mexican Cartel Boss Arrested Over Mormon Massacre in Which Nine Died». *The Guardian*. 24 de noviembre de 2020.

AHMED, Azam. «After Mormon Family's Terror in Mexico, a Message Emerges: No One Is Safe». *New York Times*. Noviembre de 2019.

Akronoticias.com. Las Noticias de Chihuahua. Mayo de 2020.

_____. «Chihuahua Removes Mega Ranch from Former Governor to Hand It Over to the People». 3 de febrero de 2021.

_____. «LeBarons Request Intervention of the Federal Government in the Conflict Between Barzonistas and La Mojina Ranch». 29 mayo 2020.

ALLYN, Bobby. «FBI Joins Investigation into Killing of 9 Members of Mormon Family in Mexico». NPR, 11 de noviembre de 2019.

ALTHAUS, Dudley. «Defying Mexican Gangs Costs Mormons Their Lives». *Houston Chronicle.* 10 de julio de 2009.

ANDRADE, Julián. «El fantasma del Kiki Camarena y los LeBarón». *Forbes México.* 10 de diciembre de 2019.

ANDREWS, Suzanna. «The Heiresses and the Cult». *Vanity Fair.* 13 de octubre de 2010.

Animal Político, Redacción. «Familia LeBarón denuncia quema de sus terrenos y agresiones por conflicto territorial en BC [Baja California]». 31 de diciembre de 2020.

ARMENDÁRIZ, Jaime. «Detectan 12 pozos "ilegales" en la Cuenca del Carmen». *El Diario MX.* 29 de noviembre de 2017.

ARRINGTON, Leonard. «Scholarly Studies of Mormonism in the Twentieth Century». *Dialogue: A Journal of Mormon Thought.* Vol. 1, núm. 1, 1966, pp. 15-32.

ASSMANN, Parker. «How Mexico's "Small Armies" Came to Commit a Massacre». *Mexico News Daily.* 28 de noviembre de 2019. [Existe una versión en español en: *InSight Crime.* 15 de noviembre de 2019. https://es.insightcrime.org/noticias/analisis/pequenos-ejercitos-mexico-masacre].

«Attackers Not Confused: They Knew They Were Killing Women, Children: LeBarón». *Mexico News Daily.* 6 de noviembre de 2019.

BAPTISTE, Nathalie. «God Said to Make the Desert Bloom, and Mormons Are Using Biblical Amounts of Water to Do It». *Mother Jones.* 9 de mayo de 2018.

BARRY, Tom. «The Coming Water Wars in Mexico». *New Mexico Mercury.* Partes 1 y 2, 14 de abril de 2013; 10 de junio de 2013.

_____. «Politics of Climate Change in Chihuahua». *New Mexico Mercury.* 23 de junio de 2013.

BEITH, Malcolm. «A Long Fall from Grace: The Trial of Genaro García Luna, Mexico's Former Security Chief». *Literary Hub: CrimeReads.* 20 de noviembre de 2020.

BEAUREGARD, Luis Pablo. «El clan mormón de los LeBarón, una familia rota por los secuestros y la violencia en México». *El País*. 6 de noviembre de 2019.

BOOTH, William. «Ambushed by a Drug War». *Washington Post*. 23 de julio de 2009.

BROWNING, Dan. «Williston Family Members Slain in Mexico Were Preparing for Wedding». *Star Tribune* [Mineápolis]. 6 de noviembre de 2019.

CANNON, Lou. «Violent Death Shadows Polygamist Sect». *Washington Post*. 8 de agosto de 1977.

CARLISLE, Nate. «Families Plan to Move Out of Mormon Community in Mexico, But for Some It Won't Be Easy to Leave». *Salt Lake Tribune*. 9 de noviembre de 2019.

_____. «Here Is What Polygamous Sect Member Ross LeBaron, Jr. Wrote in Support of the Bundy Family». *Salt Lake Tribune*. 20 de febrero de 2016.

_____. «I Do Not Feel Safe Here». *Salt Lake Tribune*. 7 de noviembre de 2019.

_____. «Video of Killings of US Citizens in Mexico Shows Gunmen Poised to Torch SUV, Says Relative». *Salt Lake Tribune*. 22 de noviembre de 2019.

CARRANZA, Rafael. «Lawsuit Against Juárez Cartel Sheds New Details on Deadly Ambush South of Arizona Border». *Arizona Republic*. 31 de julio de 2020.

CASTILLO, Ricardo. «Who Slaughtered the Innocent Mormon Family?». *Pulse News Mexico*. 11 de noviembre de 2019.

CORREA, Carla. «A Timeline of the Nxivm Sex Cult Case». *New York Times*. 27 de noviembre de 2020.

DAILY, Angel. «Massacre to US Citizens Was Due to Water Disputes and Sex Cult with the LeBarons and Not Cartels». Medium. com. 7 de noviembre de 2019.

DELGADO, René. «Señala LeBarón a jefe de policía por masacre». *Reforma*. 5 de junio de 2020.

DEL POZO, Melissa. «El crimen organizado ensangrentó al paraíso mormón». *Proceso*. 13 de noviembre de 2019.

DEL VALLE, Gaby. «Everyone Has a Different Theory About Why

the Mormon Family Was Massacred in Mexico». VICE News. 7 de noviembre de 2019.

DENTON, Sally. «A Utah Massacre and Mormon Memory». *New York Times.* 24 de mayo de 2003.

_____. «ROMNEY and the White Horse Prophecy». *Salon.* 29 de enero de 2012.

_____. «What Happened at Mountain Meadows?». *American Heritage.* Octubre de 2001.

DEVEREAUX, Ryan. «Prosecution of Top Mexican Security Official Exposes the Façade of the Drug War». *The Intercept.* 26 de enero de 2020.

DEVRIES, Sarah. «In Water Disputes, What to Do if Authorities Can't Be Counted On to Fix It?». *Mexico News Daily.* 13 de noviembre de 2019.

DÍAZ, Gloria Leticia. «Preocupa a los LeBarón impacto de Ley de Seguridad en agencias de EU». *Proceso.* 18 de enero de 2021.

DIAZ, Lizbeth. «After Burying Last Victims, Some in Mexico's Breakaway Mormon Community Head North». Reuters. 9 de noviembre de 2019.

_____. «Killed American Family May Have Been "Bait" in Mexican Cartel Fight: Relatives». Reuters. 6 de noviembre de 2019. [Existe una versión en español en: Reuters. 6 de noviembre de 2019. https://www.reuters.com/article/delito-mexico-idLTAKBN1X-G2U4].

_____. «Mexico Mormon Family Has Tearful Christmas After Cartel Murders». Reuters. 5 de enero de 2020. [Existe una versión en español en: Reuters. 27 de diciembre de 2019. https://www.reuters.com/article/delito-mexico-lebaron-idLTAKBN1YV1HD].

_____. «Nine Americans Killed in Mexican Ambush, Trump Urges Joint War on Drug Cartels». Reuters. 4 de noviembre de 2019.

DICKSON, E. J. «How People Leave One Cult—And End Up in Another». *Rolling Stone.* 23 de mayo de 2019.

DILLON, Nancy. «Funerals Begin as Mormon Families Grapple with "Unimaginable" Grief Following Mexico Cartel Massacre». *Daily News* [Nueva York]. 7 de noviembre de 2019.

_____ y Larry McShane. «Mormons Mourn Last of Nine Massacre

Victims in Mexico, Head for Safer Pastures in US Under Renewed Spotlight». *Daily News* [Nueva York]. 9 de noviembre de 2019.

EDMONDS, Lauren. «Mormon Father Whose Daughter and Four Grandkids Were Massacred in Mexico Wants to Set Up "Wild West-Style Militias" to Take On the Cartels Because He Doesn't Trust the Government». *Daily Mail.* 21 de diciembre de 2019.

El Diario de Chihuahua. «Lamentan indolencia de gobierno en caso de homicidio de barzonistas». *El Diario MX.* 22 de agosto de 2018.

El Diario de Juárez, Redacción. «Ven a Caro Quintero tras masacre LeBaron». *El Diario MX.* 25 de noviembre de 2020.

ESTRADA, Jesús. «Solapan autoridades depredación ilegal de acuíferos en Chihuahua». *La Jornada.* 9 de mayo de 2018.

FERRI, Pablo. «El viaje al horror de la familia LeBarón». *El País.* 7 de noviembre de 2019. https://elpais.com/internacional/2019/11/06/actualidad/1573063851_970260.html.

FEUER, Alan. «El Chapo Found Guilty on All Counts; Faces Life in Prison». *New York Times.* 12 de febrero de 2019. [Existe una versión en español en: *New York Times.* 12 de febrero de 2019. https://www.nytimes.com/es/2019/02/12/espanol/chapo-guzman-culpable.html].

_____. «The Prosecution Rests Its Case, and El Chapo Decides Not to Testify». *New York Times.* 28 de enero de 2019. [Existe una versión en español en: *New York Times.* 28 de enero de 2019. https://www.nytimes.com/es/2019/01/28/espanol/juicio-chapo-fiscalia.html].

FIERRO, Juan Omar y Sebastián Barragán. «Kínder Nxivm: la escuela que Raniere entregó a los hijos de Salinas y a Rosa Laura Junco». *Aristegui Noticias.* 8 de diciembre de 2020.

FITZGERALD, Sandy. «Mexican President Refuses Meeting with Peace March Organizers». Newsmax. 27 de enero de 2020.

FORBES, Redacción. «Vecinos de los LeBarón temen éxodo por violencia». *Forbes México.* 8 de noviembre de 2019.

FREEDMAN, Michael. «The World's Strangest Executive Coach: Keith Raniere's Rich and Famous Clients Pay Thousands of Dollars,

Bow and Call Him "Vanguard"». *Forbes*. Octubre de 2003. [Puede verse una reproducción del texto de Freedman en español en: «Cuando Forbes exhibió a Keith Raniere, y a NXIVM y su "culto de sexo"». Forbes México. 16 de mayo de 2019. https://www.forbes.com.mx/cuando-forbes-exhibio-a-keith-raniere-y-su-culto-de-sexo-nxivm].

FRUEN, Lauren. «Life in the LeBaron Mormon Stronghold». *Daily Mail*. 5 de noviembre de 2019.

GÁNDARA, Sugeyry Romina. «Alex LeBarón, exdiputado priista en la era de César Duarte, levanta polvo por pedirle ayuda a Trump». Sinembargo.mx. 27 de noviembre de 2019.

GARCÍA, Jacobo. «México atribuye la masacre de la familia LeBarón a un enfrentamiento entre cárteles». *El País*. 7 de noviembre de 2019.

GAVIN, Robert. «Mexican Slaughter Victims Were from NXIVM Recruiting Ground». *Times Union* [Albany, Nueva York]. 8 de noviembre de 2019.

_____. «Raniere Lawyers Say NXIVM Leader Prevented Crime, Brought Peace to Mexico». *Times Union* [Albany]. 20 de septiembre de 2020.

GAYTÁN, Berenice. «Inicia proceso oral vs. "halcón" en plagio de LeBarón». *El Diario MX*. 17 de enero de 2013.

GÓMEZ DURÁN, Thelma y Patricia Mayorga. «El desierto donde se trafica agua». Los explotadores del agua. S.l.: Mexicanos Contra la Corrupción y la Impunidad, s.f. Publicación digital.

GONZÁLEZ, Carlos. «A cuatro años de no saber el paradero de siete hombres: Se encontraban instalando antenas de equipo de radiocomunicación para la FGE». *El Diario de Chihuahua*. 30 de agosto de 2019.

GONZÁLEZ, José Luis. «Faith in Mexico Shaken for "True Believer" Mormon Communities». Reuters. 6 de noviembre de 2019. [Existe una versión en español en: Reuters. 6 de noviembre de 2019. https://www.reuters.com/article/delito-mexico-comunidad-idLTAKBN1XG34S].

GONZALEZ, Sydnee. «Church Releases Statement Following Shooting in Mexico». *Daily Universe*. 5 de noviembre de 2019.

GRAHAM, Dave. «Mexican Leader Blasts Critics After Supporters Hector Grieving Family». Reuters. 27 de enero de 2020.

GRANT, Will. «How a US Mormon Family Ended Up Dead». BBC News. 8 de noviembre de 2019.

GRIGORIADIS, Vanessa. «Inside NXIVM, the "Sex Cult" That Preached Empowerment». *New York Times*. 30 de mayo de 2018. [Existe una versión en español en: *New York Times*. 30 de mayo de 2018. https://www.nytimes.com/es/2018/05/30/espanol/nxivm-keith-raniere-secta.html].

GRILLO, Ioan. «9 American Mormons Died in a Brutal Ambush in Mexico. This Is the Untold Story of the Hunt for Justice by Those Left Behind». Insider.com. 7 mayo 2020.

_____. «Dismantling Mexico's Narco State». *New York Times*. 5 de febrero de 2020. [Existe una versión en español en: *New York Times*. 5 de febrero de 2020. https://www.nytimes.com/es/2020/02/05/espanol/opinion/garcia-luna-amlo.html].

_____. «Trump's "Narco-Terrorism" Label Could Backfire». *New York Times*. 3 de diciembre de 2019.

GROVES, Stephen. «Family of 9 Slain Mexican-Americans Sues Juárez Drug Cartel». AP News. 29 de julio de 2020. [Existe una versión en español en: AP News. 29 de julio de 2020. https://apnews.com/article/noticias-b45f2f34ba21609c2fb94ba997c0e331].

HERAS, Antonio. «Invasión de predios y quema de casas en San Quintín, denuncia LeBarón». *La Jornada Baja California*. 2 de enero de 2021.

HERNÁNDEZ LÓPEZ, Julio. «Astillero: El joven gurú Salinas; Emiliano junto a Sicilia; LeBarón, el aliado de ESO; Entretela del voto nulo». *La Jornada*. 23 de abril de 2012.

HOLLENHORST, John. «Retired Prosecutor Speaks Candidly About High-Profile Cases». *Deseret News*. 3 de febrero de 2014.

HONG, Nicole y Sean Piccoli. «Keith Raniere, Leader of NXIVM Sex Cult, Is Sentenced to 120 Years in Prison». *New York Times*. 27 de noviembre de 2020. [Existe una versión en español en: *New York Times*. 28 de octubre de 2020. https://www.nytimes.com/es/2020/10/28/espanol/Keith-Raniere-sentencia.html].

ILIZALITURRI, Arturo. «Colonia LeBaron: 10 Years of Harassment».

Newsbeezer.com. 6 de noviembre de 2019. [Existe una versión en español en: Aristegui Noticias. 5 de noviembre de 2019. https://aristeguinoticias.com/0511/mexico/colonia-lebaron-10-anos-de-acoso-criminal].

JANZEN, Rebecca. «Mormons in Mexico: A Brief History of Polygamy, Cartel Violence, and Faith». *The Conversation*. 6 de noviembre de 2019. [Existe una versión en español en: BBC News. 8 de noviembre de 2019. https://www.bbc.com/mundo/noticias-america-latina-50341719].

JOB, Vanessa. «¿Quién es Julián LeBarón?». *Milenio*. 5 de noviembre de 2019.

_____ y Kenia Hernández. «Comunidad fundada por los LeBarón se enfrenta con excandidato del PRD por tierra». *Milenio*. 19 de enero de 2021.

JOHNSON, Scott y Rebecca Sun. «Her Darkest Role: Actress Allison Mack's Descent from "Smallville" to Sex Cult». *Hollywood Reporter*. 16 de mayo de 2018.

KARI, Doug. «How an American Mom Died at the Hands of a Mexican Cartel». *Las Vegas Review-Journal*. 20 de diciembre de 2019.

KELLY, Jamie. «Family, Friends Reeling After 9 Killed in Ambush in Northern Mexico». *Williston Herald* [Dakota del Norte]. 5 de noviembre de 2019.

KRAUZE, León. «"¿Qué carajos hice?": la historia de la película de ESP en México». *Letras Libres*. 24 de octubre de 2017.

_____. «The Brutal Murder of the Mormon Family in Mexico Was Almost Inevitable». *Slate*. 6 de noviembre de 2019.

_____. «This Family Suffered a Brutal Attack in Mexico. Now It Has a Message for Washington». *Washington Post*. 12 de diciembre de 2019.

_____. «What Did NXIVM Want in Mexico?». *Slate*. 23 de mayo de 2019.

KRYT, Jeremy. «A New Twist in the Horrific Massacre of American Moms and Kids in Mexico». *Daily Beast*. 11 de noviembre de 2019.

_____. «Trump Labeling Mexico's Cartels "Terrorists" Makes Things Worse». *Daily Beast*. 5 de diciembre de 2019.

LAFUENTE, Javier y Pablo Ferri. «El brutal asesinato de una familia abre un nuevo frente en la relación de México y Estados Unidos». *El País.* 7 de noviembre de 2019.

La Verdad. «Matanza de los LeBarón no fue equivocación; fueron amenazados por grupo huachicolero». 5 de noviembre de 2019.

LEBARÓN, Julián. «Julian LeBaron: A Petition to the Mexican People». *Dallas Morning News.* 16 de abril de 2010.

LINTHICUM, Kate. «For Mexico Ambush Victims, There Was No Safety in Numbers». *Los Angeles Times.* 6 de noviembre de 2019.

_____. «There Is Only One Gun Store in All of Mexico. So Why Is Gun Violence Soaring?». *Los Angeles Times.* 24 de mayo de 2018.

_____ y Steve Fisher. «This Was the Moment Mexican Forces Captured the Son of "El Chapo". Soon After, They Freed Him». *Los Angeles Times.* 30 de octubre de 2019.

LIRA, Ivette. «Padre e hijo fueron asesinados por cuidar el agua de Chihuahua. Activistas exigen frenar ataques». *Ocmal.* 25 de junio de 2018.

LOUDIS, Jessica. «Fall of the House of NXIVM». *London Review of Books.* 25 de junio de 2019.

MADI, Mohamed y Ana Gabriela Rojas. «Mexico Ambush: Mormon Families Waiting for Justice a Year on from Massacre». BBC News, 11 de noviembre de 2020.

MALKIN, Elisabeth. «Side Effect of Mexico's Drug War: Fear and Death in a Mormon Town in Mexico». *New York Times.* 26 de julio de 2009.

MARTÍNEZ, César. «Levantan denuncias por invasión en Baja California». *San Diego Union-Tribune en Español.* 4 de enero de 2021.

MARTINEZ, Chris. «The Return of the Caro Quintero Brothers, Rafael Leading the Caborca Cartel and Miguel One Year "Out" of Victorville Federal Prison». *Borderland Beat.* 7 de agosto de 2020.

MARTINEZ, Erendira. «The Mormon Family Killed in Mexico». *Nuestra Verdad Publicación.* 5 de diciembre de 2019.

MARTÍNEZ, Milton. «Familia LeBaron Rejects the "Confusion" Hypothesis in the Attack: The Question Is Why Did They Do It?». *Proceso.* 7 de noviembre de 2019.

MARTÍNEZ PRADO, Hérika. «Conocido de los LeBaron dirigió a sicarios: Fidencio G. tomó el video y fue el que gritó que quemaran la camioneta». *El Diario de Chihuahua*. 20 de enero de 2021.

_____. «El Diario de Juárez». *El Diario MX*. 20 de enero de 2021.

_____. «La exigencia de justicia, un camino difícil». *El Diario MX*. 21 de diciembre de 2020.

MAYORGA, Patricia. «Activistas exigen garantizar la vida de integrantes de El Barzón amenazados de muerte». *Proceso*. 23 de mayo de 2018.

_____. «"Así tiemble la tierra, yo seguiré buscando a mi hijo": madre de desaparecido en Chihuahua». *Proceso*. 4 de diciembre de 2015.

_____. «Barzonistas denuncian que familia LeBarón puso precio a sus cabezas». *Proceso*. 21 de mayo de 2018.

_____. «Bloquean vía para exigir solución de fondo al conflicto Barzón-LeBarón». *Proceso*. 21 de abril de 2020. https://www.proceso.com.mx/nacional/estados/2020/4/21/bloquean-via-para-exigir-solucion-de-fondo-al-conflicto-barzon-lebaron-241698.html.

_____. «Cumplen dos meses desaparecidos seis empleados que colocaban antena en Chihuahua». *Proceso*. 28 de octubre de 2015.

_____. «Lucha por el agua enfrenta a ejidatarios con la familia Lebarón en Chihuahua». *Proceso*. 30 de abril de 2018.

_____. «Pifia: tras tres años preso, liberan a implicado en crimen de los LeBarón». *Proceso*. 12 de marzo de 2013.

McGAHAN, Jason. «The Cartels vs. a Mormon Sect: The Story Behind a Massacre». *Daily Beast*. 6 de noviembre de 2019.

MEIER, Barry. «Inside a Secretive Group Where Women Are Branded». *New York Times*. 17 de octubre de 2017. [Existe una versión en español en: *New York Times*. 6 de noviembre de 2017. https://www.nytimes.com/es/2017/11/06/espanol/en-el-interior-de-nxivm-un-grupo-secreto-en-el-que-se-marca-a-las-mujeres.html].

MENDOZA, Gardenia. «Organización de campesinos es sospechosa de la masacre de familia de mormones LeBarón en México». *La Opinión*. 7 de noviembre de 2019.

MORÁN BREÑA, Carmen. «Asesinado Abel Murrieta, candidato electoral y abogado de la masacrada familia LeBarón». *El País.* 13 de mayo de 2021.

MUÑOZ LEDO, Rocío y Juan Omar Fierro. «El movimiento de Emiliano Salinas recaudó 9.5 mdp para promover al líder de NXIVM». *Aristegui Noticias.* 16 de julio de 2018.

ODATO, James M. y Jennifer Gish. «In Raniere's Shadows». *Times Union* [Albany, Nueva York]. 22 de febrero de 2012.

_____. «Secrets of NXIVM». *Times Union* [Albany, Nueva York]. 11 de febrero de 2012.

ORSI, Peter. «After Mourning, Mexico Town Realizes Fear Left by Attacks». Associated Press. 9 de noviembre de 2019.

_____. «Last Victim of Mexico Ambush Killings to Be Laid to Rest». Associated Press. 9 de noviembre de 2019.

_____. «Mexico Farm Town Buries 3 of 9 Americans Slain». Associated Press. 7 de noviembre de 2019.

_____. «Mexico Farm Town Prepares Funerals After 9 Americans Slain». Associated Press. 7 de noviembre de 2019.

PADGETT, Tim. «Why I Protest: Javier Sicilia of Mexico». *Time.* 14 de diciembre de 2011. [Puede verse una reproducción en español en: «Sicilia: "Respondí a la muerte de mi hijo más que a la primavera árabe"». *Expansión.* 15 de diciembre de 2011. https://expansion.mx/nacional/2011/12/15/sicilia-respondi-a-la-muerte-de-mi-hijo-mas-que-a-la-primavera-arabe].

PADILLA, Liliana. «No tenemos más lugar en el mundo que Galeana y Bavispe». *Milenio.* 16 de noviembre de 2019.

PALMER, Emily y Alan Feuer. «El Chapo Trial: The 11 Biggest Revelations from the Case». *New York Times.* 3 de febrero de 2019.

PATERSON, Kent. «Mexico's Disappeared Who Won't Disappear». *CounterPunch.* 1 de septiembre de 2016.

PIÑÓN, David. «LeBarón-Barzón, seis décadas de conflicto por disputa de acuíferos». *El Sol de México.* Consultado el 30 de diciembre de 2020.

Polemón. «Javier Sicilia y los LeBarón fueron financiados por la secta NXIVM». 20 de noviembre de 2019. https://polemon.mx/javier-sicilia-y-los-lebaron-fueron-financiados-por-la-secta-nxivm/.

Proceso, Redacción. «Julián LeBarón anuncia su separación del Movimiento por la Paz». 24 de febrero de 2012.

REILLY, Katie. «Here Are All the Times Donald Trump Insulted Mexico». *Time.* 31 de agosto de 2016.

REYES, Gerardo. «La saga de Keith Raniere». *Univisión Noticias.* 9 de julio de 2018.

Ríos, Lorena. «Mexican President Declines Trump's Help After Mormon Family Killed in Attack». Bloomberg. 5 de noviembre de 2019.

ROBERTS, Alyssa. «Mexico Arrests "Mastermind" Behind Killings of 9 Members of Family with Utah Ties». KUTV, 25 de noviembre de 2020.

RODRÍGUEZ, César. «"I Tried to Take Photos That Meant Something": After the Cartel Ambush in Mexico». *Time.* 9 de noviembre de 2019.

ROMERO, Simon, Elizabeth Dias, Julie Turkewitz y Mike Baker. «"Innocence Is Shattered": A Storied Mormon Family Reels After Mexico Murders». *New York Times.* 7 de noviembre de 2019.

ROSE, Jaimee. «Cousin Up a Storm». *Washington Post.* 7 de agosto de 2005.

ROSE, Joel. «This Grieving Family Wants the US to Designate Mexican Cartels as Terrorists». *NPR Morning Edition.* 13 de diciembre de 2019.

«"Sabían, antes de disparar, que eran mujeres": la historia detrás de la masacre de los LeBarón en la narcofrontera de Sonora y Chihuahua». *Infobae.* 6 de noviembre de 2019.

SÁNCHEZ BRIONES, Pedro. «Vuelve Julián LeBarón a México tras riña». *Reforma.* 21 de abril de 2020.

SCHINDLER, Hal. «Brigham Young's Favorite Wife». *Salt Lake Tribune.* 30 de julio de 1995.

SIEFF, Kevin. «How Mexico's Cartel Wars Shattered American Mormons' Wary Peace». *Washington Post.* 7 de noviembre de 2019. [Existe una versión en español en: *El Diario de El Paso.* 7 de noviembre de 2019. https://diario.mx/el-paso/destrozo-narco-coexistencia-de-mormones-en-mexico-20191107-1584471.html].

SMITH, Lynn. «The Mormon Enclave in Mexico: Descendants of Pioneers Gather to Celebrate Centenary». *Los Angeles Times.* 18 de agosto de 1985.

Stevenson, Mark. «At Least 9 U.S. Citizens Killed in Cartel Attack in North Mexico». Associated Press. 5 de noviembre de 2019. [Existe una versión en español en: *El Tiempo* (Venezuela). 5 de noviembre de 2019. https://eltiempove.com/cartel-mexica-no-asesina-a-nueve-presuntos-estadounidenses/].

Stilwell, Blake. «Mormon Colonies Are Fighting Drug Cartels in Mexico». VICE News, 29 de abril de 2020.

Tahir, Tariq. «Cartel Kingpin El Mencho Who Is Even More Savage than El Chapo May NEVER Be Captured, Says Legendary Narco Cop». *Irish Sun*. 19 de febrero de 2021.

Tamés, Alfonso. «Vanguard región 4». *Animal Político*. 9 de febrero de 2011.

Taylor, Scott. «Mexicans to Rally for Tougher Laws in the Wake of Kidnappings». *Deseret News*. 1 de julio de 2009.

teleSurHD. «Water Wars: Ranchers Clash Over Scarce Resources in Mexico». 2 de mayo de 2018.

«The Mormons in Mexico». *New York Times*. 29 de junio de 1885.

«The Nation: A Deadly Messenger of God». *Time*. 29 de agosto de 1977.

Theriault Boots, Michelle. «LeBaron Family, with Nine Members Killed in Mexico Massacre, Has Anchorage Ties». *Anchorage Daily News*. 7 de noviembre de 2019.

Tolson, Mike. «Cult Leader's Daughter Faces Trial in 4 Deaths Father Ordered». *Houston Chronicle*. 14 de mayo de 2010.

Torres, Adry. «Mormon Father Relives the Morning His Daughter and Four of His Grandchildren Were Brutally Executed Along with Four Others in Mexico - and Says the Family Is Still Awaiting Justice». DailyMail.com. 4 de noviembre de 2020.

Turati, Marcela. «El coraje de los LeBarón». *Proceso*. 17 de agosto de 2011.

Turley, Jeremy. «Williston Vigil Remembers Family Killed in Mexico». Forum News Service. 8 de noviembre de 2019.

Villalpando, Rubén. «Protege Corral a saqueadores de acuíferos, aseguran barzonistas». *La Jornada*. 22 de mayo de 2018.

Vincent, Isabel. «Defiant Patriarch Wants to Start Militias to Fight Mexican Cartels After Mormon Family Massacre». *New York Post*. 21 de diciembre de 2019.

WALCH, Tadd. «She Planned for Marriage on Monday. Instead She Buried Her Family in Mexico». *Deseret News.* 7 de noviembre de 2019.

WHELAN, Robbie. «Family That Lost Nine Members in Attack Has a Long History in Mexico». *Wall Street Journal.* 5 de noviembre de 2019.

WHITTLE, Andrea. «Can't Get Enough of the NXIVM Story? Time to Watch "Seduced"». *W.* 21 de noviembre de 2020.

WILLMORE, Alison. «Before NXIVM and *The Vow,* Mark Vicente Directed a Truly Bizarre Hit Documentary». *Vulture.* 22 de octubre de 2020.

YAKOWICZ, Will. «From Heiress to Felon: How Clare Bronfman Wound Up in "Cult-Like" Group Nxivm». *Dark Capital,* en *Forbes.* 31 de mayo de 2019.

_____. «When We Exposed Keith Raniere, the Leader of the Nxivm "Sex Cult"». *Forbes.* 15 mayo 2019. [Existe una versión en español en: *Forbes México.* 16 de mayo de 2019. https://www.forbes.com.mx/cuando-forbes-exhibio-a-keith-raniere-y-su-culto-de-sexo-nxivm].

Yucatan Times. «The LeBaron Family in Mexico… a History of Conflict». 5 de noviembre de 2019.

ZAVALA, Susana. «Bryan LeBarón tras video sobre asesinato: son "terroristas altamente capacitados"». *El Universal.* 9 de julio de 2020.

ZHAO, Christina. «Republican Senator Says U.S. "May Have to Take Matters into Our Own Hands" Regarding Mexico Drug Cartel Violence». *Newsweek.* 6 de noviembre de 2019.

ZIMMERMAN, Amy. «Inside the NXIVM Sex Cult's Secret Plot to Take Over Mexico». *Daily Beast.* 9 de agosto de 2018.

ENTREVISTAS DE TELEVISIÓN, DOCUMENTALES, GRABACIONES DE AUDIO, VIDEOS DE YOUTUBE, REDES SOCIALES, TRANSCRIPCIONES, BLOGS

ABC. *Good Morning America.* 11 de noviembre de 2019.

ABC News. *World News Tonight with David Muir.* «American Father Speaks Out for the 1st Time Since Deadly Mexican Ambush», 2 partes. 10 y 11 de noviembre de 2019.

BBC World News. «In the Line of Fire», reportaje de Ana Gabriela Rojas.

23 de marzo de 2020. https://www.facebook.com/amber.compton.589/videos/4138812756132719/UzpfSTU0MTI4ODYzMzoxMDE1NzEzMjc5NzgzMzYzNA/?fref=search&__tn__=,-d,P-R&eid=ARA3kmVLcJfU9C2IIWp-e1S6pcLvtyfo67AcEu-Xo5PVc0bRabE1CctU2lq3PFpKmPM7kj1Bb10fXiysl.

BLUST, Kendal y Murphy Woodhouse. «After La Mora Bids Loved Ones Farewell, Grieving Community's Future Unclear». KJZZ Radio. 14 de noviembre de 2019. https://kjzz.org/content/1303486/after-la-mora-bids-loved-ones-farewell-grieving-communitys-future-unclear.

CNN. *New Day.* 6 de noviembre de 2019. Fragmento recuperado de: https://www.youtube.com/watch?v=r3naF3fJUwM.

COOPER, Anderson. «Sister-in-law of Mexico Victim Describes Scene of Massacre». *Full Circle.* CNN. 6 de noviembre de 2019. https://www.cnn.com/videos/us/2019/11/05/acfc-full-kendra-lee-miller-mexico-ambush-vpx.cnn.

FACEBOOK: La Mora Family Massacre.

FORBES. DARK CAPITAL. «From Heiress to Felon: How Clare Bronfman Wound Up in NXIVM». 7 de diciembre de 2020. Video. https://www.forbesafrica.com/video/2020/12/07/from-heiress-to-felon-how-clare-bronfman-wound-up-in-nxivm-dark-capital-forbes/.

Fox NEWS. 6 de noviembre de 2019. https://video.foxnews.com/v/6101003917001—sp=show-clips.

HAFEN, DeWayne. Entrevistado por Dale Van Atta. https://holyorder.org/2018/08/14/dewayne-hafen-interview-to-dale-von-atta-1978/.

JACK'S NEWSWATCH. «It's All About the Water». 11 de noviembre de 2019. https://xxy.zaa.mybluehost.me/its-all-about-the-water/.

KVIA ABC-7. «Mexican Soldiers Arrest Suspect in Deadly LeBaron Kidnappings». 25 de abril de 2010.

La Opción de Chihuahua. Entrevista a Joel LeBarón Soto. 7 de noviembre de 2019. http://laopcion.com.mx/noticia/252904.

Lara Logan Investigates. Fox News. 31 de enero de 2021. https://nation.foxnews.com/lara-logan-investigates-mexican-mormon-massacre-nation/.

LeBaron, Heber. *My Name Is William Heber LeBaron, Federal Prisoner Number 22254-077.* http://www.people.vcu.edu/~d-bromley/undergraduate/spiritualCommunity/ChurchOfThe-LambOfGodReadingsLink.html.

NBC News. «Family Member of Mexico Ambush Victims Reacts: "How Is This Even Real?"». 7 de noviembre de 2019. https://www.msn.com/en-us/news/us/family-member-of-mexico-am-bush-victims-reacts-how-is-this-even-real/vi-AAJZuqj.

NPR. «Law-Abiding Mexicans Taking Up Illegal Guns». John Burnett. 28 de enero de 2012. https://www.npr.org/2012/01/28/145996427/mexican-community-takes-taboo-stance-on-guns.

Payne, Daniel. «Relative of Mormons Massacred in Mexico Goes on CNN, Tells Americans "Fight for Those Guns"». CNN. 11 de noviembre de 2019.

Rivers, Matt. «Mexico Family Ambush: LeBaron Family Interview». YouTube, subido por ABC4Utah. 7 de noviembre de 2019. https://www.youtube.com/watch?v=mZrNlenzD4M.

Salinas, Emiliano. «Emiliano Salinas' Mission for a Non-Violent Mexico». 25 de abril de 2018. https://medium.com/@esalinas1819/emi-liano-salinas-mission-for-a-non-violent-mexico-e95a5760aac4.

Saxon. «They Kill the Lawyer of the Massacre of Mormons Who Was Running for Mayor in Mexico». 14 de mayo de 2021. [Existe una versión en español en: EFE América. 14 mayo 2021. https://www.efe.com/efe/america/politica/asesinan-a-abogado-de-matanza-mor-mones-y-candidato-alcalde-en-mexico/20000035-4536238].

Smith, Shane. *The Mexican Mormon War.* VICE News. 26 de septiembre de 2012.

Winslow, Ben. «FBI Arrests Fugitive Mormon Fundamentalist Wanted for Murders Ordered by Her Violent Cult Leader Father». Fox News. 13 de mayo de 2010.

YouTube. «LeBaron Family in the U.S. Says Mexico Massacre Was "Total Shock"». Entrevista a Bryan LeBarón. Subido por ABC10. 7 de noviembre de 2019. https://www.youtube.com/watch?v=i5-G0I-vTPRs&feature=youtu.be&fbclid=IwAR0o7Km1Y1dY5F9a-QrvoCOI49ifMIF85fSa6a4LW-3HgvqP2E2X3HhV-Uyw.

YouTube. «Langford Family Member Talks About What People Got

Wrong About Her Family». Entrevista a Emily Langford. Subido por 12 News. 10 de noviembre de 2019. https://www.youtube.com/watch?v=cYNJBTQOIZ4&feature=share&fbclid=IwAR0GmV-DFYyiuuag-YRdQXTjgEWz4GUdzGdp8rBtfOi_yBiMDlXzg-LlNNQYk.

COLECCIONES Y DOCUMENTOS EN REPOSITORIOS

Benjamin F. Johnson (1818-1905), Letter to George S. Gibbs, 1903. Archivos de iglesia. Disponible en https://archive.org/stream/BenjaminFJohnsonLettertoGeorgeFGibbs.

Dale Van Atta Collection, 1969-92. L. Tom Perry Special Collections, Harold B. Lee Library, Brigham Young University, Provo, Utah.

TESIS Y DOCUMENTOS DIVERSOS

HENSON, Elizabeth. «Madera 1965: Obsessive Simplicity, the Agrarian Dream, and Che». Universidad de Arizona, Departamento de Historia, 2015. Tesis electrónica.

Higbee History and Stories. Special Collections, Biblioteca Gerald R. Sherratt, Universidad del Sur de Utah, Cedar City (incluye una sinopsis de la entrevista con la sobreviviente de la masacre, Sallie Baker Mitchell, de 58 años, en septiembre de 1940).

LEBARON, Charlotte K. «Events Incident to the Martyrdom and Burial of Joel Franklin LeBaron». http://mormonpolygamydocuments.org/wp-content/uploads/2015/01/MF0223.pdf.

LEBARON, E. Dale. «Benjamin Franklin Johnson in Nauvoo: Friend, Confidant, and Defender of the Prophet». *BYU Studies,* vol. 32, núm. 1, 1992, pp. 175-194. file://localhost/Users/sallydenton/Downloads/32.1-2lebaronbenjamin-778b5df3-2796-475a-8cdb-884ee486353b(1).pdf.

_____. «Benjamin Franklin Johnson: Colonizer, Public Servant, and Church Leader». Universidad Brigham Young, Departamento de Estudios de Grado en Enseñanza Religiosa. Agosto de 1966. Tesis de maestría. https://scholarsarchive.byu.edu/etd/4869/.

SCHWARTZLOSE, Richard. «Mormon Settlements in Mexico». 1952. http://thecardonfamilies.org/Documents/MormonSettlementsInMexico.

TANNER, Sandra. «Joseph Smith's "White Horse" Prophecy». Salt Lake City: Utah Lighthouse Ministry. S.f. En línea (utlm.org).

TEIXEIRA, Antonio Trevisan. «Was Ross LeBaron a Mormon Fundamentalist?». *Ross LeBaron, the Holy Order and the Church of the Firstborn.* Holyorder.org, 27 de enero de 2020. https://holyorder. org/2020/01/27/was-ross-lebaron-a-mormon-fundamentalist/.

WILLS, John A. «The Twin Relics of Barbarism». *Historical Society of Southern California, Los Angeles* (1890), vol. 1, núm. 5, 1890, pp. 40-44. *JSTOR,* www.jstor.org/stable/41167826. Consultado el 13 de marzo de 2021.

DOCUMENTOS GUBERNAMENTALES Y CASOS JURÍDICOS

Cámara de Representantes de Estados Unidos. *Mountain Meadow Massacre. Special Report of the Mountain Meadow Massacre by J. H. Carleton, Brevet Major, United States Army, Captain, First Dragoons.* Doc. 605. Cong. 57º., 1ª. sesión, 1859.

«Howard Miller *et al.* vs. Juárez Cartel, La Línea, Vicente Carrillo Fuentes Organization and CFO». Tribunal de distrito de Estados Unidos de Dakota del Norte. Caso: 1:20:cv-00132-DMT-CRH. Denuncia presentada el 23 de julio de 2020.

«The Government's Sentencing Memorandum as to Defendant Keith Raniere». *United States of America against Keith Raniere, Defendant.* Tribunal de Distrito de Estados Unidos, Distrito Oeste de Nueva York. Número de expediente: 18-cr-204 (S-2) (NGG). https://wnyt.com/wnytimages/Keith-Raniere-sentencing-memorandum.pdf.